MIX
Papier aus verantwortungsvollen Quellen
FSC
www.fsc.org
FSC® C083411

2. Auflage 2015

www.conbook-verlag.de
www.fettnaepfchenfuehrer.de

Einbandgestaltung und Satz: David Janik unter Verwendung von Material © istockphoto.com/ImageGap & © istockphoto.com/bgblue
Illustration Karte: Diana Stanciulescu
Symbolschrift: Font Awesome by Dave Gandy – http://fontawesome.io
Druck und Verarbeitung: CPI – Ebner & Spiegel GmbH, Ulm

Printed in Germany

ISBN 978-3-943176-73-5

FETTNÄPFCHENFÜHRER Stadt-Edition

LONDON

Ein Reiseknigge für das größte Dorf Englands

Michael Pohl

E-Book inside

Dieses Buch enthält einen individuellen Code, mit dem Sie sich einmalig kostenlos eine E-Book-Ausgabe herunterladen können.

1. Gehen Sie auf: www.conbook-verlag.de/ebookinside
2. Lesen Sie sich die dort aufgeführten Hinweise sorgfältig durch.
3. Wählen Sie dann Ihr gewünschtes E-Book-Format und tragen Sie Ihre E-Mail-Adresse und den in dieses Buch eingedruckten Code ein.
4. Wir schicken Ihnen daraufhin einen Downloadlink an die angegebene E-Mail-Adresse, mit dem Sie das E-Book herunterladen und dann auf Ihr Gerät übertragen können. Bei Amazon-Kindle-Nutzern erfolgt der Versand des E-Books direkt auf den Reader.

Wir wünschen Ihnen viel Freude beim Lesen.

Ihr CONBOOK Verlag

Michael Pohl ist Reisejournalist, Zeitungsdesigner und Großbritannienexperte und gondelt sowohl in diesen Funktionen als auch ganz privat immer wieder durch die Welt. Meist ist er irgendwo jenseits des Ärmelkanals anzutreffen, wo er selbst gelebt hat und wo er seit Jahren für Reportagen und Analysen Land, Leute und das politische Geschehen beobachtet. Michael Pohl schreibt für mehrere Tageszeitungen und Onlineauftritte. Als Buchautor befasst er sich vor allem mit den Britischen Inseln. Bei CONBOOK sind seine Bände *Fettnäpfchenführer Großbritannien* und *Hotelgeschichte(n) weltweit* erschienen.

Twitter @little__britain

Inhalt

Inhalt

Inhalt

Vorwort

Ein Fettnäpfchenführer für eine europäische Großstadt, werden Sie fragen? Muss ich etwa bei den Gesten aufpassen wie in manchen asiatischen Staaten? Nein, im Grunde nicht mehr als in Frankreich, Deutschland oder Dänemark auch. Soll ich grinsen, wenn ich mich ärgere, wie es mitunter in Japan üblich ist? Das würde sicherlich auch einen Briten verunsichern. Oder darf ich auf die Frage *»how are you?«* keineswegs ausführlich antworten, weil mein Gegenüber im Grunde gar nicht wirklich wissen will, wie es mir geht – so wie oftmals auf der anderen Seite des Atlantiks? Keineswegs! Ein paar Worte mehr dürfen es an der Themse schon sein. Und doch gibt es manches, das den Alltag hier unterscheidet von dem in anderen Ecken dieser Welt.

Um es gleich vorweg zu nehmen: Man wird einen Aufenthalt in London auch irgendwie überstehen, wenn man sich mit den kulturellen Besonderheiten der Briten nicht auskennt. Aber lernt man dann eine Stadt wirklich kennen? Wer das London Eye, den Buckingham-Palast oder auch die Tower Bridge besucht, sieht natürlich ebenso London. Aber sieht er dann das London der Londoner?

Es ist wie in vielen Metropolen, überall auf der Welt: Der Alltag ist vielschichtig und er spielt sich auf einem weitaus größeren Gebiet ab als der Londoner City. In den von Touristen besuchten Gegenden hat man sich auf fremde Nationen eingestellt. Die Frage nach Bratwurst irritiert niemanden, den Starbucks-Kaffee findet man hier genauso wie in Singapur, Houston oder Berlin. Und wie man sich von A nach B fortbewegt, findet spätestens heraus, wer in einer U-Bahn-Station auf den Liniennetzplan schaut.

Aber was macht eine Stadt wirklich aus? Sicherlich nicht Bratwurst, Kaffee und Liniennetzpläne. Zu einem guten Teil sind es die Menschen, die in ihr leben. Wer diese wirklich erleben will, muss auf die Suche nach ihnen gehen. Und er sollte die eine oder andere Besonderheit im alltäglichen Umgang beherrschen.

Der *Fettnäpfchenführer London* will Ihnen eine Stadt näherbringen, die voller interessanter Menschen ist. Menschen, die nicht nur links fahren, sondern sich meist auch auf dem Fußgängerweg links ausweichen; Menschen, die längst bewiesen haben, dass die ewig auftauchenden Klischees von der angeblich ungenießbaren britischen Küche absolut nicht zutreffen. Menschen, die sich vielleicht bis heute beharrlich in Schlangen anstellen mögen, dafür aber auch eine deutlich höhere Gelassenheit im Alltag beweisen als dies in anderen Gegenden der Welt der Fall ist.

Wenn Sie diese Menschen aufspüren wollen, sollten Sie sich etwas außerhalb der ausgetretenen Touristenpfade bewegen. Der *Fettnäpfchenführer London* gibt Ihnen Tipps, wo dies sein könnte. Und er versucht vor allem eines: Sie vor manchem Fettnäpfchen zu bewahren, das hier auf der anderen Seite des Ärmelkanals trotz aller europäischer Harmonisierung eben doch bis heute lauert. Entdecken Sie das London der Londoner – und lassen Sie sich ein auf eine der großartigsten Städte der Welt!

Fabian geht mit Ihnen auf Reisen. Der Journalist aus Hessen beschreibt in diesem Buch seine Erfahrungen, die er in London macht, und führt Sie damit einmal quer durch die Fettnäpfchen und Besonderheiten einer europäischen Großstadt. Fabian ist eine fiktive Person und entspricht nicht unbedingt der Biographie des Autors. Er ist aber trotzdem ganz nett, Sie werden es gleich merken.

Folgen Sie Fabian nach London – er kann etwas Gesellschaft gebrauchen!

Michael Pohl
Greenwich, Sommer 2014

1 Dimensionen

London zeigt Größe

Was eigentlich offensichtlich ist, wird mitunter erst am lebenden Beispiel deutlich: Es gibt einen Unterschied zwischen London und Londorf. Londorf, ein 1900-Seelen-Ort in Hessen und Teil der Gemeinde Rabenau, liegt im Lumdatal zwischen Gießen, Marburg und Grünberg. Ich bin dort aufgewachsen – schön ruhig, gut behütet, ein Traum. Londorf zeichnen Fachwerkhäuser aus, eine evangelische Kirche, der Burggarten. Und der Ort lässt sich leicht zu Fuß durchwandern. Muss ja auch – denn es gibt zwar einen Bahnhof, aber dort hält schon lange kein Personenzug mehr. Ein bürgerliches Idyll in der Mitte Deutschlands.

London zu Fuß zu durchwandern, wäre gelinde gesagt ein *Projekt,* und deswegen ist bislang auch selten ernsthaft jemand auf diese Idee gekommen. Doch selbst Bus und Bahn zu Hilfe zu nehmen, macht es in der britischen Hauptstadt nicht immer einfacher – wie mitunter schon die Anreise zeigt. So auch an diesem sonnigen, aber kühlen Morgen am Flughafen Heathrow.

Eine Dienstreise hatte mich nach London geführt, was oft sehr angenehm ist, muss man sich doch in der Regel um die Organisation keine Gedanken machen. Mein Ressortchef wollte eine Geschichte über die Eigenheiten Londons und der Londoner. »Es kommen da jetzt so viele Großereignisse«, hatte er gesagt, »da müssen wir irgendwas machen.«

Irgendwas, das wusste ich, war bei ihm nicht das Standardtouristenprogramm, aber auch keine sozialkritische Studie. Es war das wahre Leben. Umso besser, dachte ich. Der Flug aus Deutschland landete pünktlich in Heathrow. Nagelneue Maschine, freundliches Personal – das muss man den Briten lassen: Wer irgendwo auf der Welt in eines ihrer Flugzeuge steigt, wähnt sich umgehend im Vereinigten Königreich. Das mag am sauberen Oxford-Englisch liegen, das an Bord gesprochen wird, zum Teil auch an den oft tadellosen Sandwiches. Vermutlich aber in erster Linie an der höflichen Zurückhaltung des Personals.

Nun kommt es mitunter vor, dass man sich vorab nicht eingehend mit den Rahmenbedingungen einer Reise befasst, sondern sich eher Gedanken über die Ausrichtung einer Geschichte macht. Das könnte der Grund gewesen sein, weshalb ich beim Blick auf die Adresse des Hotels nicht umgehend intervenierte. Ich war untergebracht in einem sehr angenehmen, sauberen Hotel. Leider befand es sich buchstäblich am anderen Ende der Stadt – in Greenwich, nicht nur ganz im Osten Londons (während Heathrow weit im Westen liegt), sondern auch noch auf der anderen Themse-Seite als die wichtigsten Bestandteile der hiesigen Infrastruktur. Was es insgesamt nicht einfach machte.

Heathrow wird gern gepriesen als jener Londoner Flughafen, der von der Innenstadt aus am einfachsten zu erreichen ist. Eine U-Bahn-Linie, die Piccadilly Line, fährt direkt unter die Terminals; ein Schnellzug, der Heathrow Express, bringt Fahrgäste in 15 Minuten vom Flughafen in den Bahnhof Paddington. Und selbst mit dem Auto dauert es je nach Tageszeit mitunter nur eine halbe Stunde vom Terminal bis in die Innenstadt – was für Londoner Verhältnisse kaum mehr als einen Katzensprung darstellt. Die Situation ändert sich leider grundlegend, wenn man gar nicht in die Innenstadt möchte.

Die U-Bahn-Variante konnte man in diesem Fall schnell abhaken: Die Piccadilly Line benötigt eine gute Dreiviertelstunde allein bis in die Innenstadt, meist noch etwas länger. Blieb der Heathrow Express, doch der bringt Fahrgäste lediglich bis in den Bahnhof Paddington, was wiederum bedeutet: an den nordwestlichen Rand der Innenstadt. Der schnellste Weg von hier nach Greenwich ist mit zwei weiteren Umsteigevorgängen verbunden: Die Bakerloo Line der U-Bahn bis Baker Street, dann in die Jubilee Line bis London Bridge, dann in den Zug bis Greenwich. Dauer: gut eine Stunde plus Fußwege plus Fahrkartenkauf. Allein: Es war an diesem Tag nicht der schnellste Weg, denn wegen Gleisbauarbeiten hielten die Züge nicht am Bahnhof London Bridge. Es erforderte also einen Weg über weitere U-Bahn-Linien, deren Bahnsteige in London mitunter nur durch sehr lange Treppen, manchmal durch Rolltreppen, und vor allem fast nie durch Fahrstühle erreichbar sind. Und das mit einem Koffer in der Hand ...

Nach gut eineinhalb Stunden war ich endlich im Hotel – um dort festzustellen, dass mein erstes Interview wiederum in einer anderen Ecke der Stadt anstand – und zwar nur eine Stunde später. Zurück zum Bahnhof, ein Stück Richtung Innenstadt, dann der Blick auf die Uhr: Inzwischen war rund eine halbe Stunde vergangen, und die nächste U-Bahn in Richtung Termin noch nicht einmal in Sichtweite. Also traf ich zähneknirschend die Entscheidung, aus Gründen der Zeitersparnis das Taxi zu nehmen – und war vollends reingefallen: Meter für Meter quälte sich das schwarze Gefährt, das für diese Stadt so typisch ist wie das Teetrinken, durch den dichten Verkehr. Am Ende war ich eine halbe Stunde zu spät – und um die Erkenntnis reicher, dass große Städte eben manchmal große Herausforderungen darstellen. Übrigens nicht nur für mich: Auch mein Gesprächspartner steckte im Verkehr fest.

Was ist denn da schiefgelaufen?

London ist nicht einfach eine Stadt. London ist das Zentrum eines ganzen Landes, und war über Jahrhunderte jener Ort, von dem aus die Briten die halbe Welt eroberten. Das führt zu einer gewissen Fläche, über die sich schon allein der Kern innerhalb des 188 Kilometer langen Autobahnringes M25 erstreckt: Das Londoner Stadtgebiet misst heute rund 1500 Quadratkilometer – fast doppelt so viel wie Berlin.

Dazu kommt ein weites Einzugsgebiet: Stansted im Norden, Windsor im Westen, Maidenhead im Osten und Gatwick im Süden liegen zwar deutlich außerhalb Londons – doch wenn man vom Großraum London spricht, fasst man den Radius gern so weit, dass auch diese strukturell wichtigen Orte noch einbezogen werden.

Es gilt also, sehr genau zu überlegen, wie und vor allem zu welcher Tageszeit man in London von Punkt A nach Punkt B reisen möchte. Noch wichtiger: In welcher Ecke eine Unterkunft liegen sollte. Ein günstiger Hotelpreis kann sich schnell relativieren, wenn man auf dem Weg zu Terminen, der Innenstadt oder dem abendlichen Theaterbesuch auf ein Taxi angewiesen ist. Die sind vom Fahrpreis her zwar günstiger als in Deutschland, jedoch bei weitem nicht so günstig wie etwa in asiatischen Ländern. Hinzu kommt der Faktor Zeit: Trotz Innenstadt-Maut herrscht in vielen Ecken Londons vor allem morgens und abends zur Rushhour viel Verkehr, oftmals Stau. Wer zentrale Punkte wie Piccadilly Circus oder den Leicester Square ansteuert, kann sich fast 24 Stunden auf zumindest zähfließenden Verkehr einstellen – wegen einer Baustelle, wegen eines Staatsbesuchs oder weil schlichtweg gerade sämtliche Musicalvorstellungen auf einmal zu Ende sind, und sich eine Taxikolonne sondergleichen ihren Weg bannt.

Congestion Charge

Die *Congestion Charge* (»Staugebühr«) wurde 2003 vom sozialdemokratischen Bürgermeister Ken Livingstone eingeführt und sollte London vom Verkehrsinfarkt bewahren. Sie gilt montags bis freitags zwischen 7 und 18 Uhr im Zentrum Londons – in etwa zwischen dem Hyde Park im Westen und der Tower Bridge im Osten, zwischen Kings Cross im Norden und den Springs Gardens im Süden. Wer dieses Gebiet zu dieser Zeit mit dem Auto befährt, muss den Tagessatz von 10 Pfund zahlen. Einzige Ausnahme sind Feiertage und das Wochenende. Die Zahlungs- und Überwachungsmöglichkeiten machten London weltweit zum Vorreiter, auch wenn es Modelle einer Innenstadt-Maut andernorts bereits zuvor gegeben hat: Autofahrer müssen die Maut in London per SMS, Telefon oder in einer beliebigen Fahrkartenverkaufsstelle bezahlen – Hintergrund ist, dass Transport for London, der städtische Betreiber des öffentlichen Nahverkehrs, auch die *Congestion Zone* unterhält.

Überwacht wird die Zahlung nahezu nahtlos und vollautomatisch: An allen Straßen, die vom Nicht-Maut-Gebiet in die *Congestion Zone* führen, stehen Kameras, um Kennzeichen zu erfassen und mit der Liste der für diesen Tag bezahlten Maut-Kunden abzugleichen. Wer es versäumt, sein Kennzeichen rechtzeitig freizuschalten, muss empfindliches Bußgeld zahlen: zwischen 60 und 250 Pfund, je nachdem, wie lange er sich mit der Überweisung Zeit lässt. Markiert ist der Innenstadt-Maut-Bereich auf Schildern und dem Straßenasphalt einheitlich mit einem weißen C auf einem rotem Kreis.

www.tfl.gov.uk/roadusers/congestioncharging

Dartford Crossing Maut

Es gibt noch weitere Bezahlmodelle für Autofahrer in und um London: Wer den Autobahnring (M25) im Osten nutzt und darauf die Themse überquert, muss seit Ende 2014 über ein ähnliches Modell wie die *Congestion Charge* für die Dartford-Querung Maut bezahlen: Es gibt keine Kassenhäuschen mehr, sondern man muss vorab sein Kennzeichen auf einer Website registrieren und die Gebühr spätestens bis Mitternacht bezahlt haben. Maut wird täglich zwischen 6 und 22 Uhr erhoben.

↗ www.gov.uk/pay-dartford-crossing-charge

London Low Emission Zone

Noch eine Gebühr, die London mittels Kameraüberwachung erhebt: Die *Low Emission Zone* ist eine Umweltzone für Lastwagen, Minibusse, Wohnmobile und andere große Fahrzeuge. Sie gilt ungefähr innerhalb des von der M25 eingefassten Gebietes und ist wie europaweit üblich mit einem grünen Kreis ausgeschildert. Pkw sind von der Zone nicht betroffen. Auf der Website von TfL kann man nachsehen, ob ein Fahrzeug mautpflichtig ist. Wer die Normen nicht erfüllt, wird empfindlich zur Kasse gebeten: Die Gebühren liegen zwischen 100 und 200 Pfund pro Tag und können über die Website beglichen werden. Die Zone gilt rund um die Uhr an jedem Tag des Jahres.

↗ www.tfl.gov.uk/modes/driving/low-emission-zone

Die beste Alternative und Ausgangspunkt jeder Fahrt ist deswegen meist die U-Bahn. Das dichte Netz ist eng verwoben mit den Vorortzügen (London Overground), den Bussen und im Süden der Stadt inzwischen auch wieder einer Straßenbahn. Der Vorteil der U-Bahn: Sie fährt in etwa zwischen 5 und 0 Uhr im engen Takt von meist 2 bis 5 Minuten und legt große Distanzen zwischen den einzelnen Stationen zurück. Deswegen ist sie meist die schnellste Möglichkeit, etwas zu erreichen. Das Wichtigste: U-Bahnen stehen gemeinhin nicht im Stau – allerdings kommt es in dem alten Netz vor allem an Wochenenden oftmals zu Gleisbauarbeiten. Dadurch werden einzelne Streckenabschnitte gesperrt. Deutlichster Nachteil: Durch die großen Abstände der Stationen ist eine U-Bahn-Fahrt vor dem Einstieg meist noch mit einem längeren Fußweg verbunden. Derzeit baut TfL einen Nachtverkehr auf den wichtigsten U-Bahn-Linien aus. Ziel ist es, die zentralen Strecken freitags und sonnabends rund um die Uhr zu bedienen.

Das richtige Verkehrsmittel

Am besten wählt man in London sein Verkehrsmittel mit Bedacht:

- **London Underground:** Die U-Bahn ist für die meisten Strecken vermutlich das ideale Verkehrsmittel – aber eben nicht für alle. Mitunter halten die Züge, vor allem im Zentrum, derart oft, dass längere Distanzen viel Geduld erfordern. Umsteigen zwischen zwei Stationen kann lange Fußwege mit sich bringen, denn London Underground ist gewachsen aus zahlreichen, früher unabhängig voneinander operierenden U-Bahn-Betreibern. Jeder baute seinen eigenen Bahnhof.
- **London Overground:** Quasi das S-Bahn-Netz der Stadt. Seit Ende 2007 firmieren die Vorortzüge unter diesem gemeinsamen Markenauftritt, der sich in das Logokonzept der Dachorganisation Transport for London einreiht: Das klas-

sische U-Bahn-Logo ist in diesem Fall orange. Die Züge fahren fast vollständig oberirdisch (deswegen der Name) und die Stationen liegen weiter auseinander als bei der Londoner U-Bahn. Dennoch sind beide Netze an rund einem Dutzend Bahnhöfen verbunden, damit Fahrgäste umsteigen können.

- **Busse:** Vor allem für kürzere Distanzen ideal, da die Haltestellen oft nur wenige hundert Meter voneinander entfernt liegen. Auch die Buslinien sind eng mit den Stationen von London Underground kombiniert. Zudem gibt es täglich Nachtbuslinien, die auch nach Betriebsschluss der U-Bahn fahren.
- **Docklands Light Railway (DLR):** Die fahrerlose Hochbahn, die als Ergänzung zur U-Bahn durch den Osten Londons fährt. Entstanden ist sie 1987 zur kostengünstigen Anbindung der damals frisch sanierten Docklands, daher der Name. Die DLR ist über mehrere Stationen mit dem U-Bahn-Netz verbunden und ergänzt dieses durch inzwischen rund 45 Haltepunkte.
- **Boote:** Ein Ausflug auf der Themse ist an sich schon ein schöner Zeitvertreib – wer aber möglichst schnell von A im Westen Londons nach B im Osten der Stadt kommen möchte, kann auch eines der Themse-Boote nutzen. Sie fahren auf mehreren Linien zwischen Hampton Court und Woolwich. Durch zahlreiche Haltepunkte zu beiden Seiten der Themse dauert aber auch die Fahrt mit dem Boot länger, als sie es von der Strecke her eigentlich müsste (rund 30 Minuten zwischen Greenwich und Westminster).
- **Taxi:** Nicht ganz günstig, aber für manche Strecken zu manchen Tageszeiten immer noch die schnellste Möglichkeit.

In jedem Fall empfiehlt es sich, bereits vor Reisebeginn genau zu planen, wo man was in London unternehmen möchte – und auch in dieser Gegend seine Unterkunft zu suchen. So vermeidet man teure Fahrten, die einen eventuell günstigeren Hotelpreis relativieren. ↗ www.tfl.gov.uk

Für manchen dürfte sogar der **Eurostar**, der die Zugverbindung unter dem Ärmelkanal nutzt, eine Alternative sein: Von Köln führt ein Zubringer zur Verbindung ab Brüssel direkt zum Bahnhof St. Pancras im Norden der Londoner Innenstadt. Die Bahn erwägt seit Längerem, einen ICE etwa ab Frankfurt durch den Kanaltunnel zu schicken. Konkrete Pläne gibt es dafür aber bislang nicht. ↗ www.eurostar.com

★ Do it yourself ★

Nie mit dem eigenen Auto

Entgegen landläufigen Vorurteilen ist es nicht unbedingt besonders schwer, in London Auto zu fahren – Briten sind gemeinhin vergleichsweise rücksichtsvolle Fahrer. Dennoch tut man gut daran, das eigene Vehikel nicht mit in die Stadt zu nehmen: Das Verkehrsaufkommen ist trotz Innenstadt-Maut immens, vor allem aber sind die Parkgebühren horrend – da für die Menge der Autos einfach nicht genügend Stellflächen vorhanden sind. Auch Hotels im Innenstadtbereich berechnen – sofern sie überhaupt über eigene Stellflächen verfügen – meist eine Gebühr von 20 bis 30 Pfund pro Tag, egal, ob das Auto bewegt wird oder den gesamten Aufenthalt auf dem Parkplatz steht. Wer mit dem Fahrzeug nach London reist, sollte unbedingt auf Hotels außerhalb der Innenstadt-Maut-Zone zurückgreifen – dort betragen die Parkgebühren oftmals nur die Hälfte.

Wer es dennoch nicht lassen kann: Im Westfield-Einkaufszentrum in Shepherd's Bush ist Parken in etwa so günstig wie in deutschen Innenstädten. Von hier fahren u. a. U-Bahnen (Hammersmith & City Line, Central Line) weiter ins Zentrum.

↗ http://uk.westfield.com/london

Staumeldungen sind über die Website von Transport for London abrufbar: ↗ www.tfl.gov.uk/roads/status, die BBC zeigt auf ihrer Website Livebilder der Verkehrskameras im Stadtgebiet: ↗ www.bbc.co.uk/travelnews/london/trafficcameras

2 Flughäfen

London hebt ab

Es ist eine der kuriosesten Verbindungen von British Airways, und sie trägt ausgerechnet die Flugnummern der legendären Concorde-Überschallflüge. Deswegen musste ich sie mir einfach anschauen – ich wähnte einen guten Aufhänger für meine Geschichte. Täglich außer sonnabends startet die größte britische Airline vom kleinsten Londoner Flughafen, dem City Airport in den Docklands, mit einem Airbus A318 nach New York. BA001 bis BA004 lauten die Bezeichnungen, ganz so wie einst bei der Concorde-Verbindung von Heathrow nach New York. Ganz so schnell ist dieser Flug jedoch nicht: Gut neun Stunden dauert er mit diesem inzwischen kleinsten Airbus; die Concorde schaffte es in gut drei Stunden.

Für British Airways gilt diese Verbindung mit dem für Überseeflüge außergewöhnlich kleinen Flugzeug dennoch als Erfolg: Der City-Airport ist der zentralste Londoner Flughafen und er liegt zudem unweit des Finanzviertels Canary Wharf. Da er nur über eine vergleichsweise kurze Landebahn verfügt, ist der A318 das größte Flugzeug, das ihn anfliegen darf – und dies auch nur mit einem extrem steilen Start- und Landemanöver. Die für einen USA-Flug sehr lange Flugdauer gleicht British Airways durch einen speziell auf Geschäftskunden ausgerichteten Service aus: Der Airbus verfügt ausschließlich über 32 Business-Class-Liegesitze, eingecheckt werden kann bis 15 Minuten vor Abflug, und an Bord gibt es WLAN. Auf dem Hinweg landet die Maschine wie in den frühen Zeiten der Überseeflüge im irischen Shannon – in diesem

Fall jedoch nicht nur zum Auftanken (was früher der Hauptgrund war), sondern auch, um hier bereits die Einreiseformalitäten für die USA zu erledigen. Deswegen dürfen die Passagiere nach Ankunft in New York an der Einreiseprozedur vorbeiziehen.

Für Manager kann all dies entscheidend sein, wie ich von einem Geschäftsmann am Check-in erfuhr: Zwar starten ab dem größten europäischen Flughafen Heathrow alle Nase lang Flüge in Richtung USA; doch erfordert dieser Airport eine deutlich längere und frühere Anreise: Er liegt im Westen Londons, weit ab vom Finanzviertel. Zudem ist es hier wegen der Masse an Fluggästen und der teils sehr weiten Wege ratsam, mehr als zwei Stunden vor Abflug einzuchecken. Die Zeit zwischen Abfahrt in der City und Abflug kann sich also leicht auf drei bis vier Stunden summieren – je nachdem, wie risikofreudig man ist.

»Ich jedenfalls bevorzuge diesen kleinen Flughafen«, sagte mein etwa 50-jähriger Gesprächspartner, während er nervös auf die Uhr schaute. Um den Preis machte er sich jedoch keine Gedanken: Er kannte den Flugpreis nicht mal, den die Airline für diese Verbindung aufruft – seine Firma zahlte. Pro Strecke starten die Beträge bei 1.100 Pfund – und können sich je nach Auslastung schnell mehr als verdoppeln. Ich stieg wieder in die Bahn vor dem Flughafen und freute mich still darüber, dass ich nur wenige Pfund investieren musste, um im Zentrum einer anderen großartigen Stadt zu landen – auch wenn sich das Flugzeug vermutlich längst in Irland befindet, bis ich dort angekommen bin.

Und wie geht es richtig?

Kaum eine andere Stadt der Welt hat den Luftverkehr auf derart viele Flughäfen verteilt wie London – teils aus historischen, teils schlicht aus Wettbewerbsgründen. Die Flughäfen im Überblick:

Heathrow Airport (LHR): Der größte Flughafen Großbritanniens ist zugleich der größte Europas und drittgrößte der Welt. Und das, obwohl er von seiner Lage her inzwischen völlig ungeeignet scheint: Zu mehreren Seiten ist Heathrow von dichter Wohnbebauung umgeben. Die nördliche Landebahn verläuft parallel und unmittelbar neben der wichtigsten Anfahrtsstraße mit zahlreichen Hotels – es scheint kaum wahrscheinlich, dass diese Rahmenbedingungen heute noch zu einer Baugenehmigung für einen Flughafen führen würden. Heathrow, seit dem Jahr 1944 kontinuierlich ausgebaut, fertigt pro Jahr rund 70 Millionen Flugpassagiere ab, verfügt über fünf Terminals, aber nur zwei Start- und Landebahnen. Seit Jahrzehnten ist der Bau einer dritten geplant, aus Rücksichtnahme vor den Anwohnern wurde dieses Vorhaben jedoch von der Regierung gestoppt. Heathrow ist ein ideales Anreiseziel für den westlichen Bereich Londons sowie den Südwesten Englands. Der Flughafen ist die Heimatbasis von British Airways und Virgin Atlantic.

30 km westlich ◎ Anbindung: Piccadilly Line der U-Bahn, Zugverbindung nach Paddington, Flughafenbusse

Gatwick Airport (LGW): Der zweitgrößte britische Flughafen ist Jahr für Jahr Ziel von rund 33 Millionen Flugpassagieren – was erstaunlich ist, da der Airport nur über eine einzige Start- und Landebahn verfügt. Ähnlich wie in Heathrow starten von Gatwick aus Flüge in die ganze Welt, während die weiteren Londoner Flughäfen überwiegend europäische und britische Ziele bedienen. Gatwick wurde bereits 1936 in Betrieb genommen – das erste Terminalgebäude mit dem Beinamen *»The Beehive«* (der Bienenstock) existiert noch immer – wird jedoch längst als Bürogebäude genutzt. Heute fertigt der Flughafen Passagiere in zwei Terminals ab. Busse verbinden ihn mit Heathrow, wobei eine

Fahrt zwischen den beiden Airports rund eine Stunde dauert. Gatwick bietet sich für die Anreise in den Süden Londons an sowie an die Küste (der Flughafen liegt auf halber Strecke zwischen London und Brighton). Neben British Airways haben Easyjet und Monarch hier Basen eingerichtet.

45 km südlich ◎ Anbindung: Zugverbindung nach Victoria Station, Flughafenbusse

Stansted Airport (STN): Der drittgrößte Londoner Flughafen (18 Millionen Passagiere jährlich) liegt weit außerhalb des Stadtgebietes. Das macht ihn für viele zum Prototypen eines irreführenden Flughafennamens. Zu Unrecht – Stansted ist über eine Zugverbindung (Stansted Express) mit dem Bahnhof Liverpool Street verbunden, und auch wenn eine Fahrt rund 45 Minuten dauert, kann sich die Anreise für den nördlichen und östlichen Teil Londons durchaus lohnen. Man spart sich die zeitaufwendige Fahrt durch das Londoner Zentrum. Dazu kommt: Stansted ist sehr übersichtlich und großzügig konstruiert und kann dadurch meist mit deutlich schnellerer Abfertigung punkten als die beiden großen Brüder. Das Büro des britischen Stararchitekten Sir Norman Foster hat den Airport 1991 neu konstruiert, nachdem er zuvor seit dem Zweiten Weltkrieg eine eher untergeordnete Rolle gespielt hatte. Stansted ist offiziell der Anti-Terror-Flughafen Großbritanniens – unter anderem können hier im Falle einer Entführung Flugzeuge auf einen besonders gesicherten Bereich gelenkt werden.

65 km nördlich ◎ Anbindung: Zugverbindung nach Liverpool Street (Stansted Express), Flughafenbusse

London City Airport (LCY): Der kleinste und unauffälligste Londoner Flughafen (drei Millionen Passagiere jährlich) ist zugleich der exklusivste. Auf dem überschaubaren Gelände am Rande der Docklands landen überwiegend europäische und britische Flüge zu den für die Finanzbranche wichtigen Zielen wie Zürich, Luxemburg und Frankfurt. Das hat vor allem einen Grund: die mit nur 1.500 Metern außergewöhnlich kurze Start- und Landebahn. Der A318 ist die größte für diesen Flughafen zugelassene Maschine und muss wegen der begrenzten Ausrollfläche vor allem beim Landen einen sehr steilen Winkel nutzen. Der City Airport entstand in den achtziger Jahren im Zuge der Sanierung der Docklands auf dem Gelände des früheren King George V Docks.

10 km östlich Anreise mit der DLR

Luton Airport (LTN): Die Heimat der Billigfluglinie Easyjet war einst ein florierender Charterflughafen. Noch heute starten viele Ferienflugzeuge hier, die größte Bedeutung haben jedoch inzwischen die Billigflieger – neben Easyjet sind dies auch Ryanair oder Monarch. Letztere betreibt hier ebenfalls ihr Hauptquartier, genauso wie die TUI-Charterlinie Thomson Airways. Luton ist mit knapp zehn Millionen Passagieren zwar für Londoner Verhältnisse nur die Nummer fünf; ein wirklich kleiner Flughafen ist er nicht. Er entstand kurz vor dem Zweiten Weltkrieg als Basis der Royal Air Force. Nach dem Krieg übernahm die Kommune Luton das Gelände und baute es zu einem Passagierflughafen aus.

55 km nordwestlich Anbindung per Bus und Bahn oder per Flughafenbus ab Victoria-Busbahnhof

London Southend Airport (SEN): Einer der am weitesten entfernten Flughäfen, die das Wort »London« im Namen tragen. Southend Airport liegt in der Stadt Southend-on-Sea direkt an der Themse-Mündung – ungefähr dort, wo Londons Bürgermeister Boris Johnson gern einen neuen Großflughafen als Ersatz für alle bisherigen bauen würde. Derzeit ist der Airport von einer ernstzunehmenden Größe genauso weit entfernt wie von London: Nur knapp eine Million Passagiere zählt er, und dies auch erst in den jüngeren Jahren. Dabei galt Southend mal als Nummer drei unter den britischen Airports. Dann machten ihm durch seine Randlage andere Flughäfen den Rang streitig. Inzwischen fliegen vor allem kleine Linien wie Easyjet, Flybe oder AerLingus Regional hierhin.

70 km östlich ◎ Anbindung per Zug ab Liverpool Station

London Oxford Airport (OXF): So etwas wie der Gipfel der Ungenauigkeit, was Flughafennamen angeht – Oxford Airport liegt knapp 100 km vom Zentrum Londons entfernt, und es gibt eigentlich keinen ersichtlichen Grund, sich mit dem Namen der Hauptstadt im Logo zu schmücken; außer vielleicht der Tatsache, unwissende Touristen anzuziehen, die am Ende mühsam ins wirkliche London weiterreisen müssen. Inzwischen ist der Flugverkehr allerdings fast auf null zurückgegangen – nur noch wenige Flüge, etwa nach Jersey oder auf die Isle of Man, gibt es, und dies auch nur über enge saisonale Zeiträume. Eine deutlich größere Bedeutung hat Oxford Airport in der Pilotenausbildung – die Oxford Aviation Academy ist eine der größten ihrer Art.

100 km nordwestlich ◎ Anbindung per Busshuttle ab Oxford, dann mit dem Zug weiter nach London

Umsteigen an Londoner Flughäfen

Es hat inzwischen nachgelassen, doch vor Jahren war es nicht unüblich, Umsteigeflüge anzubieten, die an unterschiedlichen

Londoner Flughäfen landeten – in erster Linie Heathrow und Gatwick. Der Zubringerflug kam beispielsweise in Heathrow an, der Weiterflug erfolgte ab Gatwick, was mit einem Busshuttle noch mal mit bis zu einer Stunde Fahrtzeit zu Buche schlägt. Zudem wurde Gepäck nicht durchgecheckt, sondern musste von den Passagieren im Bus transportiert werden. Die Zeiten solcher Angebote sollten weitestgehend vorbei sein – es ist aber ratsam, vor allem bei Schnäppchen, darauf zu achten.

★ Do it yourself ★

Brooklands Concorde

Hier fand das erste Treffen zwischen Frankreich und Großbritannien zum Bau der Concorde statt, hier wurden über Jahre Teile dieses Überschallflugzeugs produziert. Und nun steht hier ein Exemplar der legendäre Maschine: Am südwestlichen Stadtrand Londons kann man im **Brooklands Museum** eine der wenigen Concordes besichtigen, die jemals gebaut worden sind und heute noch existieren. Nebenan befindet sich übrigens das **London Bus Museum**, das sich die Restaurierung alter Busse aus der britischen Hauptstadt zum Ziel gesetzt hat – ebenfalls einen Besuch wert.

Brooklands Road, Weybridge · (0 19 32) 85 73 81 · www.brooklandsmuseum.com · Tgl. 10–16 Uhr (Nov.–Feb.), 10–17 Uhr (März–Okt.) · £ 11 (Concorde-Zuschlag: £ 5)

Fürs erste Mal

Das muss man einfach gesehen haben

1. Westminster Palace

Von hier werden die Geschicke der Nation gelenkt, und von hier aus schlägt London die Stunde. Doch der neugotische Parlamentsbau ist nicht nur das Zentrum der Macht, er ist auch ein Meisterbeispiel für die aufwendige Architektur Londons. Direkt an der Westminster-Bridge befindet sich eines der Wahrzeichen der Stadt: Der Elizabeth Tower mit der Glocke Big Ben (benannt nach dem Politiker Sir Benjamin Hall, der den Parlamentsbau beaufsichtigte).

Westminster, London SW1A 0AA · U-Bahn: Westminster
www.parliament.uk/visiting

2. Hampton Court Palace

Der vermutlich eindrucksvollste Palast Londons befindet sich im Westen der Hauptstadt direkt an der Themse bei Richmond. Er wurde vom 16. bis zum 18. Jahrhundert als Residenz der britischen Könige genutzt, darunter Heinrich VIII. Das Gebäude im Tudorstil wurde mehrfach umgebaut, im 18. Jahrhundert zog dadurch in weite Teile der Barockstil ein.

East Molesey, Surrey KT8 9AU · www.hrp.org.uk/HamptonCourtPalace
Tgl. 10–18 Uhr · Zug: Hampton Court

3. Docklands

Einst der größte Hafen der Welt – heute liegen in den Docklands nur noch ein paar Hundert Jachten vor Anker. In einem der größten Sanierungsprojekte aller Zeiten sind Kilometer lange Bereiche an der Themse umfunktioniert worden – teils in Wohnungen, teils in Freizeithäfen, vor allem aber in das Finanzzentrum Canary Wharf.

◎ U-Bahn: Canary Wharf

4. Lebensmittelabteilung von Harrods

Wenn es beim ersten London-Trip schon unbedingt ein Besuch im Edelkaufhaus Harrods sein muss, dann sollte man nicht dessen Lebensmittelabteilung verpassen. Mit Trüffel, Kaviar und anderen Köstlichkeiten ist sie eines der krassesten Beispiele dekadenter Lebensart. Und noch dazu architektonisch sehr sehenswert.

87–135 Brompton Rd, London SW1X 7XL ↗ www.harrods.com
Mo–Sa 10–20 Uhr, So 11.30–18 Uhr ◎ U-Bahn: Knightsbridge

5. Ein Konzert in der Royal Albert Hall

Die prachtvolle Halle wurde zu Ehren von Prinz Albert, dem verstorbenen Ehemann Queen Victorias, erbaut. Der Rundbau am Rande der Kensington Gardens ist einem Amphitheater nachempfunden, allerdings dem viktorianischen Baustil angepasst und mit einer Kuppel gekrönt. Die Halle gilt als feinster Ort für klassische Konzerte in London – aber auch Rockmusiker spielen hier mitunter.

Kensington Gore, London SW7 2AP ↗ www.royalalberthall.com
◎ U-Bahn: South Kensington, High Street Kensington

6. Ein Musical im West End

Egal, ob man Musicals mag oder nicht – eine Aufführung in einem der Traditionstheater im West End gehört zu einem London-Besuch. Karten für neue, bekannte Stücke zu bekommen, kann ein paar Tage (oder Wochen) Vorlauf erfordern. Für alle anderen gibt es oftmals noch am Aufführungstag Eintrittskarten.

↗ www.londontheatre.co.uk
↗ www.officiallondontheatre.co.uk

7. Hyde Park

Londons zentraler Park mag vielleicht nicht der schönste sein – aber er ist eine Oase der Ruhe inmitten einer oft hektischen Millionenstadt. Zählt man die direkt angrenzenden Kensington Gardens dazu, umfasst der Hyde Park 2,5 Quadratkilometer Fläche. Direkt am Serpentine Lake befindet sich der Gedenkbrunnen für Prinzessin Diana. Am nordöstlichen Ende des Parks befindet sich Speakers' Corner, jener Ort, an dem laut Parlamentsbeschloss jedermann frei seine Gedanken äußern kann. Was vor allem am Wochenende zu beobachten ist.

◎ U-Bahn: Hyde Park Corner (Süd-Ost-Ecke), Marble Arch (Nord-Ost-Ecke), Queensway (Nord-West-Ecke), High Street Kensington (Süd-West-Ecke)

8. Piccadilly Circus

Es ist nur ein Platz – aber wer kein Foto der Leuchtreklame von Piccadilly Circus gemacht hat, wird sich ähnlich fühlen wie jene, die in New York den Times Square verpasst haben. Also hin, und bei der Gelegenheit auch gleich die Regent Street entlangschlendern, die nach jahrelangen Sanierungsmaßnahmen inzwischen so etwas wie die prachtvollste Einkaufsstraße der Stadt geworden ist.

9. Tower Bridge

Londons bekannteste Brücke ist in der Tat ein Meisterwerk der Baukunst und ein gutes Ziel für jene, die an der Themse entlang das Südufer erkunden möchten. Nur noch selten wird die Fahrbahn hochgeklappt, um Schiffen die Durchfahrt zu ermöglichen – doch es kommt immer noch vor. Auf den oberen Fußgängerstegen erklärt eine Ausstellung einiges über die Geschichte der Brücke.

↗ www.towerbridge.org.uk ◎ U-Bahn: Tower Hill

10. Greenwich Park

Hier beginnt gewissermaßen die Zeit: Der Nullmeridian verläuft exakt hier durch den idyllischen Park von Greenwich auf der südlichen Seite der Themse. Deswegen nennen die Briten ihre Zeitzone bis heute *Greenwich Mean Time (GMT).* Auf einem Hügel im Park steht das Observatorium, das lange über die exakte Uhrzeit wachte. Von hier aus bietet sich ein eindrucksvoller Blick über London. Unten an der Themse befindet sich mit dem Royal Naval College ein Meisterwerk der Architektur, außerdem mit Queens House eine frühere königliche Residenz.

↗ www.visitgreenwich.org.uk ◎ U-Bahn: Cutty Sark

3 Themse

London im Fluss

Dem britischen Königshaus gehören aus Tradition allerlei hübsche Dinge – Paläste, Anwesen, Parks, Waldstücke, sogar ganze Inseln. Was man aber gern übersieht: Die Königin beziehungsweise der König ist auch im Besitz aller nicht anderweitig markierten Schwäne im Land. Das hat seinen Ursprung im 12. Jahrhundert, als die Krone all diese Tiere zu ihrem Eigentum erklärte. Erstmals erwähnt wurde ein solcher royaler Schwan im Jahr 1186. Der Grund war profan: Das Fleisch der Vögel galt zu jener Zeit als echte Delikatesse. Zu großen Banketts und besonderen Anlässen im Palast wurde Schwan aufgetischt. Ein Umstand, den man sich heutige nicht mehr vorstellen mag, gilt dieses Gericht doch inzwischen eher als ungenießbar. Damals war es anders: Die Krone bangte um frische Lieferung und erklärte deswegen kurzerhand einfach mal alle Schwäne auf britischen Teichen und Flüssen zu ihrem Eigentum. Genauso wie ihr streng genommen alle Delphine, Störe, Wale und Schweinswale in den Küstengewässern des Vereinigten Königreichs gehören. Wer beispielsweise einen Stör fängt, hat zwei Möglichkeiten: Entweder wieder zurück ins Wasser werfen oder ihn dem Königshaus anbieten. Bereits im Mittelalter aber gestand man in der City of London der Innung der Tuchfärber und der Gilde der Weinhändler zu, eigene Schwäne in der Themse zu halten. In der Royal Charter von 1482 ließ Edward IV. das Ganze zwar noch einmal festschreiben, heute reklamiert das Königshaus aber nur noch alle nicht markierten Schwäne auf offenen Gewässern für sich, und genau genommen auch nur noch auf einigen Abschnitten der Themse. Rein rechtlich hat sich aber an den alten Eigentumsrechten nichts geändert. Die Queen unterhält auch nach wie vor einen Schwanbeauftragten, wenngleich es sich heute nur noch um eine Nebenaufgabe der betreffenden Person handelt.

So kommt es einmal im Jahr zu einer überaus skurrilen Aktion auf der Themse – und die war an diesem Tag mein Ziel: Erwachsene Männer schwärmten in drei alten Ruderbooten aus, um die Schwäne auf dem Fluss zu zählen. Einige trugen historische Sakkos mit dem Wappen der Königin, andere die Wappen der beiden Londoner Gilden. Sie nahmen Haltung an, salutierten und riefen – wie in jedem Jahr – traditionsgemäß aus: »Ihre Majestät, die Königin, Herrin über die Schwäne.« Sie kreisten Schwanfamilien mit ihren Boten ein und markierten Tier für Tier mit einem Ring, um sie anschließend wieder freizulassen. Ich erfuhr: Noch in den neunziger Jahren versahen zumindest die beiden beteiligten Innungen die ihnen zugesprochenen Schwäne mit einer Kerbe an den Schnäbeln. Eine Praxis, die sie inzwischen auf Drängen von Tierschützern zugunsten der Ringe geändert haben.

Früher begann dieses jährliche *»Swan Upping«* in der dritten Juli-Woche direkt an der Blackfriars Bridge im Zentrum von London. Heute beschränkt man sich auf die Bereiche weiter flussaufwärts zwischen Sunbury-on-Thames und Windsor. Zu aufwendig wäre der Brauch inzwischen beim dichten Treiben im Londoner Stadtgebiet. Die Gaudi dauert gewöhnlich eine Woche und an jedem Abend hat der Bürgermeister jenes Ortes, an dem die entsprechende Tagesetappe stattfindet, die Pflicht, die Ruderer in einen Pub einzuladen. Was vielleicht auch erklärt, weshalb vor allem die beiden Zünfte weiterhin auf den etwas antiquierten Brauch bestehen.

Eines gilt übrigens bis heute: Ein Schwan hat auf der Themse immer Vorfahrt, was diese Tiere übrigens beim Zusammentreffen mit Booten gerne ausnutzen. Wer ihn verscheucht oder gar beschimpft, beleidigt streng genommen einen Teil des Königshauses.

Himmel, also lieber nicht zur Themse?

Doch, unbedingt sogar. Die Themse ist so etwas wie die Lebensader Londons. Ein Spaziergang entlang des Ufers ist im Innenstadtbereich vor allem auf der Südseite ein Erlebnis: Von der Westminster Bridge führt der Weg vorbei am London Eye, der Royal Festival Hall, Tate Modern, dem Globe Theatre, der City Hall, Tower Bridge und den alten Docks von Butlers Wharf. Immer im Blick: Die Innenstadt Londons auf der anderen Uferseite mit der stets präsenten Kuppel von St. Paul's.

Die Themse ist durch die Nähe zur Nordsee nicht nur das Eingangstor zur Stadt, sondern ins ganze Land. Römer, Sachsen, Normannen und Wikinger versuchten von hier aus, die komplette Insel zu erobern. Nicht alle von ihnen sind bekanntermaßen weit gekommen. Das Zentrum ihrer Herrschaft aber blieb über viele Jahrhunderte die Stadt an der Themse.

Der Fluss entspringt in 110 Metern über dem Meeresspiegel in Thames Head in der Nähe von Kemble in den Cotswolds. Er fließt eher beschaulich durch Oxford, Reading und Windsor, bevor er in London zu ihrer schiffbaren Breite wächst. Bei Southend-on-Sea mündet die Themse in die Nordsee.

44 Wehrschleusen bremsen den Fluss immer wieder, sodass er mehr oder weniger gemächlich in Schleifen bis zur Nordsee fließt. Unzählige Brücken entstanden im Laufe der Jahrhunderte als Überquerung. Die mit Abstand bekanntesten stehen in London.

Die Themse-Querungen im Londoner Zentrum (von Ost nach West)

Tower Bridge: Die vermutlich bekannteste Brücke des Vereinigten Königreichs überragt die Themse zwischen den Stadtteilen Tower Hamlets und Southwark, in unmittelbarer Nähe des Tower of London, der ihr auch den Namen gab. Die im neugotischen Stil erbaute kombinierte Hänge- und Klappbrücke wurde 1894 eröffnet. Sie ist 244 Meter lang und wird getragen von zwei 65 Meter hohen Türmen. Eine Besonderheit ist die zweite Ebene für Fußgänger: Wer die Treppen in den Brückentürmen nicht scheut, kann auf einem von zwei Stegen in 43 Meter Höhe von Ufer zu Ufer gehen. Das hat neben statischen Gründen auch den praktischen Nebeneffekt, dass man hier selbst bei hochgeklappter Fahrbahn auf die andere Seite kommt. Auf den vollständig umbauten Stegen gibt es eine Ausstellung zur Geschichte der Brücke.

www.towerbridge.org.uk ◎ U-Bahn: Tower Hill

London Bridge: Eine Brücke, die es mehrfach gab – nachdem die mittelalterliche London Bridge zu eng und zu alt geworden war, entstand bis 1831 eine neue Konstruktion des Architekten John Rennie und seines gleichnamigen Sohnes. Doch auch diese Konstruktion erwies sich trotz einer Erweiterung nicht als ausreichend. Deswegen entschloss man sich in den sechziger Jahren zu einem Neubau. Die heutige London Bridge entstand zwischen 1967 und 1972. Sie verbindet wie ihre Vorgänger die City of London mit dem Stadtteil Southwark. Die vorhergehende Brücke wurde Stein für Stein abgetragen und 1968 an den amerikanischen Unternehmer Robert P. McCulloch verkauft. Teile davon verkleiden heute eine Brücke zwischen Lake Havasu und Thomson Bay im US-Bundestaat Arizona.

www.oldlondonbridge.com ◎ U-Bahn: London Bridge

Southwark Bridge: Sie verbindet ebenfalls Southwark mit der City of London, etwas weiter westlich als die London Bridge. Bekannt ist sie vor allem wegen eines Gebäudes an ihrem südlichen Ende: Dort hat die altehrwürdige *Financial Times* ihren Sitz. John Rennie hat neben der London Bridge auch die erste Variante dieser Brücke konstruiert. Lange Zeit war sie mautpflichtig und wurde deswegen kaum genutzt. Seitdem man die Brücke kostenfrei überqueren kann, ist sie viele fester Bestandteil des Alltags geworden. Deswegen war nach dem Ersten Weltkrieg ein Neubau notwendig. Die heutige Brücke wurde 1921 eröffnet.

◎ U-Bahn: Mansion House

Millennium Bridge: Londoner Politiker werden nicht gern auf dieses Bauwerk des britischen Stararchitekten Sir Norman Foster angesprochen. Die moderne Fußgängerquerung über die Themse war eines von zahlreichen Projekten, mit denen Großbritannien die Jahrtausendwende feierte. Nur zwei Tage nach ihrer Eröffnung im Jahr 2000 musste sie jedoch wieder gesperrt werden: Die Schwankung war so groß, dass Fußgänger nicht gefahrenfrei von Ufer zu Ufer gelangen konnten. Schnell hatte die Millennium Bridge in der Londoner Bevölkerung einen neuen Namen: *Wobbly Bridge*, die Wackelbrücke. Es musste nachträglich tatsächlich eine Art Stoßdämpfer eingebaut werden, sodass die Brücke erst 2002 wieder freigegeben werden konnte.

◎ U-Bahn: Mansion House

Blackfriars Bridge: Die kombinierte Bahn- und Straßenbrücke besteht in ihrer heutigen Form seit 1869 und wurde Anfang des 20. Jahrhunderts noch einmal verbreitert. Auch sie verbindet Southwark mit der City of London, auch sie hatte Vorgängerbauten, die jedoch der Entwicklung des Verkehrs nicht standhielten. Heute ist sie geprägt von venezianischem Baustil, mit dem sie ein Unikat unter den Themse-Brücken darstellt. Der Name geht auf ein Dominikanerkloster zurück, das sich früher in der Nähe befand.

◎ U-Bahn: London Blackfriars

Waterloo Bridge: Londons längste Brücke (381 Meter) wurde in ihrer heutigen Form während des Zweiten Weltkrieges durch den britischen Architekten Giles Gilbert Scott erbaut. Ihr Vorgängerbau hieß ursprünglich Strand Bridge (in Anlehnung an die auf sie treffende Straße im Norden), dann aber in Erinnerung an die Schlacht von Waterloo umbenannt. Heute verbindet sie die Stadtteile Westminster und Lambeth miteinander, dort stößt sie mehr oder weniger direkt auf den Bahnhof Waterloo.

◎ U-Bahn: Waterloo

Hungerford Bridge: Eine der eher unbekannten Londoner Brücken stößt im Norden auf den Bahnhof Charing Cross. Ursprünglich konstruierte sie der große britische Ingenieur Isambard Kingdom Brunel als Fußgängerbrücke. Mit dem Bau des Bahnhofs wich die alte Brücke einer neuen Konstruktion, die auch Zügen standhielt. Die Hängeketten fanden bei Brunels bekanntestem Bauwerk Wiederverwendung: der Clifton Suspension Bridge, dem Wahrzeichen Bristols. Die Stützpfeiler wurden in London neu genutzt.

◎ U-Bahn: Embankment

Westminster Bridge: Nach der Tower Bridge Londons am meisten fotografierte Brücke – was weniger an der Brücke selbst liegt als vielmehr an einem Bau an ihrem nördlichen Ende: dem Parlament von Westminster und vor allem dem Uhrturm mit Big Ben. In ihrer heutigen Form besteht das von schmiedeeisernen Bögen geprägte Bauwerk seit 1862. Ihr grünlicher Anstrich soll an die Farbe des Unterhauses im Parlament erinnern: Dort sind die Sitzbezüge aus grünem Leder, während das Oberhaus (das näher an der rötlichen Lambeth Bridge steht) mit roten Sitzbänken ausgestattet ist.

◎ U-Bahn: Westminster

Lambeth Bridge: Die Brücke zwischen Westminster und Lambeth ist mit Obelisken ausgestattet. Sie zählt zu den eher jüngeren Flussquerungen, auch wenn sie bereits 1932 eröffnet wurde und auch davor schon eine Brücke an dieser Stelle existierte. Sir George Humphreys konstruierte den heutigen Bau.

◎ U-Bahn: Lambeth North

Vauxhall Bridge: Die Verbindung der Stadtteile Vauxhall und Westminster stammt aus dem Jahr 1906, und auch sie ersetzte eine bereits zuvor an derselben Stelle existierende Brücke. Ähnlich wie andere Themse-Brücken ist die Vauxhall Bridge mit Granitpfeilern und Stahlbögen ausgestattet. Sie war die erste, auf der auch Straßenbahnen fahren konnten. Bekannt ist die Vauxhall Bridge heute vor allem wegen eines Gebäudes auf der südöstlichen Seite: Hier hat der britische Geheimdienst MI6 sein Hauptquartier – aus jüngeren James-Bond-Filmen auch bekannt als Hauptquartier von 007.

◎ U-Bahn: Vauxhall

Außerdem unterqueren mehrere **Tunnel** die Themse im Stadtgebiet von London, darunter der Blackwell Tunnel, Rotherhithe Tunnel sowie der Greenwich Foot Tunnel. Letzterer ist bis heute als Fußgängertunnel erhalten geblieben – er führt von Greenwich (◎ U-Bahn: Cutty Sark) bis auf die Isle of Dogs (Island Gardens).

Das Themse-Wehr

Überflutungen der Themse durch ihre Nähe zur Nordsee waren über Jahrhunderte keine Seltenheit. Deswegen entstand in den siebziger und achtziger Jahren im Stadtteil Woolwich das Thames Barrier, ein großes Wehr, das die Stadt vor Sturmfluten schützen soll. Das Bauwerk im Osten Londons wurde 1984 in Betrieb genommen und kann den Fluss durch zehn schwenkbare Tore innerhalb von nur einer Viertelstunde abschotten. Auf der Nordseite des Flusses gibt es seit dem Jahr 2000 den Thames Barrier Park von Alain Provost, eine außergewöhnlich gestaltete Grünfläche. London plant derzeit, das Wehr durch ein neues weiter östlich zu ersetzen: Direkt an der Themse-Mündung bei Southend soll ein viel größeres entstehen, das auch die Gebiete zwischen London und der Nordsee vor einer Sturmflut schützen würde.

★ Do it yourself ★

Ein Fluss wird gefeiert

Londons jüngstes Fest ist ein ganzer Festmonat: Unter dem Motto »*Totally Thames*« steht der September seit 2014 im Zeichen des wohl berühmtesten britischen Flusses. Kunst, Musik, Festivals und andere Aktionen bestimmen über vier Wochen das Programm. ↗ www.totallythames.org

Zu Fuß an der Themse entlang

Mit dem **Thames Path** verläuft entlang der gesamten Länge der Themse ein Wanderweg, von den Cotswold Hills im Westen bis zum Themse-Wehr. Ein Weg, der unterschiedlicher kaum sein könnte: Während er in London durch die größte Stadt der Insel führt, befinden sich die meisten Abschnitte in sehr ländlichen Gegenden. Ein guter Startpunkt im Londoner Zentrum ist die Südseite der Westminster Bridge (◉ U-Bahn: Westminster). In Richtung Westen wird es von hier aus ländlicher, in Richtung Osten geht es zum Themse-Wehr. ↗ www.nationaltrail.co.uk/thames-path

4 U-Bahn

London drückt auf die »Tube«

So seriös sich Londoner gemeinhin auch geben – sie haben, wie eigentlich alle ihre Landsleute, ein Faible für ungewöhnliche Wettbewerbe. Bei den Highland Games in Schottland werden in jedem Sommer Baumstämme geworfen, als wären es Tennisbälle. Bei den Pancake Races rennen am Aschermittwoch vor allem in kleinen britischen Orten Leute mit einer Pfanne durch die Straßen, als wollten sie vor den Last Orders noch den Pub erreichen. Und auch ein paar überdurchschnittlich kreative Londoner haben sich etwas Kurioses ausgedacht, mit dem sie es bereits vor Jahrzehnten in das *Guinness Buch der Rekorde* geschafft haben: die *Tube Challenge,* den U-Bahn-Wettbewerb. Das Ziel dabei ist es, in möglichst kurzer Zeit sämtliche Stationen von London Underground zu befahren. Eine Herausforderung, die wie geschaffen für mich schien! Okay – für alle Stationen hatte ich keine Zeit und irgendwie erschien mir das ganze Projekt im Kern auch recht sinnlos; aber ich wollte dennoch einen Eindruck bekommen von dem, was die Teilnehmer der *Tube Challenge* üblicherweise erleben. Wozu gibt es Tageskarten, dachte ich mir.

Nun nutzen die meisten die Londoner U-Bahn üblicherweise aus einem einzigen Grund: um sie möglichst schnell wieder verlassen zu können. Tief unter der Erde hat sich ein Labyrinth aus Gängen, Rolltreppen und Aufzügen entwickelt, das für Fremde auf den ersten Blick in etwa so unüberschaubar wirkt wie eine Großstadtklinik – wer einmal drin ist, möchte umgehend wieder raus.

Geoff Marshall und Anthony Smith haben sich dafür 16 Stunden, 20 Minuten und 27 Sekunden Zeit gelassen. Die beiden brachen am 16. August 2013 den Rekord, sämtliche zu diesem Zeitpunkt 270 Stationen von London Underground zu besuchen. Zwischen Chalfont & Latimer (Startpunkt) und Heathrow Terminal 5 (Ziel) stoppten sie an jeder einzelnen U-Bahn-Station. Unterstützt wurden sie maßgeblich von Chris Green, der die Route plante und während des Wettbewerbs per Smartphone-App Tipps gab.

Nun könnte man meinen, so wild wäre das alles nicht – im Zug sitzen, ab und zu am richtigen Bahnhof umsteigen, und gut. Und in der Tat bedeutet »besuchen« laut Regeln, dass der Zug lediglich in dem entsprechenden Bahnhof halten und die Türen öffnen muss, Marshall und Smith brauchten ihn jedoch nicht zu verlassen. Doch das macht es in London allerdings nicht wirklich weniger kompliziert: Vor allem an Wochenenden wird mitunter nicht jede Station angefahren – manche sind lediglich für den Berufsverkehr am Wochenende eingerichtet worden, andere wegen Sanierungsarbeiten vorübergehend geschlossen. Zu Großereignissen kann es vorkommen, dass Stationen wegen Überfüllung gesperrt werden und Züge deswegen dort einfach durchrauschen.

Zudem erfordern es die Regeln, dass wirklich jeder eigenständige Bahnhof angefahren wird. Es gibt dicht beieinander liegende Stationen mit denselben Namen, die aber dennoch eigenständig sind – etwa Shepherd's Bush und Edgware Road. In diesen Fällen müssen auch beide besucht werden.

Wer einmal in die Tiefen des Metronetzes eingetaucht ist, wird erahnen, worin die Herausforderung besteht: Selbst wer nur ein paar Stationen der Tube bewältigen muss, sollte ausreichend Zeit mitbringen – denn die Stopps liegen mitunter nicht nur sehr weit voneinander entfernt; es kann auch vorkommen, dass das Umsteigen zwischen zwei Linien an ein und demselben Bahnhof einen Fußmarsch von fünf, sechs, sieben Minuten erfordert. Wer nicht weiß, wo er hin muss, kann in manchen zentralen Gegenden theoretisch Stunden auf der Suche nach seinem Ziel verbringen – und damit weit entfernt sein von einer konkurrenzfähigen Zeit für eine eventuelle *Tube Challenge.*

Womit wir bei meinem Einsatz wären. Ich verhedderte mich bereits in der ersten Station und fuhr instinktiv in die falsche Richtung. Als ich meinen Fehler bemerkte, suchte ich auf dem Liniennetzplatz nach einem schnellen Weg zur eigentlich geplanten Strecke – und merkte, dass ich entweder umkehren oder komplett neu planen musste. Es waren seit dem Betreten der ersten Station bereits 20 Minuten vergangen. Und ich hatte gerade einmal fünf auf einer Strecke liegende Haltepunkte hinter mir. Blieben unter normalen Bedingungen noch 265. Ich brach ab – und ging stattdessen einkaufen.

Wie lange Marshall und Smith ihre Spitzenposition behaupten können, bleibt ohnehin abzuwarten – seit März 1960 hat es immer wieder Versuche gegeben, den *Tube Challenge* zu bewältigen. George Hurst und Jane Barwick waren aus heutiger Sicht die Ersten. Sie benötigten 18 Stunden und 35 Minuten – damals gab es jedoch »erst« 264 Stationen.

Und was ist so schwer am U-Bahn-Fahren?

Londons U-Bahn-Netz ist nicht nur das älteste der Welt – es gehört auch zu den größten seiner Art. Auf 402 Kilometer tummeln sich 270 Stationen. Damit war London Underground bis vor wenigen Jahren führend, was die Länge und Größe angeht. Inzwischen haben Schanghai und Peking die britische Hauptstadt in dieser Hinsicht überholt.

Alles begann am 9. Januar 1863 im Bahnhof Paddington: Um 13 Uhr setzte sich auf einem neuen unterirdischen Gleis ein mit einer Dampflok betriebener Zug in Richtung Farringdon Street in Bewegung – die erste U-Bahn der Welt. Es saßen ausschließlich geladene Gäste in den Waggons, Ottonormalfahrer mussten noch bis zum nächsten Tag warten. Die Strecke verband zunächst Paddington mit den weiteren Londoner Bahnhöfen Euston und King's Cross und endete in der damaligen City in der Farringdon Street. Warum unterirdisch? Ganz einfach: Weil London bereits zu diesem Zeitpunkt eine dicht bebaute Drei-Millionen-Einwohner-Metropole war, und für die neue Querverbindung eigentlich zig Häuser hätten weichen müssen. Nun riss man lediglich Straßen auf, verlegte Schienen, und überbaute die so entstandenen Tunnel wieder, damit Kutschen wie gewohnt oberirdisch vorankamen. Das war anfangs noch etwas gewagt und wurde von nicht wenigen als Schnapsidee abgetan. Denn da zur Eröffnung noch keine elektrischen Züge erfunden waren, musste man Dampfloks unter die Erde bringen, was zu einem nicht unwesentlichen Abluftproblem führte. Das ist der Grund, weshalb bis heute noch einige Londoner Stationen Öffnungen nach außen haben – Lücken in den Decken der eigentlichen Station, nicht etwa Ausgänge für Passagiere. Zudem durften die Züge stets nur sehr kurze Zeit in den Bahnhöfen halten, damit diese nicht vollends verqualmt wurden.

Diese erste U-Bahn-Linie der Welt wurde übrigens von einer Gesellschaft namens Metropolitan Railway betrieben – abgekürzt »Metro«. Dies ist der Grund dafür, dass U-Bahnen rund um die Welt heute gerne diese Bezeichnung tragen. Der heutige Spitzname von London Underground lautet »Tube« und hat nichts mit der deutschen Tube zu tun. »Tube« ist der englische Begriff für »Röhre« und entstammt den typischen Londoner U-Bahn-Tunneln, wie sie seit Entstehen der City South London Railway gebaut werden, heute Northern Line genannt. Diese Strecke war es auch, mit der am 4. November 1890 das Zeitalter der elektrisch betriebenen U-Bahnen begann – übrigens erneut weltweit erstmals in London.

U-Bahn fahren heute

Man sollte meinen, U-Bahn fahren ist international überall ziemlich gleich. Ist es im Prinzip auch – wenn man einige Londoner Besonderheiten beachtet. Die beginnen schon bei den Fahrscheinen. Wer einzelne Tickets kauft, zahlt mehr. In London gibt es seit 2003 die **Oyster Card**, eine scheckkartengroße wiederaufladbare Fahrkarte. Mit ihr kostet jede Fahrt deutlich weniger – noch dazu addiert das System für jede einzelne Karte die Fahrten eines Tages zusammen und hört mit dem Abbuchen auf, sobald der reguläre Betrag eines Tagestickets erreicht ist. Wer noch mehr fährt, fährt zumindest für diesen Tag gratis weiter.

Die Oyster Card

Barrieren versperren den Zugang zu jeder U-Bahn-Station. Um durchgehen zu können, benötigt man ein Ticket oder eine Oyster Card mit ausreichend Guthaben. Achtung: Auch um eine Station wieder verlassen zu können, benötigt man das entsprechende Ticket oder die Oyster Card. Und noch mal Achtung: Bei den Stationen der DLR gibt es keine Absperrungen, man kann einfach an den Bahnsteig gehen – sollte jedoch tunlichst zuvor sein Ticket lösen oder seine Oyster Card an das Lesegerät (kleine Säulen mit einem großen gelben Kreis) halten – und zwar auch am Ziel beim Verlassen des Zuges. Denn wer so nicht aus dem Oyster-System auscheckt, zahlt eine Strafe. In den Zügen befinden sich üblicherweise Schaffner, die die Karten mit einem Lesegerät kontrollieren. Achtung Nr. 3: In Bussen muss eine Oyster Card nur beim Einsteigen gelesen werden, nicht beim Aussteigen. Hier hat man inzwischen übrigens kaum noch eine Alternative zu dieser Karte: Die Fahrer verkaufen seitdem keine Tickets mehr gegen Bargeld – jeder Fahrgast muss entweder im Besitz einer Oyster

Card, einer Tageskarte oder einer Kreditkarte mit der Funktion des kontaktlosen Bezahlens sein.

Oyster Cards können an jeder U-Bahn-Station an Automaten erworben werden oder in zahlreichen Geschäften im Stadtgebiet. Man zahlt zwei Pfund Pfand, die aber erstattet werden, sobald man die Karte wieder zurückgibt. Und schon wieder Achtung: Es gibt auch sogenannte **Visitor Oyster Cards**, die nicht wieder aufgeladen werden können und für die statt des Pfandes eine Gebühr erhoben wird (die nicht erstattet wird). Doch auch Touristen können die reguläre Oyster Card kaufen und somit am Ende in Summe etwas weniger zahlen. Für Londoner ist die Karte inzwischen so etwas wie der Reisepass oder Führerschein – ein unabdingbarer Bestandteil der persönlichen Dokumente. Inzwischen haben etliche Städte weltweit dieses Bezahlsystem übernommen.

Die Tube ist unberechenbar

Gleisbauarbeiten, Streiks, Großereignisse, Stationen, die nur an Werktagen angefahren werden, Streckenabschnitte, die nur fürs Wochenende gedacht sind – auch eine ganz normale Fahrt von A nach B kann mitunter Überraschungen bergen. Deswegen ganz wichtig: vorher informieren. Im BBC-Frühstücksfernsehen etwa wird über Behinderungen auf einzelnen Strecken berichtet, außerdem hängen an jeder Station handgeschriebene Plakate mit Informationen über eventuelle Verzögerungen. Und immer eine gute Anlaufadresse: die Website von Transport for London (↗ www.tfl.gov.uk). Wer das zweifelhafte Glück hat, an einem der (inzwischen zugegebenermaßen selten gewordenen) Streiktage von U-Bahn-Mitarbeitern in London zu sein, hat im Grunde nur zwei Möglichkeiten: Zu Fuß gehen oder noch besser die Stadt möglichst schnell verlassen – weil an solchen Tagen viele aufs

Auto umsteigen, bricht der Verkehr auf den Straßen dann mit ziemlicher Zuverlässigkeit komplett zusammen.

Typisch London Underground

Mind the Gap

Ein Warnhinweis, der von London um die Welt ging: *»Mind the Gap«* (»Beachten Sie die Lücke«) hat nichts mit der auch in England weit verbreiteten US-Modekette Gap zu tun, sondern soll Fahrgäste dafür sensibilisieren, dass zwischen Bahnsteig und Zug mitunter eine Lücke klafft. Entstanden ist dieser Hinweis ursprünglich für die Station Bank, in der die Schienen in einer Kurve verlaufen, was dazu führt, dass dort an vielen Stellen sehr große Lücken zu den Waggons entstehen. Inzwischen ist »Mind the Gap« so etwas wie das inoffizielle Markenzeichen der Londoner U-Bahn geworden – und auch ein beliebter Aufdruck auf T-Shirts, Tassen, Mousepads usw.

Das Design

Was hat London Underground mit Apple, Coca-Cola und Nivea gemeinsam? Eine perfekte Wiedererkennung. Ein dicker roter Kreis, von einem blauen Balken durchbrochen – das ist bereits seit 1908 das Markenzeichen der Londoner U-Bahn. Genau genommen ist es noch viel älter – die Londoner Busbetriebe nutzten die Marke bereits im 19. Jahrhundert. Ursprünglich bestand das Logo aus einem gefüllten roten Kreis. Der Grafiker Edward Johnston entwickelte schließlich daraus die heutige Version mit einem roten Ring und dem blauen Balken. Er war es auch, der 1916 die bis heute im Londoner Nahverkehr genutzte serifenlose Schriftart

»Johnston Sans« entwarf – zu finden nach wie vor u. a. auf U-Bahn-Plänen, Werbeplakaten und Stationsnamen.

Der U-Bahn-Plan

Man glaubt es kaum: Auch der moderne U-Bahn-Plan ist in London entwickelt worden. Harry Beck, eigentlich technischer Zeichner bei London Underground, malte 1933 eher nebenbei den Liniennetzplan neuer Art: Er verzichtete auf topografische Besonderheiten, da die unter der Erde ohnehin nicht interessierten. Er zeichnete Linien in unterschiedlichen Farben und verwendete ausschließlich horizontale und vertikale Linien – Abbiegungen wurden fortan ausschließlich in einem 45-Grad-Winkel eingezeichnet. Anfangs hielt man den Plan eher für einen Schaltkreis, die Fahrgäste aber überzeugte diese reduzierte Form. Ein Design, das heute weltweit so etwas wie ein Standard für Bahn- und U-Bahn-Pläne ist.

Der Röhrentunnel

Er entstand eigentlich rein aus Konstruktionsgründen und wurde schnell zum Markenzeichen: Die typischen röhrenförmigen Tunnel sollten den Untergrundstrecken Londons mehr Stabilität geben, zumal sie zum Teil unter der Themse hindurch laufen. Sehr schnell aber verliehen sie der gesamten Londoner U-Bahn einen neuen Namen: »Tube«, Röhre, nennen die Londoner schon seit vielen Jahrzehnten ihre Bahn im Alltag.

Die Musik

Livemusiker in U-Bahn-Stationen haben weltweit Tradition. London gilt in puncto Qualität als führend. Das liegt auch an strengen Regeln: Wer in den Stationen musizieren will, muss sich offiziell bei Transport for London bewerben. Das erlaubt ausgewählten Straßenmusikern, an einem von insgesamt 39 Standorten in 25 zentralen Stationen zum Instrument zu greifen. An allen anderen Stellen ist Livemusik verboten.

★ Do it yourself ★

London Underground erleben

Aldwych Station. Ein 150 Jahre altes Liniennetz hat zahlreiche Veränderungen überstehen müssen – dabei blieben in London auch immer wieder einzelne Bahnhöfe auf der Strecke. Einer davon ist Aldwych Station in der Straße Strand. 1907 eröffnet, fristete sie bis zu ihrer Schließung im Jahr 1994 ein Schattendasein als Endpunkt einer Stichverbindung von der Station Holborn. Inzwischen steht sie leer und wird immer mal wieder als Drehort für Filme genutzt (u. a. *Creep, Superman IV, Die Stunde der Patrioten*). Das London Transport Museum bietet gegen Voranmeldung mehrmals jährlich Führungen durch die Station an.

Ecke Strand/Surrey Street   www.ltmuseum.co.uk
Einlass nur gegen Voranmeldung im Transport Museum, und dies auch nur zu besonderen Terminen   Aldwych Station

London Transport Museum. Es ist untergebracht in einer alten Markthalle am Covent Garden und so etwas wie ein Mekka für Transportfans. Im London Transport Museum stehen alte Busse, Bahnen und mehr, es gibt einen außerordentlich gut sortierten Shop, in dem auch Nachdrucke fast sämtlicher je erschienener U-Bahn-Poster erhältlich sind, außerdem andere Souvenirs von

London Underground. Das Museum unterhält auch ein riesiges Depot am Stadtrand – hier gibt es an ausgewählten Tagen im Jahr Touren, ebenfalls gegen Voranmeldung.

Covent Garden Piazza www.ltmuseum.co.uk
Tgl. 10–18 Uhr (Fr ab 11 Uhr), letzter Einlass 17.15 Uhr

London Underground and Tube Tour. Eine Stadtführung auf den Spuren der Metropolitan Line, der ersten U-Bahn-Linie der Welt.

Insider London (020) 71 83 10 55 www.insider-london.co.uk

5 Schlangen

London steht an

Der Künstler David March hat in den neunziger Jahren im Londoner Stadtteil Kingston ein Werk geschaffen, das in gewisser Weise unfreiwillig symbolhaft für die britische Höflichkeit ist: Seine Ansammlung roter Telefonzellen, von denen nur die erste aufrecht steht und alle weiteren wie Dominosteine nach vorne gekippt sind, bildet eine Schlange, wie sie schöner kaum darstellbar wäre. »Out of Order« nannte er diese Straßenkunst, die bis heute in der London Road zu sehen ist. Und in der Tat sind all diese zwölf Telefonzellen nicht benutzbar (nämlich »out of order«, außer Betrieb); sie sind aber durch ihr Umkippen auch außerhalb der Reihe, der »order«.

Womit wir beim Inbegriff britischer Höflichkeit wären: Wohl nirgends wird diese bis heute deutlicher als an einer Londoner Bushaltestelle. Das oberste Gesetz lautet hier: hinten anstellen. Selbst wenn nur zwei Menschen an der Straße auf einen der typischen roten Doppeldeckerbusse warten – jener, der zuerst kam, muss als erstes in den Bus einsteigen können. Wer sich nicht hinten anstellt, wird auch schon mal dezent darauf hingewiesen: »*This is a queue*«, dies ist eine Schlange. Die Londoner U-Bahn hat das Thema sogar in ihre Regularien aufgenommen: Demnach ist es offiziell verboten, sich in den Schlangen der Ticketschalter vorzudrängeln.

Dias Prinzip des Schlangestehens wird Briten quasi in die Wiege gelegt: im Supermarkt, im Restaurant, in der Bank, bei der Post, selbst im Pub wird penibelst darauf geachtet, dass die

Reihenfolge eingehalten wird. Vordrängeln, und sei es auch nur Versehen, ist absolutes No-Go, und wird meist umgehend mit dezentem Zurechtweisen geahndet. Im Kindesalter geht es sogar noch weiter: Wer sich in frühen Lebensjahren etwa im Freizeitpark vordrängelt, wird nicht selten vom Personal ganz nach hinten ans Ende der Schlange geschickt – aus erzieherischen Gründen. Selbst an der Rutsche auf dem Spielplatz gilt dieses ungeschriebene Gesetz bereits im frühesten Kindesalter.

Das führt mitunter zu skurrilen Ratschlägen: So finden sich in englischsprachigen Reiseführern über Deutschland umgekehrte Passagen über das Verhalten der Deutschen in Schlangen: »Vergessen Sie alles, was Sie seit Kindesalter über Schlangestehen gelernt haben«, heißt es da. Es wird geraten, in deutschen Supermärkten umgehend zu einer Kasse zu springen, sollte diese neu geöffnet werden, ungeachtet der Reihenfolge in der derzeitigen Schlange – in Großbritannien undenkbar. Man lässt hier stets seinem Vorgänger den Vortritt. Es wird nicht ganz unrealistisch von der typischen Traubenbildung an deutschen Flughäfen berichtet, sobald ein Gate öffnet. Ein Autor warnt sogar: »Vorsicht vor alten kleinen Damen – die sind in Deutschland trotz ihres unscheinbaren Äußeren oftmals die professionellsten Vordrängler.« Und ein Reiseführer resignierte einmal: »Was auch immer geschieht, erwarten Sie in Deutschland niemals folgende Worte: nach Ihnen.«

Eine britische Kollegin erlebte den Zusammenprall deutscher und britischer Schlangenkultur einmal in einem Zeitschriftenladen am Berliner Bahnhof Zoo: Dort öffnete man eine zweite Kasse, als die Schlange immer länger wurde – die Kollegin, die schon länger in Deutschland lebte, sah die Kassiererin nahen und wollte sich in einer spontanen Eingebung von Assimilation mal so richtig Deutsch benehmen. Sie sprang aus ihrer Position im Mittelfeld umgehend an die zweite Kasse und war gerade dabei, das Kleingeld abzuzählen, als sie von hinten eine Stimme im ihr vertrauten Oxford-Englisch energisch protestieren hörte: »*Excuse me, this is a queue!*«

Und wie geht's richtig?

Es klingt klischeemäßig, doch es ist einer der Grundsätze des Londoner Miteinanders: Immer hinten anstellen – egal wo, egal wann, egal in welchem Zustand. Wer älter, klapprig oder krank ist, wird sehr schnell angeboten bekommen, vorgelassen zu werden. Niemals aber stellt man selbst die Frage danach. Wer unsicher ist, wo er sich anstellen muss, fragt höflich: »*Excuse me, is this the end of the queue?*«, ist dies das Ende der Schlange? Dies gilt übrigens in allen Lebenslagen, in allen Schichten, an allen Orten. Selbst wenn sich, wie etwa in Pubs am Tresen üblich, keine wirkliche Schlange bildet, merkt man sich, wer vor einem dort war und dementsprechend zuvor bedient werden sollte. Wird man selbst aus Versehen vom Barkeeper vorgezogen, ist es durchaus üblich, den Irrtum aufzudecken: »Entschuldigung, ich glaube dieser Herr/diese Dame war vor mir an der Reihe.« Üblicherweise wird der- oder diejenige einem dennoch den Vortritt lassen – doch man sollte es zumindest anbieten.

Gastronomie

Anstehen gilt, anders als in Deutschland, auch in fast allen Londoner Restaurants: Hier steht üblicherweise ein kleiner Tisch am Eingang mit dem Schild »*Please wait to be seated*«, bitte warten Sie, bis Ihnen ein Tisch zugewiesen wird. Meist kann man sich seinen Platz dennoch aussuchen, doch man wird zumindest schon einmal von einem Kellner begleitet, der auch gleich die Speisekarten mitbringt.

Vorbestellen erspart langes Anstehen

Vor allem für die **Touristenattraktionen** Londons empfiehlt sich ein Blick ins Internet: Viele bieten inzwischen eine Vorabbuchung auf ihren Websites an – von Schloss Windsor über Madame Tussauds bis zum Emirates Flyer. Dasselbe gilt für fast alle Theater und Kinos, die zudem meist die Möglichkeit bieten, Karten im Vorverkauf bereits Tage vorab vor Ort zu kaufen. In den meisten Fällen kann man dadurch an den Schlangen vorbei ziehen, und sich entweder die Tickets an einem Extraschalter abholen – oder sie sogar vorab zu Hause ausdrucken. Viele Hotels bieten diesen Service auch an, beziehungsweise haben extra Business Center mit PCs und Druckern.

Für **Restaurants** vor allem im Londoner Zentrum gilt, dass es ohne Reservierung mitunter aussichtslos ist, einen Tisch zu bekommen. Vor allem bei Touristen beliebte Lokale wie das Hard Rock Café oder die Filialen von Jamie Oliver sind meist weit im Voraus gebucht.

Hard Rock Café

Es ist eigentlich der Inbegriff amerikanischer Systemgastronomie – doch genau genommen stammt es mitten aus London. An der Old Park Lane eröffneten Isaac Tigrett und Peter Morton am 14. Juni 1971 in einer früheren Rolls-Royce-Niederlassung das erste Hard Rock Café der Welt. Gute Burger, gute Rockmusik, das war das damals noch innovative Geschäftsmodell. Der Sprung hin zu einer Art Rock 'n' Roll-Museum erfolgte eher durch Zufall: Eric Clapton stiftete als erstes eine Gitarre, um einen Platz an der stets überfüllten Bar zu reservieren. Pete Townshend von The Who hörte davon, und schickte dem Hard Rock Café wiederum eine von seinen Gitarren mit dem Hinweis: »Meine ist genauso gut wie seine.« Seitdem gehört es als Musiker zum guten Ton, in einem der inzwischen weltweit 175 Restaurants mit einem Andenken vertreten zu sein. Rund 70.000 Ausstellungsstücke zählt der Fundus des Unternehmens heute. Es ist längst mehrfach verkauft und umstrukturiert worden, das erste Café in der Old Park Lane gibt es aber bis heute.

150 Old Park Lane, London W1K 1QZ (02 07) 5 14 17 00
www.hardrock.com/cafes/london U-Bahn: Hyde Park Corner

★ Do it yourself ★

Ganz einfach: Gehen Sie zur Rushhour an eine Bushaltestelle im innersten Zentrum Londons – und Sie werden beim Eintreffen des Busses Zeuge der perfekten Schlangenbildung. Klappt (fast) immer.

Out of Order

David Marchs Telefonzellen-Installation »Out of Order« ist im Zentrum von Kingston zu sehen (London Road). Zu erreichen relativ einfach mit der Bahn ab Waterloo Station (bis Station Kingston).

6 Wetter

London heizt ein

Eigentlich haben sich Straßenküchen in Großbritannien bislang nicht großräumig durchsetzen können. Trotz der jahrhundertelangen Vergangenheit als Kolonialmacht, auch in asiatischen Gebieten, wo man mit Vorliebe unter freiem Himmel kocht, essen die Londoner bis heute lieber im Restaurant. Umso erstaunter war ich, als ich ausgerechnet Bankangestellte dabei beobachtete, wie sie sich in der City of London Eier auf der Straße brieten – noch dazu ganz ohne Herd und Feuer: Sie stellten die Pfanne einfach auf den Gehweg. Das reichte, jedenfalls wenn man sich etwas Zeit ließ.

Des Rätsels Lösung war ein Phänomen der modernen Baukunst, eines, das man angesichts der aufwendigen computergestützten Methoden der Architektur niemals erwartet hätte. Denn Schuld war offenbar der neue Wolkenkratzer 20 Fenchurch Street. Der wird von den Londonern wegen seiner konkaven Form an einer Außenseite »Walkie Talkie« genannt, und genau diese Form scheint unverträglich mit dem Londoner Wetter zu sein. Wenn die Sonne in einem bestimmten Winkel zum Gebäude am Himmel steht, wirkt die geschwungene Fassade wie ein Spiegel und brennt auf den Asphalt südlich des Gebäudes. Dort wurden Temperaturen bis zu 117 °C gemessen. Ein Brennglaseffekt, wie ihn Physiklehrer im Unterricht nicht besser hätten simulieren können.

Die Eier bratenden Bankangestellten hatten bereits das BBC-Frühstücksfernsehen alarmiert, wie ich am nächsten Morgen sah, als sich das wahre Ausmaß der konstruktionsbedingten Spiegelung zeigte: Bei einem vor dem *Walkie Talkie* geparkten Jaguar, einem in dieser Gegend der Stadt nicht unüblichen Fahrzeug, verformten sich unter dem Einfluss der Temperaturen Armaturenbrett und Außenspiegel. Ein Friseur berichtete von einem Loch, das sich in die Fußmatte vor seinem Salon gebrannt habe. Der Bauherr in der Fenchurch Street ließ die gegenüberliegenden Gebäude eiligst mit dunklen Netzen verhüllen, sodass sich das Problem nicht noch auswuchs. Ich recherchierte: Das Problem dürfte dem Architekten nicht unbekannt gewesen sein. Auch ein anderer Bau aus seiner Feder, ein Hotel in Las Vegas, hatte offenbar dieselben Probleme. Dort wurden die Scheiben nachträglich mit nicht reflektierender Folie beklebt. In einem Interview mit dem *Guardian* erklärten die Planer am nächsten Tag, dass wegen dieser Erfahrungen eigentlich Sonnenjalousien vorgesehen gewesen seien. Im weiteren Verlauf seien diese jedoch aus Kostengründen wieder gestrichen worden.

Nun ist es gemeinhin so, dass vor dem Bau eines Gebäudes auch Lichttests verlangt werden – nur zielen diese darauf ab, die Auswirkungen des Schattenfalls zu untersuchen. Niemand wäre auf die Idee gekommen, dass ausgerechnet die Sonne in einer Stadt mit derart schlechtem Wetterimage wie London zum Problem werden könnte. Die Konstrukteure machten die globale Erwärmung für das Brennglasphänomen verantwortlich – auch sie hätten in London nicht so viel Sonne erwartet. Was übrigens ein weit verbreitetes Vorurteil ist, wie ich abends im Hotel aufgeklärt wurde: Die britische Hauptstadt mag über schlechteres Wetter als Las Vegas verfügen; statistisch gesehen kann sie aber ebenso viele Sonnenstunden aufweisen wie etwa Hamburg oder Köln. Bei unwesentlich mehr Regentagen, aber sogar einer geringeren Regenmenge im Jahr.

Die Londoner hatten nach dem Brennglaserlebnis jedenfalls schnell eine neue Bezeichnung für das *Walkie Talkie* parat:

Fryscraper – eine Mischung auch »Braten« *(Fry)* und »Wolkenkratzer« *(Skyscraper)*.

Also nie ohne Sonnenmilch nach London?

Schaden kann es jedenfalls nichts, zumindest im Sommer. Das Klima in London ist mild: Eigentlich wird es im Sommer selten zu heiß, dafür gibt es im Winter – ebenfalls eigentlich – auch keinen Frost. Ausnahmen bestätigten die Regel, denn auch in Heathrow muss im Winter alle paar Jahre wegen Schnees der Flugbetrieb vorübergehend eingestellt werden; und auch in Südengland gibt es im Sommer Hitzeperioden mit mehr als 30 °C. Der maximale Jahresdurchschnitt liegt in London bei 14,4 °C (Köln 14,5 °C, Hamburg 12,8 °C, München 13 °C).

Und auch wenn die Edgar-Wallace-Filme in den sechziger Jahren das Bild vom regnerischen, vernebelten London geprägt haben, so ist die Niederschlagsmenge mit 611 mm im Jahr ebenfalls vergleichbar mit deutschen Städten, beziehungsweise liegt sogar darunter (Köln: 796 mm, Hamburg: 772 mm, München: 967 mm). Hinzu kommt: Die Edgar-Wallace-Filme wurden aus Kostengründen größtenteils in Hamburg und Berlin gedreht – und sind insofern ohnehin wenig aussagekräftig, was das Klima auf der Insel angeht.

Das Besondere am Wetter in Großbritannien im Allgemeinen und in London im Speziellen ist, dass es als wenig berechenbar gilt. Die Insellage führt mitunter zu schnell wechselnden Situationen: Man kann morgens bei Regen und düsteren Wolken aufwachen, mittags bereits in Shorts in der Sonne sitzen und abends auf einen Hagelschauer gefasst sein. Genauso kann es sein, dass man bei Sonnenschein durch Windsor im Westen Londons spaziert, während über dem Finanzviertel Canary Wharf gerade ein Unwetter niedergeht. Angesichts der riesigen Fläche Londons (1572

Quadratkilometer) ist das auch nicht wirklich ungewöhnlich. Wer morgens den Wetterbericht der BBC schaut, ist meist relativ gut gerüstet für den Tag: Die Karten zeigen auch kleine Regengebiete, die lokal zu erwarten sind, mit relativ hoher Trefferrate.

Was soll ich denn dann anziehen?

Wer in London nicht wirklich geschäftliche Termine auf dem Plan hat, sollte sich an die alte englische Bekleidungsregel halten: wie eine Zwiebel in Schichten anziehen. Eine Jacke mag morgens nicht notwendig sein, sie kann es aber durchaus gegen Nachmittag werden, genauso ein Pulli. Shorts sind zwar in der Stadt eher unüblich, aber möglich. Lediglich in feinen Restaurants, Hotels und Clubs werden sie nicht gern gesehen, beziehungsweise sind hier sogar ganz tabu. Nie schaden kann ein kleiner Regenschirm oder wenigstens eine Mütze.

Wann soll ich reisen?

Die Klassiker Frühjahr und Herbst sind auch für London perfekte Jahreszeiten. Die Temperaturen sind dann nicht zu heiß und auch selten zu kalt, der Niederschlag hält sich in Grenzen, der ganz große Touristenansturm bleibt noch aus, entsprechend sind auch viele Hotels vergleichsweise günstig.

Kalt und ungemütlich kann es im Winter werden – man kann aber auch durchaus Sonnentage erleben. Größtes Problem für einen Urlaub im Winter ist die geringe Zahl der Sonnenstunden am Tag. Wenn es nachmittags bereits dunkel wird, kann man sich oft nur noch in einen Pub oder ein Theater verkriechen. Außerdem sind nicht alle Sehenswürdigkeiten geöffnet.

Die Sommer können durchaus an einzelnen Tagen heiß werden – man muss bedenken, dass sich London durch die große bebaute Fläche immer etwas stärker aufheizt als andere Regionen Englands. Oft werden in der Stadt bis zu fünf Grad höhere Temperaturen gemessen als auf dem Land. Heiß und stickig sind dann übrigens auch die U-Bahn-Stationen. Generell bieten die Websites beziehungsweise Apps der BBC sowie des staatlichen britischen Wetterdienstes MetOffice eine relativ zuverlässige Vorhersage.

MetOffice

Der staatliche britische Wetterdienst versorgt das Land seit 1854 mit Vorhersagen. Ursprünglich unter dem vollen Namen Meteorological Office gegründet, hat sich die Einrichtung im Laufe der Jahre ein modernes Erscheinungsbild gegönnt. Der Dienst sitzt heute in Exeter im Südwesten Englands und untersteht dem Wirtschaftsministerium. Zugleich betreibt er Zentren in Schottland, Gibraltar und auf den Falklandinseln. Außerdem gibt es spezielle Seewetterberichte sowie Wetterdienste für die britische Armee. Die BBC bezieht ihre Vorhersagen vom MetOffice.

↗ www.metoffice.gov.uk

★ Do it yourself ★

Zu Besuch im Fernsehstudio

Einmal vor der Wetterkarte stehen wie die Meteorologen in den BBC-Nachrichten: Das geht bei einem Besuch der BBC-Studios im Zentrum von London. Nach ihrem Auszug aus White City, wo in den sechziger Jahren die Fernsehproduktion konzentriert war, hat das staatliche öffentlich-rechtliche britische Fernsehen seinen Stammsitz am Portland Place zu einem modernen Medienzentrum ausgebaut. Nach Voranmeldung können die Studios besichtigt werden (Karten gibt es über die Website). Da es sich um einen laufenden Studiobetrieb handelt, ist nicht unbedingt jede Tour wie die andere.

BBC Broadcasting House Portland Place, London W1A 1AA
www.bbc.co.uk/showsandtours/tours U-Bahn: Oxford Circus

7 Einwohner

London bleibt London

Manchmal können Tourismusbehörden richtig nützlich sein, sogar für die eigene Bevölkerung. Als 2012 die Olympischen Spiele in London nahten, bereitete das britische Fremdenverkehrsamt die Hauptstadt mit einem Schnellkursus darauf vor: Ein lächelnder Japaner, hieß es da, sei nicht unbedingt fröhlich gestimmt. Besucher dieses Landes neigten zum Lächeln, wenn ihnen etwas peinlich sei oder aber sie etwas verärgert habe. Araber hingegen, so war zu lesen, ließen sich nicht gerne etwas sagen. Und auch was deutsche Besucher anging, hatte man einen Tipp parat: Sie würden gerne nörgeln, etwa wenn man falsch parke. Doch dabei sollte man sich nichts denken. Taten die Londoner auch nicht – die dritten Olympischen Spiele in der britischen Hauptstadt gingen bekanntlich vorbildlich über die Bühne.

Was übrigens nicht bedeutet, dass man hier an der Themse nicht auch selbstkritisch wäre. Der britische Kolumnist Rod Liddle etwa resignierte angesichts der fehlenden Qualifikation Englands bei der EM 2008: Den Österreichern und Schweizern entgehe durch das Fernbleiben Englands die »kulturelle Erfahrung, unsere Fans dabei zu beobachten, wie sie in den Straßen urinieren und Plastikstühle werfen«. Bleibende Schäden sind aus dieser Zeit nicht bekannt.

Es sind die kleinen Alltagsbegebenheiten, in denen sich tatsächlich manch kulturelle Unterschiede zeigen, ohne dass es am Ende je eskalieren würde.

Das mag an einer beneidenswerten Eigenschaft vieler Londoner liegen: Sie können sich auf vielerlei einstellen, ohne sich mit irgendetwas gemein zu machen. Ruhig und besonnen marschieren sie selbst durch die größten Katastrophen. Als etwa Bombenanschläge 2005 das Londoner U-Bahn-Netz erschütterten, sah man anschließend auf Handyvideos Fahrgäste ruhig und vergleichsweise besonnen die Rollentreppen hinaufsteigen. Wer sonst käme auf die Idee, Handyvideos zu drehen, wenn gerade in unmittelbarer Nähe eine U-Bahn in die Luft gesprengt wurde? *»Keep calm and carry on«* ist der Aufdruck eines Posters gewesen, mit dem die britische Regierung im Zweiten Weltkrieg die Bevölkerung angesichts der Angriffe der Deutschen zu Ruhe und Besonnenheit auffordern wollte. Die Poster wurden erst später weltberühmt und sind heute auf zig Souvenirartikeln zu sehen – damals sah man kaum Anlass, die Slogans wirklich auszuhängen. Die Einwohner zogen selbst in den Angriffsnächten vergleichsweise besonnen in die Schutzräume der Londoner U-Bahn-Stationen. Und verharrten, bis sie wieder in Sicherheit ins Freie konnten.

Auch heute noch hat es etwas von Verharren, wenn man in der Londoner U-Bahn fährt, wie ich bei einer meiner ersten Fahrten herausfand: Beinahe regungslos saßen sie da, in einer Reihe auf den komfortabel gepolsterten Sitzbänken: der Banker im Nadelstreifenanzug, die Studentin mit Kopfhörer im Ohr, die Mutter mit ihrem erschöpft wirkenden Kind neben sich. Der gesamte Waggon schien in eine Starre verfallen zu sein, lediglich das Durchrütteln des ganzen Zuges auf der Strecke ließ erahnen, dass sie noch nicht eingeschlafen waren – denn niemand fiel um oder kippte nach vorn. Ich wagte es nicht, irgendjemanden anzusprechen. Womöglich hätte es denjenigen aus einem Traum gerissen. Außerdem hatte ich noch meine Begegnung vom Vorabend in Erinnerung. Im Hotel fragte mich eine Dame am Empfang, wie es mir gehe: *»How are you?«*

Ich hatte es erst kaum verstanden, da sie einen sehr eigenartigen Dialekt sprach und das *»H«* von *»How«* beinahe zu verschlucken schien. Doch dann dachte ich: ›Das ist aber höflich‹, und freute mich über das Gespräch nach einem langen, eher eintönigen Tag: »Gut, vielen Dank der Nachfrage«, antwortete ich. »Ich bin den ganzen Tag durch die Stadt gelaufen und habe dafür wohl die falschen Schuhe angehabt. Am linken Fuß habe ich mir eine Blase gelaufen – da bin ich leider immer etwas empfindlich. Das sollte ich wohl niemandem erzählen, denn eigentlich sollen Reporter ja immer agil und wendig sein, um ja nichts zu verpassen. Aber Sie wissen ja, wie das ist. Ich habe mir für morgen in einer Drogerie vorsichtshalber Pflaster gekauft –Drogerien sind bei Ihnen ja wirklich die Wucht. Da gibt es ja sogar alle möglichen Arzneimittel, und das oft günstiger als bei uns in Deutschland. Waren Sie eigentlich schon mal in Deutschland?«

Die Dame am Empfang verstummte. Sie schaute leicht verunsichert und wandte sich hilfesuchend an ihren Kollegen neben sich, der mir prompt einen schönen Tag wünschte.

Warum hatte Sie mich denn dann überhaupt gefragt?

Wie ist er denn nun, der »richtige« Londoner?

Nun, zumindest hält er in der Regel nicht viel von zu inhaltsvollem Smalltalk mit fremden Personen. Wenn man in London gefragt wird, wie es einem gehe (und das wird oft vorkommen), sollte man tunlichst vermeiden, diese Frage allzu ernst zu nehmen: Immer wieder gibt es Besucher, die daraufhin ihr erlebtes Tagesgeschehen oder – noch viel schlimmer – ihre privaten Probleme oder Krankheiten darlegen. Auf die Frage *»How are you?«* fasst man sich kurz – lügt im Zweifelsfall irgendetwas Positives, und wird dann bei der nächsten Frage ohnehin in den meisten Fällen beim Wetter angekommen sein. So funktioniert Smalltalk.

Und wie ist der Londoner sonst?

Nun, er trägt Hut, Nadelstreifenanzug und Regenschirm. Aber er trägt auch Turnschuhe, Dreitagebart und viel zu tief sitzende Jeans, aus denen die Unterhose hervorguckt. Es kommt eben immer darauf an, auf welchen Londoner genau man gerade stößt. »Der« Londoner ist vor allem eines: vielschichtig. Der Sohn eines Einwanderehepaares aus Pakistan kann sich genauso als Londoner fühlen wie der Bankdirektor aus Richmond. Der wegen der überaus liberalen Arbeitnehmerrechte und der zugleich horrenden Mieten obdachlos gewordene Arbeiter aus dem East End ist es ebenso wie die Tochter eines französischen Diplomaten, die nach der Schule in der britischen Hauptstadt hängengeblieben ist. Londoner sind Menschen mit dem feinsten britischen Englisch, in deren Gegenwart jede Schwiegermutter verzückt wäre; andere Londoner wiederum sprechen einen Slang, der nicht mal im eigenen Land überall verstanden wird. Es ist wie in den meisten Millionenstädten auf der Welt: Der Kontrast könnte kaum größer sein. Und genau dies macht einen wesentlichen Reiz aus.

Ob gebürtiger Engländer oder zugezogen, ob arm, ob reich – es scheint, als habe man im Alltag in den Verhaltensabläufen zu einem gemeinsamen Nenner gefunden: einer Mischung aus britischem Understatement und einem gesunden Desinteresse. London mag eine der aufregendsten Städte der Welt sein – sie ist auch eine der teuersten. Wer hier lebt, hat meist ausreichend damit zu tun, seinen Lebensunterhalt zu verdienen. Man sollte also nicht erwarten, einen Londoner auf Sightseeingtour bei Madame Tussauds oder am London Eye zu finden. Es ist wie überall: Wer in einer Metropole wohnt, interessiert sich am Ende nicht mehr für all die bekannten Ecken; er taucht ein in den Alltag, und der findet nun mal weniger auf einem Riesenrad statt als vielmehr am Arbeitsplatz, zu Hause, in der U-Bahn. Wo es übrigens feste Verhaltensmuster gibt:

Wer die Tube nutzt, liest Zeitung (die kostenlose Tagespresse liegt schließlich in jeder Station aus), er hört Musik vom MP3-Spieler, er schreibt SMS (so er denn eine Linie mit Empfang erwischt) – nie aber würde man auf die Idee kommen, hier ein Gespräch zu suchen. Viele haben einen Arbeitsweg von bis zu einer Stunde – hin und zurück. Da möchte man nur noch seine Ruhe haben.

Defensiv ist üblicherweise überall das Verhalten: Selbst wer in der übelsten Kneipe jemanden anrempelt, entschuldigt sich. In etwas weniger üblen Pubs entschuldigt sich pauschal auch derjenige, der angerempelt wurde. Es könnte ja sein, dass er im Weg gestanden hat. Seltener als andernorts auf der Welt wird man im Straßenverkehr eine Hupe hören. Londons Innenstadt mag verkehrstechnisch dicht sein – doch damit haben sich die Einwohner abgefunden. Man arrangiert sich irgendwie.

Die Melone

Es klingt zu schön, um wahr zu sein, doch der Melone genannte Hut stammt tatsächlich aus London. Die beiden Hutmacher William und Thomas Bowler entwarfen ihn 1849 in Southwark, nachdem ein Kunde neue Hüte für die Jagd suchte; solche, die beim Reiten nicht vom Kopf rutschten und sich nicht in Ästen verfangen konnten. Die Bowlers entwickelten die oben abgerundete Form aus schwarzem Filz mit steifer Krempe. Im englischsprachigen Raum wird diese Art von Hut deswegen auch »Bowler« genannt, alternativ auch »Coke« – nicht etwa wegen des gleichnamigen Erfrischungsgetränks, sondern weil der erste Kunde diesen Namen trug. Inzwischen ist auch in London die Zeit der Melone mehr oder weniger vorbei – sie wird nur noch zu besonders festlichen Anlässen getragen.

Londons Dialekte

Received Pronunciation ist das, was man gemeinhin als BBC-Englisch oder Oxford-Englisch bezeichnet (obwohl man in Oxford genau genommen mitunter bereits wieder einen leichten Dialekt hört), also das Pendant zum Hochdeutsch. *Received Pronunciation* hat sich zur Sprache der »Gebildeten« entwickelt. Worte sind hierbei deutlich artikuliert, die Variation der Vokabeln oft deutlich größer als in anderen Dialekten. Und es ist das, was immer gern als Vergleich zum *American English* herangezogen wird, bei dem nicht nur die Aussprache vieler Wörter anders ist, sondern auch die Begriffe selbst oftmals unterschiedlich sind. Wer es hören will: Es heißt nicht umsonst im Volksmund BBC-Englisch – der öffentlich-rechtliche Rundfunk und die Fernsehsender der BBC schulen ihre Mitarbeiter in *Received Pronunciation.*

Cockney: Ein alter Londoner Dialekt, der während des Mittelalters im Osten der Stadt entstanden ist, rund um die Kirche St. Mary-le-Bow. Bis heute findet man ihn vor allem im East End sowie den noch weiter östlich gelegenen Gegenden. Traditionell gilt er als Arbeiterslang – doch auch zahlreiche bekannte Künstler sind für diesen Dialekt bekannt, etwa Phil Collins oder Damon Albarn. Für Außenstehende ist Cockney wegen unterschiedlicher Veränderungen in der Aussprache eher schwer zu verstehen: Das »th« in englischen Wörtern wird verändert, und zwar nicht einheitlich, sondern je nach Wortstellung unterschiedlich: Zu Beginn eines Wortes wird es zum »D«, sofern man es eigentlich weich aussprechen würde (etwa in *»this«*). Innerhalb eines Wortes kann derselbe Laut zum »W« werden. Sofern man ihn eigentlich härter ausspricht (wie in *»think«*), verändern ihn manche Leute in »F«. Ein »H« zu Beginn eines

Wortes (wie in *»home«*) wird beim Cockney-Englisch oft weggelassen: *»'otel«*.

Es wird noch schwieriger: Cockney ist bekannt als *»Rhyming Slang«*, als Dialekt, bei dem gewisse Worte durch solche ersetzt werden, die sich auf das ursprüngliche Wort reimen. Ein Auto (also *»car«*) wird beispielsweise zum *»jam jar«*. Ein *»tea leaf«* im Cockney hat nichts mit dem Heißgetränk zu tun, sondern bezieht sich auf *»thief«*, Dieb. Und wer zum *»bone«* greift, will eigentlich nur telefonieren mit dem *»phone«*.

Manchester Dialect (Mancunian): Wie in anderen nordenglischen Dialekten werden beim Mancunian Vokale oft anders ausgesprochen, weniger variantenreich als im Süden der Insel. Das »A« etwa kann in Wörtern wie *»base«* ins »E« gehen, genauso wie *»cat«* – im Norden Englands hält man sich auch bei der Aussprache meist eher an das »A«. *»Katt«* statt *»Kätt«* für Katze beispielsweise. Durch die tägliche Fernsehserie *Coronation Street* ist dieser Dialekt auf der ganzen Insel bekannt geworden und heute auch in London durchaus öfter zu hören.

Cheers

Es ist so etwas wie das Zauberwort im Londoner Alltag, doch es verwirrt fast jeden Besucher: Unterhalten sich zwei Briten im Alltagsenglisch, fällt früher oder später das Wort *»Cheers«*. Hierzulande würde man es eher als Form des Zuprostens definieren und das ist streng genommen auch in Großbritannien so. Doch haben sich über Jahre weitere Einsatzmöglichkeiten herauskristallisiert: Es ist mitnichten so, dass sich alle Londoner auf der Straße ständig zuprosten würden, doch sie verwenden *»Cheers«* inzwischen als Modewort sowohl für »Danke« als auch für »Bitte« und oftmals auch noch für »Tschüss«, und wenn jemand überbetont locker sein will, auch noch für »Hallo«. Wenn man bei einer entsprechenden Person beispielsweise eine Zeitung kauft, kann dieses Wort leicht vier-, fünfmal fallen – ohne dass man am Ende auch nur einen Tropfen getrunken hätte. Britische Linguisten haben unlängst Alarm geschlagen: Der höflichere und durchaus angebrachte Ausdruck *»Thank you«* sei vom Aussterben bedroht. Bei einer Untersuchung vor einigen Jahren gab die Hälfte der Befragten an, *»Cheers«* als Ersatz zu benutzen.

★ Do it yourself ★

Cockney hören

Sie ist der Ursprung des Cockney-Slangs, und bis heute gelten streng genommen nur jene Londoner als echte Cockneys, die in Hörweite ihrer Glocken geboren wurden: Die Gegend um die St.-Mary-Le-Bow-Kirche in der Cheapside im Osten Londons ist wohl der beste Ort, um dem *»Rhyming Slang«* zu lauschen. Das heutige Gebäude wurde zwischen 1671 und 1673 kurz nach dem Großen Feuer von London durch Sir Christopher Wren erbaut. Damals war es nach St. Paul's die zweitwichtigste Kirche im Innenstadtkern. Und noch heute zählt der Bau zu den schönsten der Stadt.

Cheapside, London EC2V 6AU www.stmarylebow.co.uk
Mo–Mi 7.30–18 Uhr, Do 7.30–18.30 Uhr, Fr 7.30–16 Uhr
£ Eintritt frei U-Bahn:Bank, St. Paul's, Mansion House

Museum of London

Das städtische Museum zeigt die Entwicklung Londons von den Anfängen bis zur Gegenwart – es wurde vor einigen Jahren aufwendig erweitert. Direkt vor dem Gebäude stehen die Überreste der London Wall, der alten Stadtmauer. Die Römer erbauten sie um die Wende von zweiten zum dritten Jahrhundert.

150 London Wall, London EC2Y 5HN www.museumoflondon.org.uk
Tgl. 10–18 Uhr £ Eintritt frei U-Bahn: Barbican, St Paul's

British Museum

Das große nationale Museum ist ein idealer Ort, um die Geschichte einer ganzen Nation zu erkunden. 1759 eröffnet gilt es heute als eines der bedeutendsten kulturhistorischen Museen der Welt. Und es ist auch architektonisch von Bedeutung: Nach einem Umbau ist der überdachte Innenhof der größte seiner Art weltweit – und entsprechend Anziehungspunkt für viele. Außerdem sehenswert ist der Lesesaal der Bibliothek, die insgesamt 350.000 Bände beinhaltet.

Great Russell St, London WC1B 3DG www.britishmuseum.org
Tgl. 10–17.30 Uhr (Fr bis 20.30 Uhr) £ Eintritt frei
U-Bahn: Holborn, Tottenham Court Road

London erfahren

Hierbei fühlt man sich als Londoner

1. Lunch im Hyde Park

Prêt-à-Manger, Caffè Nero, Costa Coffee, Marks & Spencer – überall her holen sich die Londoner mittags ein Sandwich oder einen Salat, um ihn bei schönem Wetter im Park zu essen. Günstig, meist wirklich gut und vor allem einmalig erholsam: Machen Sie mit!

2. Radfahren an der Themse

Sie gehört zu London wie die Queen, und am besten erkundet man sie mit dem Rad: An der Themse zieht sich durch weite Teile Londons ein Rad- und Fußweg, der jegliche Großstadthektik vermissen lässt. Räder gibt es bei Radverleihern – oder man nimmt die Barclays-Mieträder, die an vielen Stellen stehen.

3. Afternoon Tea in einem edlen Hotel

Die Prozedur ist einmalig, und meist auch nicht ganz günstig – aber sie ist so englisch wie sonst nur die Queen: Der *Afternoon Tea*, bestehend aus Tee, *Scones*, Sandwiches und meist einem Glas Champagner, ist ein Höhepunkt für viele. Am besten genießt man ihn in einem Traditionshotel, etwa dem Langham, dem Savoy oder dem Ritz.

4. Joggen in Greenwich oder Hampstead

Die Parkanlagen von Greenwich und Hampstead Heath sind riesig – und perfekt, um den Tag mit einer Laufrunde zu beginnen. Viele Londoner tun dies, und auch auf Reisen kann das perfekt für den Tag vorbereiten.

5. Curry-Essen in der Brick Lane

Sie ist das Zentrum von Einwanderern aus Bangladesch und gilt als Curry-Meile Londons: In der Brick Lane reihen sich Restaurants und Schnellimbisse aneinander.

6. Eine Fahrt mit der U-Bahn

Sie ist die älteste U-Bahn der Welt, und sie durchzieht das gesamte Stadtgebiet mit ihren meist röhrenförmigen Tunneln: Die Londoner »Tube« ist das wichtigste Verkehrsmittel der Stadt. Und einer der besten Orte für Sozialstudien.

7. Ein Besuch der Märkte

Sie heißen Spitalfields, Greenwich oder Southwark, und all diese Stadtteile sind bekannt für ihre Märkte. Jeden Tag wechselt das Angebot, immer gibt es etwas zu entdecken, das man in London sonst nicht findet.

8. Eislaufen in Somerset House

In jedem Winter verwandelt sich der Innenhof von Somerset House in Piccadilly in eine große Eisbahn. In der eindrucksvollen Kulisse kann jeder die Schlittschuhe anlegen.

9. Ein Pint in einem traditionellen Pub

Es gibt sie überall, am schönsten sind sie entlang der Themse und in den dörflichen Stadtteilen wie Richmond, Hampstead oder Greenwich: Pubs sind ein wesentlicher Bestandteil des sozialen Zusammenlebens in London. Nirgends kommt man besser mit Einheimischen ins Gespräch.

10. Sunday Roast

Der Sonntagsbraten ist so etwas wie ein britisches Nationalgericht. Mal ist es Roastbeef, mal Huhn, mal Schwein – immer aber gehören Yorkshire Pudding, Soße und Gemüse dazu. Erhältlich sonntags in jedem guten Pub.

8 Königshaus

London ist majestätisch

Zu den Kreisen der ganz Großen der Weltgeschichte zu gehören, dürfte beileibe nicht immer einfach sein. Etikette hier, Dresscode dort, immer ein Smalltalk-Thema parat haben, egal ob der Gesprächspartner nun der König von Norwegen ist oder ein Mitarbeiter einer Hilfsorganisation. Nein, es ist ganz sicher kein einfaches Leben innerhalb der oberen Zehntausend.

Das hat auch Michelle Obama, die Ehefrau Barack Obamas und First Lady der Vereinigten Staaten, vor einigen Jahren erfahren müssen. Ein Treffen der G20, der 20 wichtigsten Industrienationen der Welt, führte sie zu einem Empfang in den Buckingham Palace. Ein Großereignis, auf das sich selbst der von so routinierten Abläufen geprägte Palast penibel vorbereitet hat. Aus dem Königshaus ist bekannt, dass sich bei wichtigen Veranstaltungen die Queen persönlich umsieht, damit auch wirklich nichts schiefgehen kann – was in einem perfekt organisierten Unternehmen wie dem Buckingham Palace ohnehin kaum möglich ist. Doch seine Gäste kann man sich ja mitunter nicht aussuchen. Michelle Obama kam, begrüßte Elizabeth II. zunächst protokollgemäß – und legte dann, ganz freundschaftlich gemeint, ihren Arm um die Schulter der Königin. Wie man das eben mitunter so macht in den USA: Locker-flockig begrüßen, ein Willkommensplausch unter befreundeten Nationen, dann ein leichter Körperkontakt, um zu zeigen: Wir sind zwei vom selben Schlag. Vom US-Präsidentenpaar ist bekannt, dass es dies ständig tut – bei allem und jedem.

Nur in England tut man dies eben genau nicht. Im Alltag schon nicht, und erst recht nicht im Buckingham Palace: Eine Jahrhunderte alte Tradition verbietet es, den Monarchen anzufassen. Er ist schließlich nicht nur Staatsoberhaupt des Vereinigten Königreichs, er steht an der Spitze des Commonwealth und ist qua Amtes obendrein Oberhaupt der anglikanischen Kirche. Etwas Übergeordnetes, etwas, zu dem man aufsieht. Jedenfalls nichts, das man umarmt.

Die britischen Medien hatten ihre Story: Gefühlt in Endlosschleife zeigten sie die Bilder der Umarmung, wohl auch, weil sie einem an sich eher nachrichtenarmen Empfang doch noch eine Story geschenkt hat. Denn, was für viele das Erstaunlichste war: Die Queen erwiderte die Umarmung ihres Gastes sogar, wenn auch leicht zögerlich, ganz so, als sei sie davon zum einen überrascht, zum anderen ihr diese Form des körperlichen Kontakts auch eher neu gewesen.

Da hat sich die deutsche Bundeskanzlerin Angela Merkel auch nur zum Teil angemessener benommen: Zwar schien sie die allgemein üblichen Umgangsformen bei Zusammentreffen mit britischen Majestäten perfekt zu beherrschen – die britische Presse aber störte sich an ihrem Outfit: Ein Hosenanzug, wie ihn Merkel zu allen möglichen Gelegenheiten zu tragen pflegt, sei zwar zu allen möglichen Gelegenheiten durchaus eine Option; nicht aber beim Zusammentreffen mit der Queen.

Da ist es nur gut, dass das Königshaus selbst stets die Etikette wahrt, wenn auch mit Ausnahmen. Elizabeths Enkel Prinz Harry beispielsweise machte vor Jahren Schlagzeilen, als er auf einer Party in Uniform auftauchte – nicht etwa einer britischen, sondern jener der SS aus dem Zweiten Weltkrieg.

Was tun, wenn man die Queen trifft?

Zum einen Ruhe bewahren und weitermachen, getreu dem alten Leitspruch der Briten: *»Keep calm and carry on«**. Denn gewöhnlich trifft man die Queen nicht, wenn sie es nicht ausdrücklich möchte. Bei öffentlichen Auftritten sind heutzutage Großaufgebote der Polizei präsent, außerdem Straßensperren aufgebaut, damit niemand zu dicht an das Staatsoberhaupt herankommt. In die Verlegenheit einer Umarmung dürfte da niemand kommen.

Falls Sie zum Tee im Buckingham-Palast eingeladen werden, gilt es ein paar spezielle Rituale zu beachten – beginnend mit dem »Diener«: Wer auf die Queen trifft, macht zunächst einen leichten Hofknicks, bei dem der rechte Fuß hinter den linken rutscht. Herren können es bei einer leichten Verbeugung belassen. Streng genommen betrifft diese Begrüßungszeremonie jeden, der formal unter der Königin steht – also im Grunde wirklich jeden, selbst ihre eigene Familie. Der Handkuss darf nur erfolgen, wenn die Königin dies durch eine Geste einfordert, und selbst dann wird die Hand nicht wirklich geküsst, sondern man tut nur so.

Angeredet wird die Queen weder mit »Elizabeth« noch mit »Frau Windsor«, sondern zunächst mit den Worten »Your Majesty«, später genügt »Ma'am«.

Ursprünglich entfernte man sich bei Hofe anschließend, ohne den Blick vom Monarchen zu lassen, also rückwärts. Der Grund ist einfach: Man kehrt einem König nie den Rücken zu. Aus Gründen

* *»Keep calm and carry on«* war eine der Durchhalteparolen, die die britische Regierung während des Zweiten Weltkriegs auf Postern drucken ließ, um die Einwohner vor allem Londons trotz der deutschen Angriffe nicht mürbe werden zu lassen. Obwohl die Plakate damals gar nicht in nennenswerter Zahl aufgehängt wurden, entwickelten sie sich in den vergangenen Jahren zum echten Souvenirschlager, vor allem in zahlreichen Abwandlungen (»Keep calm and drink tea«, »Keep calm and eat cake« usw.).

der Unfallvermeidung sieht man diesen Punkt Medienberichten zufolge heute im Buckingham-Palast nicht mehr so eng.

Der Rest ist beinahe international übliche Etikette: Die Kleidervorschriften sind beim Zusammentreffen mit Mitgliedern des Königshauses streng konservativ, nicht selten wird Abendgarderobe eingefordert. Doch das Gute in Großbritannien ist: Was zu tragen ist, steht üblicherweise gleich auf der Einladung. Ansonsten gibt die Queen bei einem Treffen den Ton vor: Man isst erst, wenn sie isst, man fragt nicht nach Familieninterna oder was sie von dieser und jener Entscheidung des Premierministers hält – man wartet, bis sie das Gesprächsthema vorgibt. Und das ist beim Smalltalk in London grundsätzlich zunächst unpolitisch und vor allem unpersönlich. Viele gehen nach einer intensiven Unterhaltung auseinander, ohne zu wissen, was der andere eigentlich beruflich tut und in welchen familiären Verhältnissen er lebt.

Das Königshaus der Windsors

Die königliche Familie könnte britischer kaum sein, doch ihre Wurzeln sind streng genommen deutsch: Zwar endete die Personalunion zwischen dem britischen Königshaus und dem Kurfürstentum beziehungsweise späteren Königreich Hannover (1714–1837) durch den Tod des kinderlosen Königs William IV.; doch gab es auch in der Folge immer wieder deutsche Beziehungen im Palast. Beginnend bereits mit Williams Nichte Queen Victoria, die 1840 Prinz Albert von Sachsen-Coburg und Gotha heiratete und deren Herrschaft unter dem Namen des Hauses Sachsen-Coburg und Gotha verlief. Erst unter Georg V. wurde während des Ersten Weltkriegs 1917 der offizielle Name in das Haus Windsor geändert – man wollte sich in Zeiten des eher kritischen Ansehens der Deutschen von diesen Wurzeln lösen. Eine Distanz, die auch noch präsent war, als Queen Elizabeth 1947 Prinz

Philip von Griechenland und Dänemark heiratete, der streng genommen aus deutschen Adelshäusern stammt, auch wenn er in Griechenland geboren wurde. Der offizielle Familienname lautet seit 1960 für Neugeborene Mountbatten-Windsor.

Die Fettnäpfchen Prinz Philips

Die exzellenten Umgangsformen Queen Elizabeths gelten seit jeher als legendär, die ihres Ehemannes Prinz Philip jedoch als mindestens ebenso berüchtigt. Seit Jahrzehnten lässt der Duke of Edinburgh bei offiziellen Veranstaltungen mit Vorliebe kaum ein Fettnäpfchen aus. Zu seinem 90. Geburtstag im Jahr 2011 stellte das Londoner Boulevardblatt *The Mirror* die 90 bekanntesten Entgleisungen des Prinzen zusammen. Darunter auch folgende Klassiker: Den damaligen deutschen Bundeskanzler Helmut Kohl begrüßte Prinz Philip einmal als »Herr Reichskanzler«. Bei einem Besuch in Peking warnte er britische Studenten: Wenn sie noch länger in dieser Stadt blieben, bekämen sie sicherlich Schlitzaugen. Einen schottischen Fahrlehrer fragte er einmal, wie er es schaffe, »die Einheimischen so lange vom Schnaps fernzuhalten, bis sie die Prüfung bestanden haben?« Als er bei einer Fabrikbesichtigung mal einen nicht sehr professionell aussehenden Sicherungskasten sah, entwich ihm die Bemerkung: »Da ist bestimmt ein Inder dran gewesen.« Einen britischen Wanderer in Papua-Neuguinea fragte er 1998: »Sie haben es geschafft, bislang nicht gegessen zu werden?« Und auch im schottischen Lockerbie machte sich der Prinz keine Freunde, als er 1993 wenige Jahre nach dem verheerenden Flugzeugabsturz bemerkte: »Man sagt, dass nach einem Brand der Wasserschaden am schlimmsten sei. Wir versuchen immer noch, Windsor Castle trocken zu bekommen.«

★ Do it yourself ★

Die Hoflieferanten

Einkaufen wie das Königshaus: Die Königin, ihr Mann Prinz Philip sowie deren Sohn Prinz Charles kaufen in der Regel längerfristig bei bestimmten Geschäften und Unternehmen ein, die sich deswegen mit dem Titel des offiziellen Lieferanten der entsprechenden Person schmücken können (»Royal Warrant«). Darunter sind große Konzerne wie Schweppes, Heinz oder Procter & Gamble genauso wie eher kleinere Geschäfte. Allein in London finden sich davon einige Dutzend – hier eine Auswahl:

Berry Bros. & Rudd: Wein- und Spirituosenhandel, Lieferant für die Queen und den Prince of Wales.

3 St James's Street, London SW1A 1EG www.bbr.com
U-Bahn: Green Park

Wolsey: Bekleidungsgeschäft, liefert Bekleidung vor allem für die Angestellten des Palastes.

83A Brewer Street, London W1F 9ZN www.wolsey.com
U-Bahn: Piccadilly Circus

Floris: Parfümhersteller, der nicht nur die Queen beliefert, sondern früher schon Berühmtheiten wie James-Bond-Erfinder Ian Fleming.

9 Jermyn Street, London SW1Y 6JH www.florislondon.com
U-Bahn: Piccadilly Circus

Paxton & Whitfield: Das wohl erlesenste Käsegeschäft Großbritanniens mit Hunderten Sorten – die Queen lässt hier ihren Käse kaufen.

93 Jermyn Street, London SW1Y 6JE www.paxtonandwhitfield.co.uk
U-Bahn: Piccadilly Circus

Henry Poole: Der Maßschneider gilt als einer der ersten in der traditionellen Anzugstraße Savile Row – die Queen lässt hier Bekleidung für ihre Angestellten herstellen.

15 Savile Row, London W1S 3PJ www.henrypoole.com
U-Bahn: Piccadilly Circus

H.R. Higgins: Der Traditionshandel von Kaffee und Tee beliefert auch den Buckingham-Palast.

79 Duke Street, London W1K 5AS www.hrhiggins.co.uk
U-Bahn: Bond Street

Thomas Goode: Ein Traditionsgeschäft für feine Glas- und Porzellanwaren – die Queen lässt hier einkaufen.

19 South Audley Street, London W1K 2BN www.thomasgoode.com
U-Bahn: Green Park, Hyde Park Corner

Ede & Ravenscroft: Der wohl älteste noch existente Schneider der Stadt ist der Hersteller von Roben für das Königshaus.

93 Chancery Lane, London WC2A 1DU www.edeandravenscroft.com
U-Bahn: Chancery Lane

Edward Goodyear: Das Blumengeschäft aus dem Jahr 1879 ist Lieferant für die Queen und den Duke of Edinburgh.

Cardinal Place Shopping Centre, 76–98 Victoria St, London SW1E 5JD
www.edwardgoodyear.co.uk U-Bahn: Victoria

Daks: Bekleidungsgeschäft, das nicht nur die Queen, sondern auch den Prince of Wales und den Duke of Edinburgh ausstattet, ursprünglich gegründet im Jahr 1894 von Simeon Simpson.

10 Old Bond Street, London W1S 4PL www.daks.com
U-Bahn: Green Park

William & Son: Goldschmiede mit engen Wurzeln zu London.

10 Mount Street, London W1K 2TY www.williamandson.com
U-Bahn: Marble Arch

9 Pubs

London schenkt ein

England rühmt sich stets, ein Land ohne Verfassung zu sein. Und so ganz falsch ist das nicht: Die Gesetzgebung beruht noch immer auf der *Magna Charta* von 1215 – allerdings wurde das Werk im Laufe der Jahrhunderte immer wieder durch neue Gesetze ergänzt, die bestehende Abschnitte teilweise aufhoben. Ein Sammelsurium an Richtlinien und Paragraphen, die das Zusammenleben zumindest bislang problemlos ermöglicht haben. Und dies trotz manch kurioser Vorgaben.

Eine solche stammt aus dem Jahr 1872, nennt sich *Licensing Act* und beinhaltet mit Paragraph 12 einen für manchen Pub-Besucher fatalen Absatz: Demnach ist es tatsächlich verboten, in einer für Alkohol lizensierten Einrichtung betrunken zu sein. Nun ist es gemeinhin nicht so, dass sich in den englischen Kneipen jedermann an Cola und Milch halten würde, dafür ist üblicherweise allein schon die Auswahl an gezapften Bieren viel zu verlockend.

Doch auch der *Metropolitan Police Act 1839* erklärt es für illegal, dass ein Wirt betrunkene Gäste auf seinem Gelände duldet. Nur gut, mag man denken, dass das englische Bier üblicherweise weniger Alkohol beinhaltet als in anderen europäischen Ländern – nämlich meist um die vier Prozent, während in Deutschland etwa fünf Prozent üblich sind. Was sich aber natürlich nur positiv auswirkt, wenn man nicht dafür umso mehr Bier in sich hineinschüttet als andernorts. So, wie das vor allem an Wochenenden in London inzwischen leider allgemein üblich ist, wie ich am

Wochenende meines Aufenthaltes feststellte: Wer sich zwischen Donnerstagabend und Sonntagfrüh in der Gastronomieszene der britischen Hauptstadt umsieht, wird die Durchsetzung jeglicher Paragraphen des *Licensing Acts* vermissen. Horden betrunkener Junggesellenabschiede (»*Stag Party*« genannt, Hirschfeier – das weibliche Pendant nennt sich »*Hen Party*«, Hennenfest) ziehen durch die Pubs, große Gruppen von Menschen jeglichen Alters, die erst nach Hause gehen, wenn auch die letzte Möglichkeit der Bestellung vorüber ist. Oder aber, die in vielen Fällen dann noch in *Night Clubs* weitergehen, Diskotheken, die deutlich länger geöffnet sind als Pubs.

Die strengen Öffnungszeiten für Pubs – seit dem Ersten Weltkrieg durfte hier nur zwischen 11 und 23 Uhr ausgeschenkt werden – wurden übrigens erst um die Jahrtausendwende gelockert. Seitdem darf jede Kneipe eine quasi Rund-um-die-Uhr-Lizenz beantragen, die in der Regel anstandslos genehmigt wird. Seltsamerweise gelang es mir während meines gesamten Aufenthaltes nicht, eine Kneipe zu finden, die sich die Mühe für das Genehmigungsverfahren gemacht hatte. Viele schlossen weiterhin um 23 Uhr, einige wenige schenkten noch bis gegen 0 Uhr aus. Aber dann war auch hier Schluss, und es traten die teils uncharmantesten Türsteher des Landes zum Vorschein: Mit immer energischer werdenden Worten forderten sie die Gäste zum Austrinken auf – bis sie einigen sogar das Glas wegnahmen.

Ein Freund von mir, studierter Soziologe, erzählte mir einmal, er habe in einer ähnlichen Situation mal versucht, dem Türsteher klarzumachen, dass er sehr viel schneller Feierabend machen könne und sehr viel entspannter wäre, wenn er die Leute einfach in Ruhe austrinken lasse und vielleicht zehn Minuten früher mit dem Ausschenken von Getränken aufhören würde. Der Herr sah ihn an, nahm sein Glas und sagte nur: »*Thank you, sir, have a good night*«, vielen Dank, der Herr, gute Nacht.

Muss ich in London also verdursten?

Keinesfalls – aber es gilt ein paar simple Regeln zu beachten, beginnend mit dem Selbstbedienungsgedanken eines Pubs:

- Alle Getränke in Kneipen werden am Tresen geholt und auch hier sofort bezahlt.
- Trinkgeld gibt es zwar in Restaurants, niemals aber in Pubs. Das erwartet hier auch niemand.
- Bier wird in *Pint*-Gläsern (0,568 Liter) ausgeschenkt – die üblicherweise bis zum Rand vollgeschenkt werden. Wer ein *Pint* kauft, soll es auch bekommen, das ist der Gedanke, der hinter den mitunter überlaufenden Gläsern steckt. Inzwischen haben sich aber auch hier vielerorts solche mit Eichstrich durchgesetzt. Wem ein ganzes *Pint* zu viel ist, der kann ein halbes *(Half Pint)* bestellen – gibt man dies nicht ausdrücklich an, erhält man zumindest als Mann ein ganzes *Pint*.
- Spirituosen werden in penibel abgemessenen *Shots* verkauft – meist 25 Milliliter *(Single)* oder wahlweise 50 Milliliter *(Double)*. Bei uns sind 20 Milliliter üblich. Manche Pubs liefern etwa bei einem Gin-Tonic den alkoholfreien Bestandteil (also das Tonic Water) gratis dazu.
- Auch in Pubs gilt: niemals vordrängeln. Barkeeper haben meist ein gutes Auge dafür, wer wann an der Reihe ist – es ist üblich, im Zweifelsfall lieber einen anderen Gast vorzulassen, als darauf zu bestehen, bedient zu werden.
- Auch Essen muss in vielen Pubs am Tresen bestellt und sofort bezahlt werden. Dafür sind die Tische durchnummeriert – man sagt am Tresen seine Tischnummer, bezahlt, und das Gericht wird dann am Platz serviert.

Das englische Bier

Englisches Bier genießt in Europa einen zweifelhaften Ruf, doch dies völlig zu Unrecht. In kaum einer anderen Stadt als London wird man auch in noch so kleinen Pubs auf eine schier erschlagende Auswahl an frisch gezapften Bieren treffen. Die für Touristen oft unangenehm wirkenden *Real Ales,* also rote obergärige Biere, die ohne Kohlensäure bei Kellertemperatur gezapft werden, sind bei Weitem nicht die einzigen. *Lager, Stout, Apple-Cider* – es sind in der Regel etliche Varianten erhältlich. Im Einzelnen:

- **Lager:** Ein helles Bier, das mehr oder weniger dem deutschen Pils oder Exportbier gleichkommt. Das liegt unter anderem daran, dass diese Biere meist internationale Sorten großer Konzerne sind – Carlsberg, Kronenbourg 1664, Heineken, selbst Beck's braut eine vierprozentige Variante für den britischen Markt, *Beck's Vier* genannt.
- **Ale:** Ein rotes obergäriges Bier, das bei Kellertemperatur und üblicherweise ohne Zuhilfenahme von Kohlensäure oder Stickstoff gezapft wird – zu erkennen an den langen Handpumpenzapfanlagen. Viele dieser *Ales* haben weniger als vier Prozent Alkohol, einige aber deutlich mehr. Nach der Einführung von Lager-Bier verschwanden diese Sorten zunehmend aus den Pubs, eine massive Werbekampagne für *Real Ale* hat den Niedergang jedoch vor einigen Jahren gestoppt. Heute schmücken sich Pubs wieder vermehrt damit, *Ales* von kleinen, unabhängigen Brauereien im Programm zu haben. Es gibt vereinzelt auch *Ales,* die gekühlt und mit Stickstoff gezapft werden. Eine sehr populäre Untersorte ist das *Bitter* (auch *Pale Ale* genannt), das etwas heller ist und hopfiger schmeckt.
- **Stout:** Heute das unenglischste Bier, das man im Pub trinken kann – fast jeder schenkt nämlich als *Stout* das irische

Guinness aus, das inzwischen für den europäischen Markt nur noch in Dublin gebraut wird. *Stout* ist ein tiefschwarz wirkendes, obergäriges Bier. Die Farbe entsteht durch stark geröstete Gerste und Gerstenmalz.

- **Cider:** Kein Bier, sondern ein sehr populärer Apfelschaumwein, der ebenfalls in fast jedem Pub vom Fass ausgeschenkt wird. Die meisten Sorten stammen aus Südwestengland und Irland. *Cider* ähnelt dem französischen oder schwedischen *Cidre* – hat jedoch deutlich mehr Alkohol, meist zwischen vier und fünf Prozent.

★ Do it yourself ★

The hidden Pubs of Old London Town

An jedem Dienstagabend gibt es diese Pub-Tour durch London. Treffpunkt 19 Uhr am Ausgang der U-Bahn-Station Temple.

www.walks.com

Der beste Pub für …

… einen romantischen Abend

The Dove: Idyllisches Lokal direkt an der Themse mit Lagerfeuer, Außenplätzen und abendlichem Kerzenschein. Romantischer geht's nicht.

19 Upper Mall, Hammersmith, London W6 9TA (020) 87 48 94 74
www.dovehammersmith.co.uk U-Bahn: Ravenscort Park

... einen kulturellen Abend

Old Red Lion: Ein alter Pub mit einem eigenen kleinen Theater im Obergeschoss. Wenn die Aufführung langweilig ist, kann man immer noch trinken gehen ...

418 St. John Street, London EC1V 4NJ (020) 78 37 78 16
www.oldredliontheatre.co.uk U-Bahn: Angel

... einen geschichtsträchtigen Abend

The Mayflower: Der angeblich älteste Pub an der Themse. Er stammt aus dem 16. Jahrhundert, trägt seinen heutigen Namen allerdings erst seit den fünfziger Jahren des vergangenen Jahrhunderts.

117 Rotherhithe Street, London SE16 4NF (020) 72 37 40 88
www.themayflowerrotherhithe.com U-Bahn: Rotherhithe

... einen ökologischen Abend

The Duke of Cambridge: Nach eigenen Angaben Englands erster und einziger Ökopub. In gehobener Studentenatmosphäre kann man sich bei Bio-Bier lauter gesunde Gerichte schmecken lassen.

30 St. Peter's Street, Islington, London N1 8JT www.sloeberry.co.uk
U-Bahn: Angel

... einen sakralen Abend

The Black Friar: Die sakrale Einrichtung dieses unter Denkmalschutz stehenden Pubs erinnert an ein Kloster, das einst hier gestanden hat. Fast wäre später auch der Pub abgerissen worden – organisierte Bürgerproteste verhinderten es.

174 Queen Victoria Street, London, EC4V 4EG (020) 72 36 54 74
www.nicholsonspubs.co.uk/theblackfriarblackfriarslondon U-Bahn: Blackfriars

... einen hippen Abend

St. Chads Place: Vor einigen Jahrzehnten wäre man nie freiwillig in diese Gegend gekommen, doch nun wandeln sich die alten Lagerhäuser in ein hippes Viertel: Dieser große Pub mit Restaurant ist in einem viktorianischen Industriegebäude untergebracht, dezent durchgestylt im minimalistisch skandinavischen Design.

6 St Chad's Place, London WC1 · (020) 72 78 33 55
www.6stchadsplace.com · U-Bahn: King's Cross

... einen *Ale*-Abend

The Lyric: Ein alter Pub mit Lagerfeuer, Holzfußboden – und vor allem rund zehn Sorten *Ale* vom Fass: frisch aus dem Keller, ungekühlt, ohne Kohlensäure. So, wie es sein muss.

37 Great Windmill Sreet, London W1D 7LU · (020) 74 34 06 04
www.lyricsoho.co.uk · U-Bahn: Piccadilly Circus

... einen günstigen Abend

The Gatehouse: Traditioneller Pub, in den die Leute vor allem wegen der günstigen Preise für Essen und Getränke kommen. Ein Pint Bier startet bei rund 2 Pfund – was für Londoner Verhältnisse überaus günstig ist.

1 North Road, Highgate, London N6 4BD · (020) 83 40 80 54
www.jdwetherspoon.co.uk/home/pubs/the-gatehouse-highgate
U-Bahn: Highgate

10 Hotels

London checkt ein

Zu großen Städten gehören meist auch die ganz großen Hotels: Prachtbauten aus früheren Zeiten, die im Falle von England noch heute den Charme der viktorianischen Zeit widerspiegeln. Große Eingangshallen, noble Ausstattung, viel Personal, um jeden erdenklichen Wunsch zu erfüllen. Tony Cortegaca arbeitet in solch einem Haus: Er ist *Doorman* im Savoy an der Straße Strand im Londoner Musicalviertel West End – ein bisschen Pförtner, ein bisschen Empfangsmann und manchmal auch einfach nur Zuhörer. Und das schon seit 1986.

Genau wegen seiner Lage gibt es dieses Hotel: Gleich nebenan steht seit 1881 das Savoy Theatre, eine der bedeutendsten Musicalbühnen der Stadt. Weil Gründer Richard D'Oyly Carte eine Unterkunft für Besucher brauchte, ließ er 1889 das gleichnamige Hotel hinzufügen. Eine Legende war geboren: Das Hotel brachte nicht nur viele Berühmtheiten hervor, wie den ersten Manager César Ritz, der später in Paris sein eigenes Hotel gründete, das nicht minder legendäre Le Ritz; es zog auch die Berühmtheiten aus aller Welt an. Katharine Hepburn, Frank Sinatra, Charlie Chaplin – sie alle kamen, und viele kamen immer wieder. Einer blieb gleich zwölf Jahre: Schauspieler Richard Harris verlegte zu Lebzeiten seinen Wohnsitz ins Savoy.

Er war es, der sich mit dem damals geltenden Dresscode des Hotels mitunter nur schwer anfreunden konnte, wie sich Tony Cortegaca erinnert: »Damals durfte man hier mit Jeans und

Turnschuhen nicht hinein, im Restaurant war auch eine Krawatte Pflicht.«

Harris soll bei einem Lunch-Besuch hingegen nur gesagt haben: »Lasst euch etwas einfallen.«

Man ließ: Der damalige Restaurantchef habe vor Harris' Tisch eine Abdeckung aufgebaut, erinnert sich Tony. So konnten die anderen Gäste nicht sehen, dass der Schauspieler sich nicht an die Kleiderordnung hielt.

Erst zur Jahrtausendwende hat sich das Savoy vom strikten Dresscode verabschiedet. Heute sieht man mitunter auch Gäste in Turnschuhen durch die Lobby spazieren – und niemand hindert sie mehr daran. Anzug und Krawatte sind jedoch nach wie vor das vorherrschende Erscheinungsbild vieler Gäste. So recht passen Jeans und Turnschuhe auch nicht zum edlen Art-déco-Ambiente des Savoy.

Ich hatte während meines ersten Aufenthaltes in London vor zig Jahren auch von den großen Hotels wie dem Savoy oder dem Ritz geträumt. Entspannt die Füße hochlegen nach einem Tag voller Sehenswürdigkeiten, die Seele baumeln lassen. Doch ich wählte aus gegebenem Anlass eine andere Preiskategorie – eine für Londoner Verhältnisse günstige.

Nach meiner Ankunft strömte ich in mein Zimmer, in einer eigentlich sehr hübschen Straße unweit des Bahnhofs Victoria, und fand umgehend Ernüchterung: Die Zimmertür stieß beim Öffnen an die Bettkante. Nur mit Mühe kam ich mit meinem Koffer ins Zimmer und stellte fest: Rund um das ohnehin kleine Bett war nicht mal ein halber Meter Platz. Als ich die Tür zum Badezimmer öffnete, stand ich vor der Toilette; und nicht nur vor ihr: Toilette, Waschbecken und Dusche waren zu einem Ensemble vereint, sodass man in dem nicht viel mehr als einem Quadratmeter großen Raum unweigerlich die Füße in die Dusche stellen musste, wenn man auf Toilette ging. Man könnte es als Vorteil auslegen, dass man sich dann noch parallel die Hände waschen konnte. Ich aber war entsetzt – und hatte eines vor: Nie wieder würde ich in diese Stadt fahren. Am Ende hielt ich mich nicht daran – zum Glück.

Wie finde ich denn bloß ein vernünftiges Hotel?

Leider kommen Fünf-Sterne-Hotels wie das Savoy bei Weitem nicht für das Budget eines jeden London-Besuchers infrage. Und dann wird es auch schon schwierig: In den achtziger Jahren erfand die Reisebranche ein neues Produkt: das Glückshotel. Kunden buchen eine Kategorie, nicht aber ein bestimmtes Haus – wo sie am Ende übernachten, entscheidet der Veranstalter anhand der Auslastung. In gewisser Weise ist London auch heute noch so etwas wie das Mekka der Glückshotels: Beinahe egal, wie viele Sterne man bucht – am Ende ist die Qualität eines Hotels Glückssache.

Drei Sterne mögen bedeuten, dass das Zimmer über eine gewisse Größe verfügt, außerdem über Fernseher, Telefon und Wasserkocher. Doch in welchem Zustand sich jedes einzelne Utensil befindet, darüber sagen weder die Sterne noch der Name noch der Preis etwas aus. Einzige Ausnahme sind verlässlich die paar Dutzend Fünf-Sterne-Häuser, die für diese Kategorisierung strengsten Vorgaben unterliegen und in der Regel allen erdenklichen Luxus bieten.

Doch in wohl kaum einer europäischen Großstadt wird man in Drei- und Viersternehotels womöglich Schimmel im Bad, dreckige Handtücher oder Einfachverglasung ohne funktionierende Heizung vorfinden, selbst wenn das Zimmer gut und gerne 150 Pfund pro Nacht kostet. Zumindest im Zentrum Londons wird der Hang zu Tradition in vielen Fällen nach wie vor gerne mit der Vermeidung kostspieliger Sanierungsmaßnahmen gleichgesetzt. Ein bisschen *Fawlty Towers** wurde so ins 21. Jahrhundert gerettet.

Und in kaum einer anderen Stadt sind vielen Hotelangestellten solcher Häuser Beschwerden von Gästen derart egal wie in London. Der britische Tourismusverband VisitBritain hat kürzlich sogar eine Information für Hotels veröffentlicht, in der Angestellte über Charakterzüge einzelner Nationen aufgeklärt werden. Der deutsche Gast etwa, ist dort zu lesen, beschwere sich gern, müsse aber unbedingt ernst genommen werden. Russen haben demnach Angst vor hohen Decken, während Hongkonger Gäste Geister befürchten und deswegen keinesfalls in einem Himmelbett untergebracht werden sollten.

Grundsätzliches

London landet in den Rankings seit Jahren unter den teuersten Städten der Welt. Auf Schnäppchen darf man insofern auch bei Übernachtungen nicht hoffen. Selbst Budget-Hotels, die üblicherweise mit Zimmerpreisen ab 19 oder 29 Pfund werben, haben für ihre Häuser in der britischen Hauptstadt Sonderregelungen – Werbepreis ab 59 Pfund, aber auch nur bei rechtzeitiger Vorabbuchung und gleichzeitiger Bezahlung, außerdem ohne jegliche Stornierungsmöglichkeit und selbstverständlich ohne Frühstück. Generell sind Hotels in London immer voll – egal zu welcher Jahreszeit und zu welchem Wochentag. Frühzeitig buchen ist also

* Fawlty Towers: Eine britische Comedyserie aus den siebziger Jahren. Ex-Monty-Python John Cleese betreibt darin eine kleine Pension im Südwesten Englands nach sehr eigenen Vorstellungen. Fast jede Folge endet in einem heillosen Chaos. Obwohl nur zwölf Episoden gedreht wurden, erlangte die Serie schnell Kultstatus – unter anderem wegen der Folge *The Germans:* Cleese prägte darin den Satz *»Don't mention the war«,* der heute in Großbritannien zum geflügelten Wort geworden ist, wenn man einen Deutschen trifft.

immer eine wirklich gute Idee. Auf Last-Minute-Angebote darf man nicht hoffen.

Am teuersten sind Zimmer üblicherweise in den zentralen Stadtteilen wie Kensington, Covent Garden, Westminster, Knightsbridge oder der City of London. Etwas günstiger wird es in den Randbezirken wie Greenwich, Richmond, Kingston oder Stratford. Allerdings können auch hier Veranstaltungen etwa in der O2-Arena, im Olympic Park oder im Veranstaltungszentrum Excel die Preise in die Höhe treiben.

Wer nicht zwingend mit Blick auf das Parlament übernachten muss, sollte sich ein Hotel entlang der U-Bahn- oder Overground-Linien suchen, idealerweise in einem der Außenzentren, in denen es abends wegen vieler Restaurants, Kneipen und Kinos mindestens ebenso abwechslungsreich ist wie im West End. Zumal dort oftmals nicht nur die Übernachtungspreise deutlich günstiger sind, sondern auch Essen und Getränke – und vor allem die Parkgebühren.

Das Frühstück

Bed & Breakfast mag eine Erfindung der Engländer sein – üblich sind Kombipreise für Übernachtung und Frühstück aber nur in Pensionen. Hotelpreise beinhalten in der Regel kein Frühstück; es muss separat zugebucht und bezahlt werden. Dafür geben Hotels meist einen Preis fürs Zimmer an – egal, ob darin ein oder zwei Personen übernachten. In B&B-Unterkünften orientiert sich der Preis pro Person.

In Hotels wird oft zwischen *Continental* und *Full Breakfast* unterschieden, auch im Preis: Während das *Continental* häufig nicht viel mehr als Toast, Marmelade, Orangensaft, Müsli und Kaffee oder Tee beinhaltet, kommen beim *Full English Breakfast* auch warme Speisen hinzu: Eier, Speck, Bohnen und andere Dinge.

Wer keinen großen Wert auf ein umfangreiches Frühstück legt, kann in vielen Gegenden einfach in einen Coffee-Shop gehen. Dort schmeckt der Kaffee üblicherweise deutlich besser als in Hotels – ganz gleich, welcher Sternekategorie. Und am Ende kommt man günstiger davon.

Das Zimmer

Weil viele Hotels in London alt sind, entsprechen die Zimmergrößen oftmals nicht den heutigen Vorstellungen von Wohlbefinden. Es gibt nicht selten Räume, in die nicht viel mehr als ein Bett passt. Die Badezimmer sind teilweise winzig. Zur Ausstattung gehört allerdings immer ein Wasserkocher mit Teebeuteln und löslichem Kaffee. Dies ist in der Regel im Zimmerpreis inbegriffen, nicht aber alle kalten Getränke, die sich im Zimmer oder in einer eventuellen Minibar befinden. Achtung: Manche Kühlschränke sind mit Sensoren ausgestattet – sobald man eine Flasche bewegt, steht sie auf der Rechnung, egal ob sie getrunken wurde oder nicht. Bei Betten gilt die international übliche Beobachtung: Je weniger Sterne ein Hotel hat, desto weicher sind die Matratzen.

Das Badezimmer

In älteren Hotels gibt es noch immer einen Schutzschalter für das warme Wasser: Erst wenn dieser eingeschaltet ist, lässt sich heiß duschen. Zu finden ist er meist neben der Badezimmertür oder an einer langen Schnur direkt im Bad. Ein Fön darf laut britischem Recht nicht im Badezimmer genutzt werden – deswegen sind die Steckdosen dort nicht dafür vorgesehen. Sollte ein Fön zur Zimmerausstattung gehören, ist er meist in einer Schublade im Schreibtisch oder im Schrank zu finden. Allen Mischbatterien zum Trotz gibt es in vielen alten Hotels noch immer zwei getrennte Wasserhähne für heißes und kaltes Wasser. Das macht selbst das Händewaschen nicht immer einfach.

Der Feuerschutz

Feuerschutztüren, Rauchmelder und Sprinkleranlagen gehören in London zur Standardausstattung von öffentlichen Gebäuden – so auch von Hotels. Hier kommt jedoch noch eine weitere Besonderheit der britischen Sicherheitsmaßnahmen zum Tragen: Einmal in der Woche muss der Feueralarm geprobt werden. Dies geschieht üblicherweise an einem Werktag vormittags, wenn wenig Gäste im Haus sind, und wird rechtzeitig mit einem Aushang angekündigt. Mancher Gast ist aber dann eben doch vor Ort – also im Zweifelsfall nicht übermäßig wundern, aber unbedingt den Anweisungen des Personals folgen.

★ Do it yourself ★

The Savoy

Wunderschönes, unlängst komplett saniertes Art-déco-Hotel am Rande des Londoner West End, direkt neben dem Savoy Theatre. Das komplette Gegenteil der Hotels mit den winzigen Zimmern – hier gibt es alles, was Gäste glücklich macht. Nicht nur ausreichend Platz.

Strand, London WC2R 0EU · (020) 78 36 43 43
www.fairmont.com/savoy · U-Bahn: Embankment

Jugendherbergen

Das englische Jugendherbergswerk YHA bietet auch in London vergleichsweise preiswerte Alternativen zu Hotels an: Es gibt acht Jugendherbergen in der britischen Hauptstadt, von denen allein sieben ziemlich zentral liegen. Die Zeiten der Schlafsäle ist dabei längst vorbei: Die Häuser bieten auch ganze Zimmer für Beträge zwischen 30 und 50 Pfund. Übernachtungen im Mehrbettzimmer kosten in der Regel zwischen 13 und 20 Pfund.

In guter Lage befinden sich zum Beispiel das YHA Earls Court, das in einem alten Wohnhaus in der Nähe von Kensington untergebracht ist, sowie das YHA St. Paul's – direkt neben der St.-Paul's-Kathedrale. Es war ursprünglich eine Schule für die Mitglieder des Kathedralen-Knabenchors.

↗ www.yha.org.uk

11 Shopping

London kauft ein

Es dauert eine Weile, bis man auf Anhieb versteht, was die freundlichen Kassiererinnen von einem wollen. Sie fragen nach *»Advantage Card«*, *»Nectar«* oder *»Club Card«*, und sie sprechen dies in ihrer täglichen Routine so schnell und beiläufig aus, dass man als Fremder kaum eine Chance hat, ihr Anliegen zu begreifen. Kundenkarten sind in Großbritannien das A und O, und sie sind ganz offensichtlich nur der Beginn einer fortschreitenden Technisierung des Einkaufens. Denn längst sieht man in London auch allerorten Lebensmittelbringdienste, Online Shops ohnehin, und in fast jedem größeren Geschäft auch SB-Kassen. Und gerade die bringen manches Problem mit sich, wie eine Studie herausgefunden hat: Sie züchten offenbar eine neue Generation der Ladendiebe heran. Jeder fünfte Befragte der repräsentativen Untersuchung gab an, Waren am Scanner vorbei in die Tasche zu packen. Dadurch entstehe ein Schaden von jährlich 1,6 Milliarden Pfund (rund zwei Milliarden Euro).

Dabei hat die Studie nebenbei herausgefunden, dass die Ladendiebe offenbar gesünder leben: Das beliebteste Diebesgut an SB-Kassen ist demnach Obst und Gemüse (67 Prozent). Die Kunden nehmen allein aus diesem Bereich wöchentlich Waren im Wert von 15 Pfund pro Person mit. Ob es daran liegt, dass Äpfel und Möhren gemeinhin ohne Barcode wachsen? Genau wie übrigens Backwaren – 41 Prozent (Mehrfachnennungen waren möglich).

Auf die Frage, warum sie überhaupt auf diese Weise stehlen, gaben 32 Prozent der befragten Diebe an, sie würden an der SB-Kasse merken, nicht ausreichend Geld dabei zu haben. Übrigens ein fragwürdiges Argument, da zumindest in London selbst Kleinstbeträge wie der Café Latte bei Costa gerne umständlich mit Kreditkarte bezahlt werden. 41 Prozent räumten ein, dass sie allein deswegen an SB-Kassen stehlen, weil dies schlicht einfach sei. Eine absolute Spitzenposition belegt ein durch und durch menschlicher Grund: 57 Prozent erklärten ihren Diebstahl damit, dass sie vergebens versucht hätten, etwas zu scannen.

Ein Argument, das ich nur zu gut nachvollziehen konnte. In einem Supermarkt erwarb ich auf dem Weg zum Hotel eine Kleinigkeit zum Abendessen, außerdem zwei Dosen Bier und ein paar Tageszeitungen. Ich musste noch am Laptop arbeiten, und deswegen wollte ich das Abendessen gleich aufs Zimmer verschieben, zumal ich ohnehin keinen großen Appetit hatte. Es war später Nachmittag, und die Schlangen an den Kassen schienen immer länger zu werden. Also reihte ich mich dort ein, wo einige Kunden auf die nächste freie SB-Kasse warteten – von der Ladendiebstudie wusste ich zu diesem Zeitpunkt noch nichts, sonst hätte ich mir die Zeit mit dem genauen Beobachten der SB-Kassen vertrieben. Es war das erste Mal, dass ich in England an solch ein Gerät schritt. Kann ja nicht so schwer sein, sprach ich mir selbst Mut zu, ich war durchaus in der Lage, technische Errungenschaften wie Geldautomaten und Packstationen zu benutzen – warum also keine SB-Kasse?

Der Versuch artete in Hektik aus: Gleich zu Beginn wurde ich von einer Mitarbeiterin des Supermarktes darauf hingewiesen, dass mein Korb nicht auf den Boden gehöre, sondern auf die dafür vorgesehene Stelle an der Kasse. Als nächstes scannte ich das erste Teil, eine der Zeitungen, um sie anschließend in eine der rechts hängenden Plastiktüten zu stecken – allein: Die Tüten klebten zusammen, und ich benötigte gefühlte Ewigkeiten, um wenigstens eine davon so zu öffnen, dass man Dinge in sie hineinstecken konnte. Die Kasse piepte immer mal wieder und eine eher nüchterne Frauenstimme erklang aus ihr, um mich mit den Worten *»Please scan your next item«* im Rahmen des Möglichen freundlich darauf hinzuweisen, dass ich doch gefälligst mal weitermachen solle.

Ich war schon nach Artikel Nummer eins fix und fertig. Und ich merkte, wie die Schlange hinter mir immer länger wurde, und die an den »normalen« Kassen aus mir unerfindlichen Gründen immer kürzer. Der nächste Artikel war die erste der beiden Bierdosen, und sie führte zu einem großen Textfenster auf dem Monitor: Man solle sich an das Servicepersonal wenden, da dies ein Artikel für Über-18-Jährige sei. Die Mitarbeiterin von eben kam herbeigeeilt, sah mich kurz skeptisch an, scannte eine mit Barcode versehene Karte ihres Schlüsselbundes, tippte einmal auf den Monitor und verschwand wieder. Die zweite Dose musste nicht erneut bestätigt werden, allerdings versäumte ich es in der Hektik, sie schnell genug direkt in die Tüte zu legen. Die nüchterne Damenstimme aus dem Kassenautomaten erklang wieder: Ich solle doch jetzt mal endlich die Dose in die Tüte legen, wenn ich schon zu blöd sei, eine SB-Kasse zu nutzen, hörte ich sie sagen. In Wahrheit sagte sie: »Bitte legen Sie den Artikel auf die Ablagefläche.«

Ich suchte noch mehrere Barcodes, lernte, wie das Kundenbindungsprogramm in diesem Geschäft hieß, dass es offenbar Rabattcodes gibt und die Zahlungsmethoden weitaus reichhaltiger sind als in durchschnittlichen Online Shops. Am Ende brachte ich geschlagene sechs, sieben Minuten allein mit dem Scannen und Bezahlen meiner Artikel zu, und musste mehrfach der Verlockung widerstehen, den ganzen Einkauf einfach sein zu lassen und den Laden schnellstmöglich zu verlassen. Der Beruf der Kassiererin – er erschien für mich seit diesem Tage in einem ganz neuen Licht.

Was ist denn an Einkaufen so schwer?

Kommt darauf an: Der Londoner Einzelhandel ist durch und durch perfektioniert – das zeigt sich auch dadurch, dass man vielerorts selbst seine Tageszeitung an einer SB-Kasse kaufen kann. Supermärkte, Schreibwarenläden, Drogerieketten – überall stehen solche Geräte, bei denen teilweise sogar die Sprache auf Deutsch oder Französisch eingestellt werden kann. Es empfiehlt sich dennoch nicht, sich der britischen Masse an Ladendieben anzuschließen – nicht nur, weil dies grundsätzlich natürlich auch in Großbritannien illegal ist; die Ergebnisse der Studie überraschen auch, weil zumindest in einer Großstadt wie London die SB-Bereiche logischerweise mit ausreichend Überwachungskameras sowie Personal ausgestattet sind.

Ansonsten sind die Probleme mit SB-Kassen dieselben wie überall: Barcodes werden mitunter nicht erkannt, für Alkohol muss dann doch ein Angestellter vorbeikommen, um zu bestätigen, dass der Kunde mindestens 18 Jahre alt ist, Gutscheincodes werden nicht immer reibungslos akzeptiert oder müssen ebenfalls wieder durch Personal bestätigt werden (übrigens teilweise absurderweise auch, selbst wenn sie zuvor durch eine SB-Kasse erzeugt wurden), Geldscheine werden manchmal nicht erkannt, Rabattaktionen oft genauso wenig – und und und ... Wer auf Nummer sicher gehen will: Das Personal an den herkömmlichen Kassen freut sich über jeden, der seinen Arbeitsplatz sichert.

Kundenkarten

Auch so ein Trend, dem man schon seit Jahren in London nicht mehr entgehen kann: Jede halbwegs nationale oder internationale Kette gibt Kundenkarten aus. Sie heißen Nectar (ein branchenüberschreitendes Programm primär der Supermarktkette Sainsbury's, analog zu Payback), Boots Advantage (Punkte sammeln bei der größten Drogeriekette des Landes) oder Tesco Club (das Sammelprogramm der größten Supermarktkette) – und mit allen kann man sparen; zumindest wenn man zuvor ausreichend eingekauft hat. Die meisten dieser Karten sind für Touristen sinnlos, beziehungsweise werden ohnehin nur an Kunden mit britischem Wohnsitz *(UK Residents)* ausgegeben. Sinnvoll können bei einem längeren Aufenthalt bestenfalls Stempelkarten sein, die vor allem Coffeeshops und Restaurants ausgeben – beispielsweise neun Kaffee kaufen, einen gratis bekommen. Dennoch ist die Frage nach der Kundenkarte an der Kasse größerer Geschäfte obligatorisch – also nicht wundern.

24/7 – die Öffnungszeiten

London wäre nicht das Shopping-Mekka Großbritanniens, wenn es sich an die traditionellen Öffnungszeiten des britischen Einzelhandels halten würde. Pauschal gilt: Irgendwo gibt es immer etwas, egal zu welcher Zeit und an welchem Tag. Das Beste für viele Kunden: Der Sonntag ist in London an vielen Stellen und in vielen Branchen ein ganz normaler Einkaufstag. Doch im Einzelnen:

- **Supermärkte:** Viele haben 24 Stunden geöffnet oder zumindest bis tief in die Nacht, darunter auch riesige Märkte am Stadtrand. Doch Achtung: Diese Großmärkte werben zwar mit 24-Stunden-Öffnungszeiten, dies gilt jedoch nur für die Zeit von montags bis sonnabends. Am Sonntag dürfen auch sie per Gesetz nur einige Stunden öffnen. Kleine Märkte in Wohngegenden hingegen verkaufen selbst sonntags oft den ganzen Tag. Weniger erfolgreich wird man in den Geschäftsgebieten der Stadt sein, der City of London oder Canary Wharf. Hier hat sich der Einzelhandel auf die Bürozeiten eingestellt – und die sind auch in England kaum anders als in Deutschland, nämlich im Kern von montags bis freitags.

- **Einkaufsstraßen:** Auch relativ einfach – die Geschäfte in großen Fußgängerzonen und entlang der Shopping-Meilen wie der Regent Street oder Covent Garden sind sieben Tage die Woche geöffnet, meist von 10 bis 18 oder 20 Uhr; übrigens auch an den meisten Feiertagen. Kleinere Einkaufsstraßen mit eher individuellen, inhabergeführten Läden (etwa in Greenwich) gönnen sich den Sonntag meist als Ruhetag und lassen auch den Feiertag Feiertag sein.
- **Einkaufszentren:** Gehen grundsätzlich etwas lockerer mit Uhrzeiten und Feiertagen um. Je größer die Shopping Mall, desto wahrscheinlicher ist ein späte Ladenschluss (mitunter erst 21 Uhr) und vor allem eine Öffnung am Sonntag und an Feiertagen. Die Westfield-Einkaufszentren (Shepherd's Bush und Stratford) etwa öffnen an vielen Tagen bis 22 Uhr und auch sonn- und feiertags für einige Stunden. Gleiches gilt für große Bahnhöfe und Flughäfen – hier gleichen die Passagierterminals inzwischen Shopping Malls.
- **Banken und Behörden:** Sie tun es ihren deutschen Kollegen gleich – montags bis freitags sind Banken und die meisten Behörden geöffnet (meist bis maximal 17 Uhr), am Wochenende bleiben sie geschlossen, ebenso an Feiertagen, an denen viele Geschäfte öffnen. Eine Ausnahme ist die Post: Weil Postschalter wie in Deutschland inzwischen mitunter in Läden untergebracht sind, orientiert sich deren Öffnungszeit an den normalen Ladenöffnungszeiten. Achtung: Reguläre Postämter öffnen eher wie Behörden.

★ Do it yourself ★

Die schönsten Einkaufsstraßen

King's Road: Diese hübsche Straße in Chelsea ist gesät mit angesagten Boutiquen und Designer Shops, außerdem vielen Cafés und kleinen Restaurants. Die legendäre Designerin Vivienne Wetwood hat hier ihr Geschäft. ◎ U-Bahn: Sloane Square

Carnaby Street: Sie war so etwas wie der Geburtsort der hippen Mode der »Swinging Sixties«, später dann allerdings arg heruntergekommen. Inzwischen ist die Carnaby Street im Londoner West End wieder auf dem Weg, Heimat der alternativen Modelabels der Welt zu werden. ◎ U-Bahn: Oxford Circus, Piccadilly Circus

Bond Street: Die Heimat der Nobelmarken – hier haben sich die Traditionshersteller mit ihren wichtigsten Geschäften angesiedelt. Auch das Auktionshaus Sotheby's. ◎ U-Bahn: Bond Street, Piccadilly Circus

Regent Street: Es ist eine der überlaufendsten Straßen Londons und sicherlich nicht zur Rushhour zu empfehlen – aber es ist auch eine der schönsten Straßen der Stadt. Nach einem Durchhänger in den neunziger Jahren hat sich die Regent Street heute zu der Straße entwickelt, an der so ziemlich jede große Marke der Welt mit einem Flagshipstore vertreten ist. ◎ U-Bahn: Oxford Circus, Piccadilly Circus

Covent Garden/Seven Dials: Es ist gar nicht mal Covent Garden selbst, der für viele Ziel ist – es sind die vielen kleinen Geschäfte rund herum in den Seitenstraßen hin zu Seven Dials. Kleine Modelabels und große internationale Ketten sind hier vereint auf der Suche nach Leuten mit Geschmack. ◎ U-Bahn: Covent Garden

Weihnachtsshopping in London

Die Adventszeit beginnt an der Themse in etwa, wenn in Deutschland die ersten Spekulatius in den Geschäften auftauchen – und sie ist intensiv. Wirklich jedes Geschäft wird geschmückt und bereitet für die von Wettbewerbern hart umkämpfte Vorweihnachtszeit besondere Angebote vor. Wer Menschenmassen nicht scheut, wird zu dieser Zeit vor allem in der weihnachtlich geschmückten Oxford Street und der Regent Street in Stimmung kommen. Günstiger kommt oftmals davon, wer eines der großen Einkaufszentren aufsucht, etwa das Westfield London in Shepherd's Bush oder das Westfield am Olympic Park.

↗ http://uk.westfield.com/london

↗ http://uk.westfield.com/stratfordcity

Unbedingt kaufen

Die besten Souvenirs der anderen Art

1. Hartwig Brauns London-Bilder

Am Greenwich Market betreibt der deutsche Künstler Hartwig Braun seine Galerie und bietet hier Drucke, Tassen und andere Dinge mit seinen comicähnlichen 3-D-Szenen von London und anderen Städten an.

Greenwich Market, 5b Greenwich Market, London SE10 9HZ
www.hartwigbraun.com U-Bahn: Cutty Sark

2. Tee von Fortnum & Mason

Jeder rennt zu Harrods – dabei bietet das Traditionskaufhaus Fortnum & Mason wunderbare Lebensmittel aus der eigenen Serie. Nicht verpassen: Tee in unterschiedlichen Sorten.

181 Piccadilly, London W1A 1ER www.fortnumandmason.com
Mo–Sa 10–20 Uhr, So 12–18 Uhr U-Bahn: Piccadilly Circus, Green Park

3. London Dry Gin

Was den Schotten ihr Whisky, ist den Londonern ihr Gin. Die meisten Sorten gibt es hier in der britischen Hauptstadt – darunter viele, die bei uns üblicherweise nicht erhältlich sind, beispielsweise Greenhall, Mayfair oder The London Gin. Erwerben kann man ihn auch in der City of London Distillery, einer kleinen Brennerei mit Bar, Shop und Führungen.

22–24 Bride Lane, London EC4Y 8DT Mo-Fr 12–23 Uhr
www.cityoflondondistillery.com U-Bahn:St. Paul's, Blackfriars

4. U-Bahn-Utensilien

Das London Transport Museum am Covent Garden bietet in seinem Shop einzigartige Souvenirs: Kissen aus dem Bezug der Londoner U-Bahn-Sitzbänke, alte U-Bahn-Werbeposter oder Gepäckablagen. Das gibt's nur in London.

Covent Garden Piazza, London WC2E 7BB www.ltmuseum.co.uk
Shop: So–Di 10–18.30 Uhr, Mi, Do & Sa 10–19 Uhr, Fr 11–19 Uhr U-Bahn: Temple

5. Die gelbe Serie von Selfridges

Gelb ist die Unternehmensfarbe des Traditionskaufhauses Selfridges in der Oxford Street, und gelb ist auch das Motto des Yellow Stores im Haus. Große Hersteller haben dafür altbekannte Produkte in der Selfridges-Farbe designt. Das gibt's nur hier.

400 Oxford St, London W1A 1AB www.selfridges.com
Mo–Sa 9.30–22 Uhr, So 11.30–18.15 Uhr U-Bahn: Bond Street

6. Paddington Bear

Der kleine Bär, der von Mr. und Mrs. Brown im Bahnhof Paddington gefunden und mit nach Hause genommen wird, zählt zu den Klassikern der britischen Kinderbücher. Längst gibt es die Geschichten von Michael Bond auch bei uns, inzwischen wurden sie sogar verfilmt. Direkt am Bahnhof Paddington erinnert nicht nur eine Bronzestatue an die Kinderfigur – es gibt inmitten der Bahnhofshalle auch einen Paddington-Bear-Shop, der wunderbare Mitbringsel für Kinder bietet.

www.paddington.com/paddingtonstationshop.html

7. Käse von Paxton & Whitfield

Das Königshaus kauft hier ein, und genauso tun es andere, auf Qualität bedachte Londoner: Paxton & Whitfield ist der beste Ort für alle, die gerne Käse essen. In dem kleinen Geschäft in der Jermyn Street gibt es Hunderte Sorten, zahlreiche davon stammen aus England.

93 Jermyn St, London SW1Y 6JE www.paxtonandwhitfield.co.uk
Tgl. 9.30–18 Uhr U-Bahn: Piccadilly Circus

8. Teetassen der Queen

Das britische Königshaus ist eine Art Wirtschaftsunternehmen geworden. Das führt dazu, dass es inzwischen auch Souvenirs anbietet: In Schloss Windsor sowie während der Sommeröffnungszeit im Buckingham-Palast gibt es Skurriles wie das Teeservice der königlichen Familie oder Handtücher mit dem Schlosswappen.

www.royalcollection.org.uk

9. Meantime-Bier

Die kleine Brauerei in Greenwich hat zwar selbst keine allzu lange Tradition – doch sie braut nach traditionellen Rezepten. Die originellen Biere von Lager bis Stout sind nicht nur in Greenwich selbst erhältlich, inzwischen auch in allerlei Spirituosenläden und Supermärkten.

Lawrence Trading Estate, Blackwall Lane, London SE10 0AR
www.meantimebrewing.com
U-Bahn: Cutty Sark, North Greenwich (plus 20 Minuten Fußweg)

10. Parfüm von Floris

Das kleine Geschäft in der Jermyn Street ist nicht nur langjähriger Hoflieferant – hier pflegten auch Berühmtheiten wie James-Bond-Autor Ian Flemming ihre Düfte einzukaufen. Damen wie Herren finden hier garantiert etwas.

89 Jermyn St, London SW1Y 6JH www.florislondon.com
U-Bahn: Piccadilly Circus

12 Busse

London fährt Bus

Die Londoner Strafen sind berüchtigt – und dies nicht ganz zu Unrecht. Zwar muss hier niemand Stockhiebe oder Schlimmeres fürchten, wie etwa bis heute in Singapur. Doch wenn ein Bußgeldbescheid ins Haus flattert, hat es die zu überweisende Summe in der Regel in sich. So ist selbst für kleine Vergehen mit einem Auto, etwa das versehentliche Befahren einer Busspur, ein dreistelliges Bußgeld vorgesehen. Und auch im Nahverkehr sieht es nicht immer anders aus.

Ein junger Mann stand vor wenigen Jahren vor Gericht, weil er bei seinen Bus-Fahrten die Oyster Card seiner arbeitslos gemeldeten Frau benutzte und dabei erwischt wurde. Nun ist es eigentlich nicht verboten, diese bargeldlosen Zahlungskarten des öffentlichen Nahverkehrs in London auszutauschen; jedoch nur, wenn sie nicht für Rabatte freigeschaltet ist. In diesem Fall wurde der Frau wegen ihrer Arbeitslosigkeit ein Nachlass gewährt, der ihrem Mann nicht zustand. Er wurde von einem Kontrolleur erwischt und sollte 250 Pfund Strafe zahlen – oder vor Gericht gezerrt werden. Üblich sind für Fahrpreisvergehen in London 50 Pfund Bußgeld, das in vielen Fällen halbiert wird, wenn man umgehend zahlt.

In der Londoner Presse erregte der Fall viel Aufruhr – weniger wegen der Strafe an sich, sondern weil ein Journalist begann, zu recherchieren, was in Großbritannien noch alles mit 250 Pfund Strafe belegt worden ist: Eine Frau aus Lancashire etwa musste diesen Betrag zahlen, nachdem sie dreimal betrunken am Steuer erwischt worden war und im selben Atemzug ihren Führerschein verlor. Ein Taxifahrer kam 2008 mit 250 Pfund davon, als er mit überhöhter Geschwindigkeit einen Studenten überfuhr. Und ausgerechnet der Sohn einer früheren Gesundheitsministerin musste 2009 diese Summe begleichen, weil er mit Kokain erwischt wurde. Tenor: Das illegale Nutzen einer personalisierten Oyster Card – offenbar ähnlich kriminell wie Rauschgift, Rasen und Leute überfahren.

Es geht allerdings auch noch teurer: Ein hoher Angestellter aus der Londoner City musste Anfang 2014 nicht weniger als 43.000 Pfund zurückzahlen, weil er über fünf Jahre zu wenig für seine tägliche Pendelfahrt von East Sussex nach London gezahlt hatte. Er »versäumte« es einfach, beim Einsteigen seine Karte zu scannen, sah zu, dass er während der Fahrt nicht erwischt wurde – und zahlte am Ende beim Auschecken stets lediglich den höchsten abzubuchenden Betrag einer Tageskarte: 7,20 Pfund. Die 43.000 Pfund sind die Differenz zwischen gezahlten und eigentlich notwendigen Fahrtkosten.

Ich indes erlebte bei meiner ersten Fahrt in einem Londoner Bus etwas Gegenteiliges: Aus der U-Bahn war ich es gewohnt, meine Oyster Card beim Ein- wie auch beim Aussteigen gegen ein Lesegerät zu halten. Irgendein Computersystem errechnete dadurch in Windeseile die Anzahl der Stationen, die ich zurückgelegt hatte, und buchte den dafür fälligen Betrag von meiner Karte ab. Mir hatte niemand gesagt, dass für Busfahrten offenbar ein Pauschalbetrag gilt: Man scannt die Karte nur beim Einsteigen. Durch mein vermeintliches Auschecken wurde also der Betrag zweimal fällig. Wieso, fragte ich mich am Abend, muss ich meine Oyster Card eigentlich schon wieder aufladen? Ist Busfahren in dieser Stadt etwa teurer als U-Bahn-Fahren?

Wie macht man es richtig?

Natürlich ganz einfach: Indem man nie schwarzfährt – das ist aber mitunter gar nicht so einfach, wie man meinen sollte: In U-Bahnen müssen beim Betreten und Verlassen der Stationen mit der Oyster Card oder einer herkömmlichen Fahrkarte Barrieren geöffnet werden. Da ist Schwarzfahren im Grunde nicht möglich. Anders sieht es aber bei Bussen aus: Hier muss man nur einmal beim Einsteigen seine Karte scannen lassen, niemals aber beim Aussteigen! Dadurch würde erneut der Standardbetrag für eine Busfahrt abgebucht – abhängig davon, in welchem Teil Londons man sich gerade befindet.

Einfacher wird es dadurch, dass man in der Regel nur vorn in die roten Busse einsteigen darf. Wer den Fahrer passiert, muss seine Karte an das Lesegerät halten oder er wird dezent darauf hingewiesen, dies zu tun. Wichtig: Jeder Fahrgast muss seine eigene Oyster Card bei sich haben. Man darf nicht mit einer Karte zur selben Zeit etwa eine ganze Gruppe einchecken.

Ansonsten gelten für Busse die üblichen Regeln: Durchgehen, nicht im Weg stehen (auch nicht auf der Treppe in den oberen Teil), möglichst hinsetzen, Plätze für ältere, schwangere und gehbehinderte Menschen freimachen. Transport for London hat für werdende Mütter einen besonderen Service entwickelt: Man kann bei dem Unternehmen einen Button zum Anstecken bestellen, auf dem schlicht der Satz »Baby on Board« steht. Wer einen solchen trägt, ist schwanger und sollte einen Platz angeboten bekommen. Infos, Fahrpläne, Streckenpläne unter ↗ www.tfl.gov.uk

Die roten Busse

Sie fahren durch ganz London und das Umland, im Zentrum jedoch selten über lange Distanzen. Busse eigenen sich für kurze

Strecken – wer jedoch einmal komplett von West nach Ost oder von Nord nach Süd quer durch London möchte, sollte für solche längeren Strecken unbedingt die U-Bahn wählen. Sie kommt deutlich schneller voran. Zwar sind in den vergangenen Jahren zunehmend Busspuren eingerichtet worden, die zumindest die früher üblichen Verspätungen durch Dauerstaus minimieren; dennoch benötigt ein Bus allein wegen der dicht aufeinanderfolgenden Haltestellen eine gewisse Zeit für seine Strecke. Eindeutiger Vorteil der Busse: Sie fahren überirdisch – und man sieht eine Menge.

Viele Jahre wurde in London unterschieden zwischen *»Compulsory Stops«*, an denen Busse in jedem Fall halten, und *»Request Stops«* – solchen Haltestellen, an denen nur ein- und aussteigen darf, wer dies dem Fahrer zuvor per Handzeichen deutlich gemacht hat. Diese Praxis verschwindet zunehmend aus dem Alltag, hin zu einer generellen Anwendung der *»Compulsory Stops«*. Es empfiehlt sich dennoch immer, ähnlich wie in Deutschland, die »Stop«-Taste zu drücken, möchte man an der nächsten Haltestelle aussteigen. Wer an einer Haltestelle steht und den Bus nahen sieht, sollte vorsichtshalber per Handzeichen signalisieren, wenn er einsteigen möchte.

Nachtbusse

Anders als bisland U-Bahnen fahren Busse auf speziellen Linien die ganze Nacht über – und dies jeden Tag, nicht nur am Wochenende. Sie orientieren sich dabei oftmals am Verlauf einer U-Bahn-Strecke und starten mit Schließen der U-Bahn-Stationen. Nachtbussen ist in der Linienbezeichnung ein »N« vorangestellt. Auch nicht unwichtig: Sie fahren nicht am Tag – es gibt jedoch einige wenige herkömmliche Linien, die auch nachts fahren! Fahrpläne hängen an jeder Haltestelle, an den meisten sogar digitale Anzeigetafeln, und sind in Echtzeit im Internet abrufbar. ↗ www.tfl.gov.uk

Straßenbahnen

Vor Jahrzehnten wurden sie in ganz London nach und nach eingestellt, ihre Gleise herausgerissen, inzwischen jedoch erleben sie wieder eine Renaissance: Straßenbahnen gelten heute wieder als umweltfreundliche Methode des öffentlichen Nahverkehrs. Und sie sind viel günstiger zu bauen und zu unterhalten als U-Bahnen. Sie fahren auf neuen Gleisen derzeit im Süden des Stadtgebietes: Auf mehreren Linien von Wimbledon aus bis nach Croydon, New Addington, Elmers End und Beckenham Junction. Die Benutzung der Oyster Card ist übrigens bei Straßenbahnen nicht ganz einfach: Grundsätzlich muss man nur beim Einsteigen am Bahnsteig seine Karte an das gelbe runde Lesegerät halten, nicht beim Aussteigen – es sei denn, man steigt in Wimbledon aus: Hier muss in jedem Fall auch ausgecheckt werden.

Route Master

Er ist noch immer der Inbegriff der roten Londoner Busse – dabei war er eigentlich schon längst eingemottet zugunsten neuerer, umweltfreundlicherer Fahrzeuge: Der Route Master ist jener klassische Londoner Bus, in dem noch bis in die neunziger Jahre ein Schaffner mitfuhr und mit Kleingeld klimpernd neben einem stand, um wortlos die Fahrkarte sehen zu wollen. Fahrgäste mussten hinten einsteigen, nicht vorn – denn dort gab es gar keine Türen. Heute sind diese alten Busse noch auf zwei Linien im Einsatz sind: Linie 9 von Kensington High Street bis Aldwych und Linie 15 von Trafalgar Square bis Tower Hill. Sie kosten dasselbe wie die anderen Routen in dieser Gegend.

Die Associated Equipment Company aus London hatte den Route Master zwischen 1954 und 1968 für den Nahverkehr der britischen Hauptstadt gebaut. Rund 2.800 Fahrzeuge wurden in dieser Zeit fertiggestellt. Noch immer existieren Hunderte davon, auch wenn sie seit 2005 nicht mehr im regulären Einsatz sind – von den beiden Routen 9 und 15 abgesehen, auf denen der Bus aber eher als Touristenattraktion gedacht ist. Immer öfter stößt man hingegen auf das Nachfolgemodell: Den »New Routemaster«, der seit 2012 im Einsatz ist. Er wirkt wie ein sehr moderner Doppeldeckerbus, ist ebenfalls rot und hat zumindest auf einigen Strecken eine Tradition der alten Routemaster-Busse wiedergebracht: die stets geöffnete Hintertür. Dort steht (sofern sie offen ist) wie in alten Zeiten ein Schaffner, der allerdings keine Fahrkarten mehr verkauft, sondern einzig aus Sicherheitsgründen mitfährt.

Überlandbusse

Was Transport for London für den Nahverkehr der britischen Hauptstadt ist, stellt National Express für die nationalen Verbindungen dar. Das Unternehmen hat ein dichtes Netz an Städteverbindungen entwickelt, das einen von London aus meist jede Stunde in jede Richtung des Vereinigten Königreichs bringt. Zudem gibt es von allen wichtigen Flughäfen Verbindungen ins ganze Land – das kann vor allem sehr praktisch sein, wenn man nur eine Verbindung nach Heathrow oder Gatwick bekommt, eigentlich aber in den Südwesten oder den Norden des Landes möchte. Inzwischen gibt es auch Mitbewerber des Quasimonopolisten – die wichtigsten sind Megabus und Easybus, die das Modell der Billigflieger aufgegriffen haben und bei rechtzeitiger Buchung sehr günstige Tarife haben. Auch National Express hat inzwischen ein solches variables Preismodell eingeführt.

↗ www.nationalexpress.com
↗ http://uk.megabus.com
↗ www.easybus.co.uk

★ Do it yourself ★

London Bus Museum

Ein ganzes Museum, das sich dem Erhalt von Londoner Bussen widmet. Zu sehen sind Fahrzeuge aus den vergangenen 100 Jahren, dazu viel Wissenswertes über die Geschichte, Technik und den Einsatz auf den Straßen der britischen Hauptstadt.

London Bus Museum, Cobham Hall, Brooklands Road, Weybridge
(0 19 32) 83 79 94 www.londonbusmuseum.com Tgl. 10–16/17 Uhr
£ Erwachsene £ 11, Studenten/Senioren £ 10, Kinder (5–16 Jahre) £ 6
Zug: Weybridge

Touristenlinie 11

Wer sich die nicht ganz preiswerten Touristenrundfahrten sparen möchte, kann einfach die Buslinie 11 von Transport for London wählen: Sie fährt zwischen Liverpool Street Station und Fulham Broadway an fast allen wichtigen Sehenswürdigkeiten vorbei – unter anderem: Westminster Abbey, Big Ben, Churchill War Rooms, Downing Street, Hore Guards Parade, Trafalgar Square, St. Pazl's Cathedral, Bank of England, Millennium Bridge, Tate Modern, Aldwych Tube Station, Savoy Hotel, Scotland Yard. Kosten: Eine reguläre Busfahrt mit dem öffentlichen Nahverkehr.

13 Paläste

London bei der Königin

Ich nutzte in London die Chance, auch Buckingham Palace einen Besuch abzustatten. Die Regeln für den Wohn- und Dienstsitz der britischen Monarchen sind streng – deswegen ist ein Besuch für die Öffentlichkeit nur wenige Wochen in den Sommerferien möglich, dazu muss man sich vorab penibelst anmelden. Und am Ende werden die Einlasskarten – als ob es das Internet nie gegeben hätten – ganz traditionell per Post in alle Welt verschickt. Ich hatte Glück, dass ich ausgerechnet zur Zeit der Sommeröffnungszeit in London war.

Zu der besonderen Prozedur für einen Blick hinter die Kulissen der britischen Monarchie gehört auch, dass Besuche nur zu vorab festgelegten Uhrzeiten möglich sind. Man muss vorab entscheiden – wenn die Auswahl wegen der starken Nachfrage nicht ohnehin schon sehr gering ist –, wann man genau gedenkt, am Tor um Einlass zu bitten. In unserem Fall war die Entscheidung schnell getroffen: nach dem Frühstück, aber mit ausreichend Zeit für die Anreise.

Nun war mir London und dessen Verkehr inzwischen bestens vertraut. Ein noch so penibler Zeitplan konnte hier durch allerlei durchkreuzt werden: Stau auf den Straßen, ein unvorhergesehener U-Bahn-Ausfall, volle Busse, die niemanden mehr mitnehmen – oder auch schlicht: viel zu lange Fußwege. Nichts davon traf auf diesen Tag zu. Es war ein wunderschöner Sommermorgen. Die Vögel zwitscherten, eine ganze Stadt schien gut gelaunt, die Uhr – sie zeigte noch ausreichend Luft, als man sich Green Park näherte, einer der dem Palast nächstgelegenen U-Bahn-Stationen. Warum also nicht noch schnell einen Blick in die Geschäfte werfen, hier in der edlen Straße Piccadilly? Das legendäre Ritz befindet sich hier, dazu allerlei Geschäfte, in denen Ottonormallondoner üblicherweise nicht einkaufen.

Es waren schließlich nur noch 20 Minuten bis zum Einlass, als ich am Buckingham Palace eintraf. Genau genommen traf ich nicht dort ein, sondern am Ende einer langen Schlange, die in einer Art menschlicher Traube mündete: Der Vorplatz des Palastes mit dem pompösen Victoria Memorial war voll. So voll, dass es nur im Schneckentempo voranging, und irgendwann die Gewissheit reifte: Zurück geht auch nicht mehr. Eine Befürchtung schlich sich ein: Die wollen doch nicht alle mein Ticket haben?

Sie wollten nicht, wie sich in Höhe der offiziellen Eingangspforte herausstellte: Polizisten hatten hier den Fußweg abgesperrt, damit eine breite Gasse zur Mall geöffnet werden kann, jenem Prachtboulevard, der den Palast mit Trafalgar Square verbindet und an allerlei wichtigen Regierungs- und Königseinrichtungen vorbeiführt.

Es war 11.30 Uhr – und die Palastwache der Königin machte sich mit großem Tamtam bereit für die berühmte Wachablösung. Wie vor Jahrhunderten starten in den Sommermonaten täglich die bärenfellbemützten roten Soldaten an der *Horse Guards Parade* in Whitehall, um im militärischen Schritt zum Buckingham Palast zu marschieren und dort die nächste Schicht zu beginnen. Ein zweiter Zug marschiert zum St. James's Palace, der ebenfalls von den königlichen Wachen geschützt wird. Ein prachtvolles, aber täglich wiederkehrendes Ereignis, das man meist beim ersten London-Besuch abhakt – und dann offensichtlich verdrängt.

Ein gewisses Maß an Panik reifte: Wie, um Himmels Willen, sollte ich es jemals rechtzeitig zum noch weit entfernten Eingang für die Touren schaffen?

Da wollen Sie auch hin?

Londons Paläste mag mancher als kitschig ansehen – einen Besuch sind sie alle wert, wenn auch nicht alle für die Öffentlichkeit zugänglich sind. Dabei ist der Buckingham Palace übrigens bei Weitem nicht der Einzige. Im Verlauf der Jahrhunderte haben britische Monarchen allerlei Gebäude in und um die britische Hauptstadt bewohnt. Im Einzelnen:

- **Buckingham Palace:** Der aktuelle Wohn- und Dienstsitz des britischen Königs oder der britischen Königin. Nur wenn der Monarch vor Ort ist, weht die königliche Flagge auf dem Gebäude. Der Palast entstand zwischen 1761 und 1837 aus Buckingham House, dem früheren Stadthaus von John Sheffield, dem Herzog von Buckingham. Diesem Umbau fiel unter anderem ein Marmortorbogen zum Opfer, der am Rande des Hyde Parks wieder aufgebaut wurde – und heute als Marble Arch bekannt ist. Königin Victoria war die erste, die den Palast als Hauptresidenz nutzte. Buckingham Palace verfügt offiziell über 775 Räume – nur zwölf davon werden von der britischen Königin genutzt. Fast 300 Zimmer sind als Büros und Schlafräume für das Personal vorgesehen. Der Palast ist üblicherweise geschlossen, während des Sommerurlaubs der Queen jedoch können die Räume für Staatsbesuche und Bankette besichtigt werden.

  Buckingham Gate · www.royalcollection.org.uk
  August/September tgl. 9.30–18 Uhr (nur nach Voranmeldung!)
  £ Je nach Ticket £ 20,50–35,60 · U-Bahn: Hyde Park Corner

- **Tower of London:** Wilhelm der Eroberer ließ die Festung an der Themse im 11. Jahrhundert errichten, um sich vor den ihm nicht gerade wohlgesonnenen Londonern zu schützen. Seitdem kehrten die Monarchen ein und aus, seitdem wurde der Komplex mehrfach umgebaut. Bekannt wurde der Tower vor allem als jahrhundertelanger Aufbewahrungsort der britischen Kronjuwelen sowie als Gefängnis und Hinrichtungsort – übrigens weitaus länger als man dies vermuten sollte: Erst 1941 fand die letzte Hinrichtung im Tower statt. Bekannt sind bis heute auch die *Yeoman Warders,* einst Leibwache des Königs, heute Aufseher im Tower. Weil sie früher mit Rindfleisch beköstigt wurden, während sich das gemeine Volk dieses nicht leisten konnte, werden die *Warders* bis heute »*Beefeater*« genannt.

  Tower Hill   www.hrp.org.uk/TowerOfLondon
  Tgl. 9–16.30 Uhr (So/Mo ab 10 Uhr)   £ 24,50   U-Bahn: Tower Hill

- **Kensington Palace:** Der vergleichsweise unauffällige Palast in den Kensington Gardens war von 1981 bis 1997 Wohnsitz von Diana Spencer, der Prinzessin von Wales. Bekannt wurde er aber vor allem, weil dort 1819 Prinzessin Victoria geboren wurde. Sie erfuhr hier später vom Tod ihres Onkels Wilhelm IV., wodurch sie zur Königin wurde. Heute bewohnen Prinz William und seine Frau Kate einen Flügel des Palastes. Ein weiterer Teil ist für die Öffentlichkeit zugänglich. Kensington Palace entstand im 17. Jahrhundert aus dem früheren Nottingham House. Sir Christopher Wren gestaltete es für Mary II. und Wilhelm III. um.

  Kensington Gardens   www.hrp.org.uk/kensingtonPalace
  Tgl. 10–17 Uhr (im Sommer bis 18 Uhr)   £ 17,50
  U-Bahn: High Street Kensington, Queensway

- **St. James's Palace:** Der Palast unweit von Buckingham Palace ist Dienst- und Wohnsitz mehrerer Mitglieder der königlichen Familie. Traditionell werden hier die Könige proklamiert. Auch Clarence House, der einstige Wohnsitz von Queen Mum, liegt innerhalb der Palastmauern. Heinrich VIII. ließ den Komplex zwischen 1532 und 1540 errichten. Während der Personalunion mit dem Königshaus Hannover diente St. James's Palace als Sitz der Deutschen Kanzlei, die als Bindeglied zwischen den beiden Königreichen fungierte.

  Marlborough Road www.royal.gov.uk
  Nicht öffentlich zugänglich U-Bahn: Green Park, St. James's Park

- **Hampton Court Palace:** Der vielleicht beeindruckendste der Londoner Paläste liegt im Südwesten der Hauptstadt, bei Kingston upon Thames. Hampton Court entstand im Mittelalter aus einem Landgut und wurde zunächst zu einem Palast im Tudorstil ausgebaut. Zwischen 1528 und 1737 war das Anwesen beliebter Aufenthaltsort der britischen Könige, beginnend mit Heinrich VIII. Im 17. und 18. Jahrhundert wurden Teile des Schlosses im Barockstil umgebaut. Schon bald jedoch verloren die Monarchen den Gefallen an dem Anwesen – und es wurde zunehmend als Wohnsitz von Königsgetreuen genutzt. Bereits unter Queen Victoria wurden im 19. Jahrhundert Teile von Hampton Court für die Öffentlichkeit freigegeben. Heute kann das gesamte Areal besichtigt werden.

  Tgl. 10–16.30 Uhr £ 19,30 Hampton Court Road
  Per Zug ab Waterloo Station (Haltestelle Hampton Court)
  www.hrp.org.uk/HamptonCourtPalace

- **Kew Palace:** Der wohl unbekannteste Londoner Palast. Kew House befindet sich in den wunderschönen Kew-Gärten an einem Themse-Bogen im Westen Londons. Es entstand 1631 und erhielt wegen seines niederländischen Aussehens schnell den Beinamen »Dutch House«. König Georg III. erwarb das Gebäude im Jahr 1781. Königin Victoria öffnete die Gärten im 19. Jahrhundert für die Bevölkerung.

Tgl. 9–17.30 Uhr £ £ 16,50 (inkl. Garten) Royal Botanical Gardens Kew U-Bahn: Kew Gardens www.hrp.org.uk/KewPalace

- **Schloss Windsor:** Neben Buckingham Palace die Hauptresidenz der königlichen Familie im Umkreis der britischen Hauptstadt. Windsor Castle gilt als ältestes und größtes durchgehend bewohntes Schloss der Welt. Auch hier gilt: Wenn die Königin im Hause ist, weht ihre Flagge – in diesem Fall vom Rundturm. In der Regel zieht sich die Familie an den Wochenenden hierher zurück. Wilhelm der Eroberer war der Erste, der um das Jahr 1070 mit dem Bau des Schlosses begann. Seitdem wurde es im Laufe der Jahrhunderte durch unterschiedliche Könige immer wieder verändert und erweitert.

Castle Hill www.royalcollection.org.uk März–Okt. tgl. 9.45–17.15 Uhr, Nov.–Feb. tgl. 9.45–16.15 Uhr £ £ 19,20 Mit dem Zug ab London-Paddington oder London-Waterloo (Haltestelle Windsor)

- **Banqueting House:** Auch der letzte verbliebene Teil des alten Whitehall-Palastes kann heute besichtigt werden. Banqueting House ist der einzige Flügel, der 1698 einen Brand des Komplexes überstand. Jakob I. ließ das Gebäude zwischen 1619 und 1622 erbauen. Es war eines der ersten seiner Art in Großbritannien im klassizistischen Stil. Beeindruckend sind unter anderem die Deckengemälde.

Horse Guards Avenue www.hrp.org.uk/BanquetingHouse Tgl. 10–17 Uhr £ £ 6,60 U-Bahn: Westminster

- **Queen's House:** Das ehemalige Schloss in Greenwich am Südufer der Themse ist vor allem für die Personalunion zwischen Großbritannien und dem Königshaus Hannover von Bedeutung: Georg I. traf hier am 18. September 1714 erstmals in London ein. Vor seiner offiziellen Begrüßung in seiner neuen Heimat soll er hier übernachtet haben. Das Gebäude entstand von 1616 an für Anna von Dänemark, der Frau König Jakob I. Heute ist es Teil des National Maritime Museums in Greenwich Park.

  Romney Road, Greenwich www.rmg.co.uk
  Tgl. 10–17 Uhr £ Frei DLR: Cutty Sark

- **Eltham Palace:** Das fürstliche Anwesen in Greenwich am Südufer der Themse diente im 14., 15. und 16. Jahrhundert als königliche Residenz. Der spätere König Edward II. erwarb den Palast im Jahr 1305. Heinrich VIII. verlebte hier seine Kindheit. Edward IV. ließ um 1470 die große Halle erbauen, die bis heute erhalten geblieben ist. Der Rest des Gebäudes stammt überwiegend aus den dreißiger Jahren des 20. Jahrhunderts. Besuchenswert ist vor allem auch der prächtige Garten.

  Court Yard, Eltham, Greenwich www.elthampalace.org.uk
  Mit dem Zug ab Victoria oder London Bridge (Haltestelle Mottingham, Eltham)

Changing of the Guard

Die feierliche Ablösung der Palastwachen ist eines der größten täglichen Spektakel Londons. Die Wachen stehen bis heute in ihren roten Uniformen und den dunklen Bärenfellmützen vor dem Buckingham Palace, dem St. James's Palace sowie Windsor Castle. Jeden Vormittag um 11 Uhr (im Sommer, sonst nur alle zwei

Tage) bereitet sich die Ablösung an der Horse Guards Parade in Whitehall auf den Marsch zu den Palästen vor. Gegen 11.30 Uhr erreichen die Wachen Buckingham Palace.

Die sogenannten *»Foot Guards«* bewachten übrigens traditionell St. James's Palace. Erst als Queen Victoria 1837 in den Buckingham-Palast einzog, wurde eine zweite Wache dort eingerichtet.

Damit Sie beim nächsten London-Besuch mit Wissen glänzen können – die Regimenter der Palastwachen:

Regiment	Verteilung der Knöpfe auf der Uniform	Kragenabzeichen	Feder auf der Bärenfellmütze
Grenadier Guards	Einzeln, insgesamt acht	Granate	Weiß, links getragen
Coldstream Guards	zwei	Garter Star	Rot, rechts getragen
Scots Guards	drei	Distel	Keine Feder
Irish Guards	vier	Kleeblatt	Blau, rechts getragen
Welsh Guards	fünf	Lauch	Grün und weiß, links getragen

🕘 Mai–Juli täglich, sonst an jedem ungeraden Tag, 11 Uhr Horseguards Parade, 11.30 Uhr Buckingham Palace, 11 Uhr Schloss Windsor (dort nicht sonntags), Achtung: Die Prozedur entfällt ersatzlos bei sehr nassem Wetter.

Die Schlüsselzeremonie

Nicht nur im Buckingham-Palast lebt die Tradition fort – auch im Tower of London. An jedem Abend wird die Anlage feierlich verschlossen, und zwar in einer um exakt 21.53 Uhr beginnenden, kurzen Prozedur. Der *Chief Yeoman Warder*, der oberste Wächter, macht sich in seiner Tudor-Uniform auf zu den Toren des Byward-Turms. Dort trifft er auf die Schlüsselwache. Gemeinsam beginnen sie, sämtliche Tore zu schließen, um am Ende am Posten des *Bloody Tower Archways* anzugelangen. Hier spielt sich an jedem Abend folgender Dialog ab:

Der Wachposten fragt: »Wer geht da?« *(»Halt! Who comes there?«)*

Der Wächter antwortet: »Die Schlüssel.« *(»The Keys.«)*

Woraufhin er gefragt wird: »Wessen Schlüssel?« *(»Whose keys?«)*

»Queen Elizabeths Schlüssel«, lautet die Antwort. *(»Queen Elizabeth's keys. «)*

Und abschließend sagt der Wachposten: »Reich mir Queen Elizabeths Schlüssel. Alles ist gut.« *(»Pass Queen Elizabeth's Keys. All is well.«)*

Nachdem alle Tore verschlossen sind, spielt ein Trompeter einen letzten Takt. Diese ganze Prozedur dauert kaum länger als zehn Minuten und wäre in Zeiten, in denen wichtige Gebäude ohnehin 24 Stunden lang überwacht werden, auch verzichtbar. Doch London hält an dieser 700 Jahre alten Tradition fest.

Auch Gäste können der Zeremonie kostenlos beiwohnen – allerdings nur nach langer Voranmeldung. Das Zuschauen muss sechs bis acht Wochen vorher schriftlich per Post beantragt werden bei: Keys Office Tower of London, London EC3N 4AB, Great Britain. In dem Antrag müssen die Namen aller Teilnehmer stehen, außerdem ein mit britischen Briefmarken ausreichend frankierter, adressierter Rückumschlag beziehungsweise zwei internationale Antwortscheine. Infos unter (00 44) 0 20 31 66 62 78 www.hrp.org.uk/TowerOfLondon/WhatsOn/theceremonyofthekeys

Do it yourself

Einer für viele: Der Kombipass

Einige der Paläste werden von der Stiftung Royal Historic Places verwaltet, die einen Kombipass ausgibt: Der **Royal Pass** ermöglicht reduzierten Eintritt zum Tower of London, Hampton Court Palace, Kensington Palace und dem Banqueting House. ↗ www.hrp.org.uk/royalpass Erhältlich auch vorab bei VisitBritain: ↗ www.visitbritainshop.com

14 Gentlemen's Clubs

London unter sich

Es ist in einer Acht-Millionen-Einwohner-Stadt nicht ganz leicht, mal unter sich zu sein. Das dachten sich vermutlich auch jene, die im 19. Jahrhundert in der britischen Hauptstadt begannen, Gentlemen's Clubs zu gründen. Die haben wenig mit der deutschen Vereinslandschaft zu tun, sondern sind seit jeher einer bestimmten Gruppe von Menschen vorbehalten, oft einer eher elitären. Da sind Politiker unter sich, da treffen sich hochkarätige Wissenschaftler zum Tee, da kommen Mitglieder des Königshauses mit Vertretern aus der Wirtschaft zusammen. Und niemand stört sie je, denn Gentlemen's Clubs sind traditionell nicht öffentlich.

Wer mitmachen will, muss sich einer oft langwierigen Aufnahmeprozedur unterziehen und vor allem die in der Regel nicht unerheblichen Mitgliedsbeiträge zahlen. Meist ist ohnehin eine Empfehlung von bestehenden Mitgliedern notwendig, denn ein einfaches Aufnahmeformular für jedermann gibt es nicht. Man möchte schon genau wissen, wer sich da um einen Platz in den begehrten Reihen bewirbt. Schließlich soll im Idealfall auch nicht viel von dem nach außen dringen, das in den Clubräumen besprochen wird. Und meist klappt dies auch.

Mein eigener Besuch war von kurzer Dauer – und genauestens geplant: Für ein Gespräch durfte ich einen der Clubs besuchen, wurde jedoch vorab über die strengen Regeln aufgeklärt. Und fast während des gesamten Aufenthalts nicht aus den Augen gelassen.

Gentlemen's Clubs sind eine Oase im lebhaften London, ein Ort, an dem sich langjährige Mitglieder auf einen Tee vor dem Kamin zurückziehen, um in der Zeitung zu blättern. Oder zu einem der offiziellen Treffen zusammenkommen.

Der frühere Monty-Python-Star Michael Palin dürfte eine ganz besondere Beziehung zumindest zu einem der großen Londoner Gentlemen's Clubs haben. Nach einer 79 Tage und sieben Stunden dauernden Weltreise kehrte der Schauspieler 1989 zurück zum Londoner Reform Club, wo er für eine BBC-Serie auch gestartet war. In maximal 80 Tagen wollte er die Welt umrunden, ganz so wie es Phileas Fogg in Jules Vernes gleichnamigen Roman getan hatte – ohne Flugzeug, ohne die angenehmen Errungenschaften, denen sich Reisende der heutigen Zeit gewöhnlicherweise bedienen können. Am Ende schaffte er es jedoch nur mit eingeschränktem Erfolg: Palin hatte seine Reise zwar in der vorgegeben Zeit absolviert– doch es gelang ihm nicht, exakt zu jenem Ausgangsort zurückzukehren, von dem auch Phileas Fogg im Roman gestartet war. Am Eingang des Reform Clubs, einem der bekanntesten Londoner Gentlemen's Clubs, verwehrte man ihm – vor laufenden Kameras – den Einlass. Nicht etwa, weil man ihn nicht erwartet hätte oder etwa nicht erkannte. Doch Palins Erscheinungsbild entsprach nach fast 80 Tagen auf Tour einfach nicht mehr den strengen Clubregeln – die sahen unter anderem zwingend ein Sakko und eine Krawatte vor. An alles hatte Palin nach seinem aufregenden Trip durch den Nahen Osten, Asien und Nordamerika gedacht – daran nicht.

Wo finde ich denn Englands »Clubland«?

Das Londoner West End gilt als Geburtsort der britischen Gentlemen's Clubs und wird deswegen bis heute gern als *»Club-*

land« bezeichnet. Diese Einrichtungen entwickelten sich aus der Tradition der *Coffee Houses* heraus, der Kaffeehäuser Londons. Weil gewisse Gruppen – etwa Politiker, Wissenschaftler oder Händler – unter sich sein wollten, entschieden sich immer mehr zu einer Aufnahmeprozedur, mit einem wichtigen Detail: Fast alle Clubs waren von Beginn an für Frauen tabu, deswegen der Oberbegriff »Gentlemen's Clubs«. Zu den ersten ihrer Art gehörten der White's Club und der Brooks's Club. In ihnen entwickelte sich zudem der Hang zum Spielen – einem Zeitvertreib, der nur hier außerhalb der Öffentlichkeit möglich und ansonsten verboten war. Unter anderem dies dürfte den schnellen Erfolg der Clubs erklären. Allein in London gab es in der Hochphase der Gentlemen's Clubs während des 19. Jahrhunderts insgesamt mehr als 400 Stück. Dazu kamen etliche in weiteren britischen Städten sowie allen Kolonien des Vereinigten Königreichs. Auch Frauen gründeten von Ende des 19. Jahrhunderts an ihre eigenen Clubs. Die Öffnung zumindest einiger weniger Gentlemen's Clubs auch für Damen erfolgte erst in den siebziger Jahren des 20. Jahrhunderts – und auch dann nur sehr zögerlich.

Der Reform Club

Der Reform Club ist einer von nach wie vor mehreren Dutzend Londoner Gentlemen's Clubs. Wobei diese Bezeichnung heute nicht mehr ganz zutrifft: Inzwischen haben hier auch Frauen Zutritt – rund 500 der inzwischen 2.700 Mitglieder sind weiblich. Gegründet worden war der Reform Club 1836 jedoch als reiner Männerverein – ursprünglich für die Anhänger des *Reform Act*, der Wahlkreisreform von 1832. Da diese überwiegend zu den Whigs zählten, einem Vorläufer der Liberaldemokratischen Partei Großbritanniens, haftete dem Reform Club lange das Siegel einer liberalen Vereinigung an. Mit knapp 1.000 Mitgliedern zählt er schon im Gründungsjahr zu den größten und schnell auch den bekanntesten Londoner Clubs. Ein Grund, weshalb Jules Verne ausgerechnet ihn durch seinen Roman weltberühmt machte. Bekannte Mitglieder waren unter anderem die Schriftsteller Arthur Conan Doyle und H. G. Wells, außerdem Charles Grey, der zweite Earl Grey, nach dem der bekannte aromatisierte Tee benannt ist.

Ganz einfach ist eine Aufnahme in den Club indes nach wie vor nicht: Akzeptiert wird nur, wer von anderen Mitgliedern empfohlen wurde, außerdem erhebt der Club neben der Aufnahmegebühr von knapp 2.000 Pfund einen jährlichen Mitgliedsbeitrag in fast derselben Höhe. Dafür erwartet einen eine exklusive Gemeinschaft in einem einzigartigen Ambiente: Im edlen Clubhaus in der Pall Mall gibt es neben mehreren Salons mit Kamin und exquisiter Verpflegung auch eine der größten und umfangreichsten privaten Bibliotheken Englands: Rund 85.000 Titel sind in den deckenhohen Regalen versammelt. Erst vor Kurzem wurden mehrere Räume und alte Gemälde des Clubs aufwendig restauriert. Das gesamte Gebäude, das aus dem Jahr 1841 stammt, versprüht den Hauch der Geschichte. Ein kleineres Speisezimmer etwa trägt nach wie vor den Namen *Cabinet Room*, weil der frühere Premierminister Herbert Henry Asquit hier Treffen mit seinen Ministern abgehalten haben soll. Das Clubleben hat sich zu einem großen Netzwerk entwickelt: Es gibt heute unterschiedliche Gruppen – etwa eine für Außenpolitik –, die in regelmäßigen Veranstaltungen Entscheider aus aller Welt an einen Tisch bringen. Einer speziellen politischen Partei sieht sich der Club jedoch schon lange nicht mehr verpflichtet – wie übrigens inzwischen die meisten Gentlemen's Clubs der Stadt. Bekannt sind neben dem Reform Club auch der Carlton Club (ursprünglich von Mitgliedern der konservativen Partei gegründet), der ursprünglich für Mitglieder aus Kunst und Wissenschaft gedachte Athenaeum Club, der vor allem von Schauspielern geschätzte Garrick Club oder der Travellers Club, der älteste noch erhaltene Club an der Pall Mall. Manche haften mehr an ihren Wurzeln, andere weniger – so können Frauen beispielsweise im Carlton Club bis heute nicht Vollmitglied werden, sondern nur einen assoziierten Status erhalten.

Der Dresscode

Für Männer gilt in den Londoner Gentlemen's Clubs: Sakko und Krawatte, außerdem gute Schuhe – am besten man kommt im Anzug. Ein gepflegtes Erscheinungsbild ist notwendig, um die erste Hürde zu nehmen: den Türsteher. Für Damen gilt – so sie denn zugelassen sind – Entsprechendes: am besten ein dezentes Geschäftsreisen-Outfit.

Die Gesprächsthemen

Kunst, Kultur, Sport, ein Loblied auf Großbritannien – das sollte es gewesen sein. Politik hingegen gilt in London nicht als Smalltalk-tauglich, genauso wenig wie eventuelle Kritik am Königshaus oder Lästereien über irgendjemanden. Das empfiehlt sich übrigens selbst abends im Pub nicht – es sei denn, das Gegenüber beginnt mit einem dieser Themen. Ansonsten ist Schweigen in einem Gentlemen's Club nie verkehrt: Viele kommen hierher, um am Feuer eine Zeitung zu lesen, in Ruhe einen Tee zu trinken oder etwas zu essen. Nur wenige erwarten dort übertriebene Konversation.

★ Do it yourself ★

Reform Club. Touren gibt es nur für Gruppen nach vorheriger Vereinbarung. Der Club beteiligt sich jedoch in der Regel auch an der Architekturreihe »Open House London«, bei dem in jedem September an einem Wochenende sonst verschlossene Gebäude zugänglich sind.

↗ www.openhouselondon.org.uk

↗ www.reformclub.com

The Gentlemen's Clubs of St James's. Tour durch das Londoner »Clubland«.

↗ www.footprintsoflondon.com

Typisch britisch

Was London und England einzigartig machen

1. Linksverkehr

Er ist der Schrecken eines jeden Besuchers aus Kontinentaleuropa – dabei gewöhnen sich die meisten innerhalb weniger Tage daran. Autos fahren in England nach wie vor auf der linken Seite, und auch wenn sich zwei Fußgänger begegnen, weichen sie meist auf diese Weise einander aus. Es gibt eine einzige Straße in England, in der Rechtsverkehr herrscht: der Savoy Court, eine Stichstraße von Strand.

2. Britische Maße

Es gibt Grenzen, die auch die Europäische Union in ihrem Regulierungswahn nicht zu überwinden vermocht hat: Während ganz Europa Distanzen in Kilometer misst, Getränke in Milliliter und Liter ausschenkt, und Geschwindigkeiten in km/h angibt, hat sich Großbritannien seine alten Einheiten bewahrt: Vom Pint über die Meile bis zu Yard und Feet. Ohne Taschenrechner kaum zu überschauen.

3. Pub

Gut, es gibt auch in anderen Ländern der Welt Kneipen – aber keine ist so wie ein echter englischer Pub, der gewöhnlich mehr einem Wohnzimmer denn einer Trinkhalle gleicht. Ausgeschenkt wird randvoll, Getränke holt und zahlt man als Gast direkt an der Theke. Und wenn die Damentoilette mal nicht direkt im Pub angesiedelt ist, sondern irgendwo im Hinterhof, nicht wundern: Vor Jahrhunderten waren Pubs eine Männerdomäne – als auch Frauen diese Orte aufsuchten, musste eiligst nachgerüstet werden. Nicht überall ist dies perfekt gelungen.

4. Das Königshaus

Alle Jahre wieder diskutieren britische Medien die Existenzberechtigung des Königshauses – bislang hat es viele Jahrhunderte überlebt, und auch heute denkt niemand ernsthaft daran, es aufzulösen.

Die Briten mögen Demokratie und Freiheit; aber sie hängen auch an den traditionellen Ritualen, die sich um die Monarchen entwickelt haben.

5. Kreisverkehr

Was langsam auch im Rest Europas wieder in Mode kommt, scheint in Großbritannien perfektioniert worden zu sein: der Kreisverkehr ist ein wichtiger Bestandteil des britischen Straßennetzes. Selbst Schnellstraßen münden früher oder später in einem solchen. Die Überlandfahrt abseits der Autobahn kann so zu einem lästigen Anfahren und Abbremsen werden.

6. Das Pfund

Kurzzeitig hatte die britische Regierung noch mit dem Beitritt zum Euro-Raum geliebäugelt, bis die Umfragen sie eines Besseren belehrten: Kaum ein Brite hat sich jemals die Abschaffung seines geliebten Pfund Sterlings gewünscht. Die Euro-Krise scheint einen Beitritt des Vereinigten Königreichs zum Euro-Raum endgültig ausgeschlossen zu haben. Das Pfund ist ein Stück britischer Identität.

7. Pimm's & Lemonade

Die genauen Inhaltsstoffe beziehungsweise deren Zusammensetzung sind unbekannt, doch Pimm's hat sich über Jahrzehnte zum Sommergetränk schlechthin unter Engländern entwickelt: Der dunkle, leicht bittere Likör wird mit Zitronenlimonade, Gurke und Obst getrunken und hat von den Pferderennbahnen und Palästen längst seinen Siegeszug auch in die kleinsten Kneipen des Landes angetreten.

8. Bobby

Sie sind der Inbegriff britischer Polizisten, dabei bilden sie genau genommen nur einen kleinen Teil des Polizeiwesens. Bobbies, jene Streifenpolizisten, die im Allgemeinen zu Fuß unterwegs sind, tragen bis heute keine Schusswaffen, sondern Schlagstöcke. Ihr Spitzname entstand in Anlehnung an den früheren Innenminister Robert Peel, der das Polizeiwesen Großbritanniens entscheidend geprägt hat.

9. Fish and Chips

Gesunde Ernährung hin oder her – Fish and Chips bleiben ein fester Bestandteil der britischen Küche. Dabei legt man hierzulande trotz allen Frittierfetts sehr viel Wert auf Qualität: Der Fisch kommt häufig frisch vom Markt, die Pommes Frites werden zumindest in guten Restaurants frisch aus großen Kartoffeln geschnitten. Gegessen werden Fish and Chips üblicherweise mit viel Salz und Malzessig, außerdem auf Wunsch auch mit einer Art Remouladensoße.

10. Fußball

Es ist inzwischen nachgewiesen, dass es einen Vorläufer des Fußballspiels bereits im vorchristlichen Alter in China gegeben haben muss – doch die Heimat des modernen Ballsports bleibt Großbritannien. Studenten der Universität Cambridge legten Mitte des 19. Jahrhunderts als erste die Regularien fest. Mit der Football Association (FA) entstand 1863 in London der erste Fußballverband der Welt.

15 Film und Fernsehen

London macht Karriere

Wenn es bei der Standortwahl so etwas wie einen Hauptgewinn gibt, dann ist er an Chris Georgiou gegangen. Als er vor Jahren in der North Gower Street 187 Speedy's Café eröffnete, war die Gegend vor allem eines: ruhig und beschaulich. Der Bahnhof Euston lag um die Ecke, ein paar Büros und vor allem Wohnungen prägten diese hübsche Straße. Doch dann kam Sherlock Holmes.

Als die BBC 2010 mit den Dreharbeiten zur ersten Staffel ihrer Serie *Sherlock* begann, wählte sie ausgerechnet das Haus in der North Gower Street 187 als Wohnort des Meisterdetektivs aus. Im Fernsehen steht das Gebäude zwar eng an die Romanvorlage angelehnt in der Baker Street 221B – doch diese Adresse fiel für die Dreharbeiten flach: Nicht nur, weil das dortige Gebäude ein Sherlock-Holmes-Museum beinhaltet; die ganze Straße ist zugepflastert mit Anspielungen auf die Romanreihe. Zu aufwendig wäre es gewesen, dies alles zu entfernen.

Georgiou, der seit Jahrzehnten in der Londoner Gastronomieszene arbeitet, konnte es nur recht sein: Seit Ausstrahlung der ersten Staffel pilgern Sherlock-Fans aus aller Welt in die North Gower Street, und nicht wenige machen auch Station in seinem Café, das inzwischen nicht nur über eine Website verfügt, sondern längst auch über Souvenirs wie T-Shirts und Becher, bedruckt mit dem aus der Fernsehserie bekannten Speedy's-Logo.

Einen großen Vorwurf der Verfälschung muss sich die BBC übrigens bei der Standortwahl gar nicht mal machen lassen: Als

Sir Arthur Conan Doyle 1886 seine Figur Sherlock Holmes schuf und sie in der Baker Street 221B verortete, gab es diese Hausnummer noch gar nicht. Die Straße war lediglich bis zur 100 durchnummeriert.

Wie so oft in Film und Fernsehen ist vieles in der Serie *Sherlock* nicht ganz so wie es scheint: Die U-Bahn-Szenen in der dritten Staffel etwa spielen irgendwo entlang der Westminster Station – gedreht wurden sie jedoch größtenteils in Aldwych, einer stillgelegten U-Bahn-Station an der Straße Strand, die wegen ihrer Authentizität seit Jahrzehnten bevorzugt von Filmcrews gebucht wird. Auch Superman hat hier unten bereits die Welt gerettet.

Da *Sherlock* streng genommen eine Produktion von BBC Wales ist, werden große Teile der Serie ohnehin gar nicht in London, sondern in den Studios in Cardiff gedreht, beziehungsweise in Landschaftsgebieten außerhalb der walisischen Hauptstadt. So wanderten Sherlock Holmes und Dr. Watson beispielsweise in Staffel zwei auch nur teilweise durchs Dartmoor, wie in der Serie vermittelt wurde – größtenteils befanden sie sich in der Realität in der mindestens ebenso schönen Natur von Wales.

Tatsächlich existiert hingegen die falsche Fassade aus der dritten Episode in Staffel drei *(»His Last Vow«):* Das Haus 23–24 Leinster Gardens im Stadtteil Bayswater besteht nur aus einer 1,5 Meter dicken Hauswand mit grau bemalten Fenstern. Um 1860 herum wurde es konstruiert, um das Häuserensemble in dieser noblen Gegend nicht zu stören: Hinter der Fassade verläuft ein offener Tunnel der Londoner U-Bahn, die in jener Zeit gebaut und anfangs noch mit Dampfloks betrieben wurde. Deswegen war es notwendig, die Tunnel in regelmäßigen Abständen großflächig zu entlüften. Hier wollte man es sich nicht mit den Anwohnern verscherzen und versteckte die Öffnung hinter der Fassade.

Was nicht jedem geläufig war: In den dreißiger Jahren verkaufte ein Betrüger in großem Stil Karten für einen vermeintlichen

Wohltätigkeitsball in den Leinster Gardens 23–24: Die Gäste erschienen voller Erwartung in Abendgarderobe mit ihrer Eintrittskarte – um festzustellen, dass sie das Haus niemals werden betreten können und ihr Geld alles andere als einem wohltätigen Zweck zugutegekommen war.

Also alles falsch in Film und Fernsehen?

So nun auch wieder nicht. London bietet exzellente Filmdrehorte, die gerne auch so benutzt werden, wie man sie im Alltag vorfindet. James Bond etwa ist in seinen jüngeren Fällen immer wieder im MI6-Hauptquartier in Vauxhall direkt an der Themse zu sehen, das tatsächlich der Sitz des britischen Auslandsgeheimdienstes ist. Nur wurde es bei den Dreharbeiten selbstverständlich nie beschädigt, wie im Film *Skyfall* – die entsprechende Szene entstand an einem Modell in den Studios. Viele Jahre war es ohnehin nicht gestattet, das Gebäude im Film zu zeigen. Autor Ian Fleming, während des Zweiten Weltkrieges selbst Mitarbeiter des britischen Geheimdienstes, hatte den Sitz der Behörde in seinem Roman eigentlich am Regent's Park verortet. Als Tarnname fungierte bei ihm sowie in den frühen Filmen die fiktive Firma Universal Exports.

Das Riesenrad London Eye war bei James Bond Drehort, ebenso der Millennium Dome (jetzt »The O2« genannt), außerdem das Parlament sowie Somerset House, das in *Goldeneye* kurzerhand als Gebäude in St. Petersburg ausgegeben wurde. Die Filmreihe hat insgesamt einen engen Bezug zu London – nicht nur wegen des Dienstsitzes von 007. Die Pinewood Studios westlich von London sind von Beginn an Produktionsstätte sämtlicher James-Bond-Filme gewesen. Sie sind für Außenstehende jedoch nicht zu besichtigen.

Pinewood Studios

Die Pinewood Studios sind die Heimat der James-Bond-Filme. Sie wurden 1934 in Buckinghamshire westlich von London gegründet und befinden sich bis heute hier in eher ländlicher Umgebung. Große Kulissen entstanden in den Studios, unter anderem das Innere des Supertankers in *Der Spion, der mich liebte.* Berühmte Filme, die hier gedreht wurden, sind neben den James-Bond-Titeln auch *Tschitti Tschitti Bäng Bäng, Supermann, Batman, Full Metal Jacket, Mission: Impossible* oder *Da Vinci Code.* Die Studios sind nicht für die Öffentlichkeit zugänglich.

Harry Potter

Unnötig zu sagen: Den Bahnhof King's Cross gibt es zwar wirklich in London, und hier wurden tatsächlich auch Aufnahmen für die Harry-Potter-Filme gedreht; ein Bahnsteig mit der Nummer 9 ¾ existiert aber selbstverständlich genauso wenig wie ein Zug nach Hogwarts. Allerdings erinnert seit einiger Zeit ein Schild mit der Bahnsteigbezeichnung an die Filmreihe, darunter ein halb in der Wand verschwundener Gepäckwagen. Gedreht wurde zwischen den Bahnsteigen 4 und 6. Für Außenaufnahmen nutzte man den benachbarten Bahnhof St. Pancras – weil dessen Backsteingotikfassade einfach deutlich eindrucksvoller daherkommt und perfekt zu den übrigen Kulissen der Filmreihe passt.

Den schmuddelige Pub »Zum tropfenden Kessel« im Film *Harry Potter und der Gefangene von Askaban* findet man in 7 Stoney Street. Die Gringotts-Bank aus *Harry Potter und der Stein der Weisen* ist in Wahrheit das Australia House, die Botschaft von Australien an der Straße Strand. Das Zauberministerium ist ein Gebäude in Great Scotland Yard, einer Seitenstraße von Whitehall. Sie hat der berühmten Londoner Polizeibehörde tatsächlich ihren

Namen gegeben. Im ersten Teil der Reihe, *Harry Potter und der Stein der Weisen*, taucht auch das Reptilienhaus im Londoner Zoo im Bild auf. Ollivanders Zauberstabladen und weitere in den Filmen auftauchende Häuser befinden sich am Leadenhall Market in East London.

Scotland Yard

Der Metropolitan Police Service (MPS) ist die Polizeibehörde für den Großraum London *(Greater London)* – mit Ausnahme der City of London, wo traditionell die City of London Police zuständig ist. Wegen ihres ersten Sitzes an der Ecke Whitehall/Great Scotland Yard etablierte sich der Name »Scotland Yard« als Synonym für die Behörde. Denn dort befand sich ursprünglich der Eingang für Besucher.

Als der MPS 1890 an den Broadway umzog, wurde das neue Gebäude »New Scotland Yard« genannt. Eine Bezeichnung, die man auch auf die neue Heimat im Victoria Embankment übertrug. Vor der Gründung des MPS 1829 gab es in London gar keine Polizei. Die neue Behörde wurde direkt dem Innenministerium unterstellt und sollte in einem Radius von sieben Meilen um Charing Cross für Ruhe und Ordnung sorgen sowie Verbrechen aufklären. Im Jahr 2000 übertrug die Regierung die Aufsicht der Behörde an die Greater London Authority. Die wohl bekanntesten Londoner Polizisten sind die »Bobbies«, Streifenpolizisten, die traditionell ohne Schusswaffe, sondern lediglich mit einem Schlagstock patrouillieren. Ihre Bezeichnung entstand in Anlehnung an den britischen Innenminister Robert Peel, der entscheidend am Aufbau der Londoner Polizei beteiligt war. Alle anderen Polizisten in London tragen übrigens durchaus Schusswaffen.

London Zoo

Der Londoner Zoo befindet sich am Rande von Regent's Park mitten in London. Zu sehen sind hier zahlreiche der üblichen Zootiere, beispielsweise Nashörner, Löwen, Tiger und Pinguine. Insgesamt umfasst der Bestand fast 18.500 Tiere, worunter allerdings auch zahlreiche sehr kleine sind. Der Zoo wurde im Jahr 1828 eröffnet und war der erste seiner Art, der sich »Zoologischer Garten« nannte, da er wissenschaftlich orientiert war. Erst 1847 wurde er auch für die Öffentlichkeit zugänglich. Das Reptilienhaus aus dem Harry-Potter-Film stammt aus dem Jahr 1849.

ZSL London Zoo, Regent's Park, London NW1 4RY (020) 77 22 33 33
www.zsl.org £ Erwachsene £ 24,30, Kinder £ 17,10, VIP-Tickets teurer, Tickets im Online-Shop günstiger U-Bahn: Camden Town

Weitere Filme

Unzählige Produktionen wurden in London gedreht, meist wegen der Außenaufnahmen. Margaret Rutherford begann ihre Reise in *16.50 Uhr ab Paddington* tatsächlich in der Paddington Station in der britischen Hauptstadt, und eigentlich hätte sie auch nicht so lange Zug fahren müssen wie im Film: Ihr Heimatdorf, das fiktive Milchester, befindet sich im Nordwesten Londons und heißt eigentlich Denham Village. Hier wurden die meisten Außenaufnahmen für die Dorfszenen gedreht.

Matt Damon will sich im Film *Das Bourne-Ultimatum* mit einem Journalisten des *Guardian* (den es ja tatsächlich gibt) im Bahnhof Waterloo treffen, die Aufnahmen entstanden wirklich hier. Alfred Hitchcock schickte James Stewart und Doris Day in *Der Mann, der zu viel wusste* zum Finale in die Royal Albert Hall am Rande des Hyde Parks. Mehrere Außenaufnahmen der alten Edgar-Wallace-Filme wurden in London gedreht, wenngleich der größte Teil in anderen Gegenden entstand – überwiegend in Hamburg und Berlin. *The King's Speech* wurde in Teilen in der britischen Hauptstadt gedreht. Insgesamt dürften es inzwischen ein paar Tausend Filme sein.

★ Do it yourself ★

Zu Gast bei Harry Potter

Die Harry-Potter-Filme sind unweit von London in den Warner-Bros.-Studios Leavesden entstanden, einer früheren Rolls-Royce-Fabrik. Inzwischen kann das Gelände besichtigt werden: Unter dem Motto »*The Making of Harry Potter*« können Besucher durch die Originalkulissen der Filmreihe marschieren und erfahren jede Menge über die Tricks und Animationen. Ein Highlight ist das Großmodell von Hogwarts, das für die meisten Außenszenen genutzt wurde – die malerische Landschaft wurde im Nachhinein per Bluescreen-Technologie eingearbeitet. Die Tickets für die Studiotour müssen vorab im Internet bestellt werden, da die Tour meist Wochen im Voraus ausverkauft ist. Kein Verkauf vor Ort!

Warner Bros. Studio Tour London, Warner Drive, Leavesden (0 84 50) 84 09 00 www.wbstudiotour.co.uk/de 9–19 Uhr (letzter Einlass) £ Erwachsene £ 33, Kinder (5–15 Jahre) £ 25,50 Mit dem Zug ab Euston Station (bis Watford Junction), von dort fährt ein Pendelbus zum Studio

Die Drehorte von James Bond

In einem zweieinhalbstündigen Spaziergang erkundet diese Tour einige der Londoner Drehorte von James-Bond-Filmen. Start jeden Freitag um 14 Uhr.

↗ http://britmovietours.com/bookings/james-bond-walking-tour-of-london

16 Kaufhäuser

London lässt shoppen

Die Aussicht ist phantastisch – selbst für eine Stadt wie London, die im Grunde voller großartiger Motive ist. Vom Dach des Edelkaufhauses Fortnum & Mason schweift mein Blick über das Zentrum, im Hintergrund die Skyline aus Westminster Abbey, St. Paul's und dem Gherkin-Turm. Und es ist genau hier inmitten der Acht-Millionen-Einwohner-Stadt, wo eines der natürlichsten Produkte Londons entsteht: die Honig-Hausmarke von Fortnum & Mason.

In türkisgrünen, pagodenhaften Holzkonstruktionen leben hier oben ein paar Tausend Bienen, die täglich massenhaft ausschwärmen in Richtung St. James' Park, Buckingham Palace, zu den Blumenampeln von Kensington und Mayfair. Zurück kommen sie mit den Pollen der exklusivsten Adressen der Stadt.

2008 begann der Hoflieferant damit, seinen Dachgarten mit den aufwendigen Bienenstöcken zu bestücken. Und einmal im Jahr, im Herbst, wird der daraus gewonnene Honig in der Lebensmittelabteilung des Hauses angeboten – für rund zehn Pfund pro Glas. Kein Schnäppchen, aber dennoch beliebt: Fortnum's Bees Honey war von Beginn an ein Renner. »Die Gläser sind stets innerhalb kürzester Zeit ausverkauft«, erzählt ein Mitarbeiter von Fortnum & Mason, während ich das geschäftige Treiben beobachte.

Stadthonig ist in aller Welt auf dem Vormarsch. Er gilt als individueller, da Bienen in den urbanen Zentren häufig auf abwechslungsreichere Nahrung stoßen als auf dem Land. Dort stehen ihnen oftmals nur noch Rapsfelder oder andere Monokulturen zur Verfügung.

Sich mit ungewöhnlichen Ideen einen Namen zu machen, ist für Londons Kaufhäuser zunehmend wichtig – und dies gar nicht mal wegen der international abnehmenden Überzeugung der Kunden am Konzept Warenhaus. London ist seit Jahrhunderten die Stadt der großen Einkaufstempel, hervorgegangen aus der Tradition der britischen Einkaufsgalerien. Doch während Touristen meist standardmäßig zu Harrods nach Knightsbridge fahren, weil es für sie den Inbegriff eines britischen Kaufhauses darstellt, sortieren Londoner durchaus wesentlich feiner aus. Fortnum & Mason gilt als das Spezialitätenkaufhaus schlechthin, noch dazu ist es das älteste Unternehmen seiner Art in der britischen Hauptstadt. Das britische Königshaus bezieht von hier seine Lebensmittel sowie den Tee.

Aber auch andere haben Ideen: Liberty of London, ein alter Tudorbau nahe der Regent Street, hat sich mit ungewöhnlicher Designermode einen Namen gemacht. Auch dieses Kaufhaus kann auf eine Jahrhunderte alte Tradition zurückblicken. Selfridges in der Oxford Street ist traditionell der große Rivale von Harrods und bereits Inhalt einer beliebten britischen Fernsehserie gewesen. Das Haus setzt weniger auf ausschließliche Exklusivität, sondern versucht, wirklich alle Käuferschichten anzusprechen: Es gibt den Bleistift für ein Paar Pence ebenso wie die Schweizer Uhr für einige Zehntausend Pfund.

Wahre Exklusivität zeigt sich übrigens im Einkaufsverhalten: Weder das Königshaus noch andere exklusive Kunden haben die noblen Kaufhäuser je selbst betreten – sie lassen liefern. Für solvente Kunden, die dennoch gerne selbst vor Ort sind, bieten fast alle noblen Londoner Kaufhäuser einen speziellen Service an: *Personal Shopping*. Dabei handelt es sich mitnichten um Personalverkauf, sondern vielmehr um individuelle Beratung. Kunden werden in eine Art Lounge geführt, wo mit ihnen bei einem Glas

Champagner alles Notwendige besprochen wird. Das Kaufhaus sammelt zusammen, was möglicherweise gewünscht sein könnte, und bringt es in die Lounge zum Anprobieren, Testen oder Anschauen. So kauft man heute.

Die Rivalität zwischen Harrods und Selfridges hat übrigens zu einer ungewöhnlichen Geste geführt, die bis heute zu sehen ist: Kaufhausgründer Gordon Selfridge wettete 1917 mit Harrods-Direktor Sir Woodman Burbridge, ihn binnen zehn Jahren wirtschaftlich zu überholen. Ein Ziel, das er verfehlte. Als Eingeständnis seiner Niederlage übersandte Selfridge Burbridge ein Miniaturmodell des Harrods-Kaufhauses. Es ist bis heute in der Harrods-Bank ausgestellt. Ihre britischen Wurzeln haben die beiden Kaufhäuser längst verloren: Harrods gehört heute der Qatar Holdings, Selfridges dem kanadischen Investor Galen Weston.

Voller Euphorie ob der Honiggeschichte brachte ich für eine Kollegin eine Andenkentasche von Fortnum & Mason mit; gutes Material, hübscher Aufdruck, die perfekte Farbe, eben was für Frauen – sowas muss ihr einfach gefallen, dachte ich und malte mir schon aus, wie sie fortan ihre Einkäufe in dieser Tasche durch die Stadt tragen würde. Stolz stellte ich sie ihr auf ihren Schreibtisch, als ich wieder in der Redaktion war, und sagte nur: »Hier, für dich!«

Ein skeptischer Blick von ihr traf erst die Tasche, dann mich. »Was ist das denn?«, fragte meine Kollegin leicht genervt. »Warst du für Harrods zu geizig?«

›Oh, du Unwissende ...‹, dachte ich, wobei mir ihre undankbare Art ja inzwischen bekannt war. Ich sagte nur: »Lies meinen Artikel, dann wird sie dir gefallen«

Also in welches Kaufhaus soll ich denn nun?

Am besten in alle. Jedes der Traditionskaufhäuser ist unterschiedlich, jedes hat seinen Charme. Auch wenn die wenigsten vermutlich in irgendeinem irgendetwas kaufen werden angesichts der eher hohen Preise. Harrods etwa ist ein Gesamterlebnis, genauso wie es die anderen Londoner Traditionswarenhäuser sind. Im Treppenhaus, im Fahrstuhl, im Keller, in der Lebensmittelabteilung, selbst auf den Toiletten findet man überall feine Details der Vergangenheit.

Also:

- Sparen Sie sich an Wochenenden einen Besuch von Harrods oder den Oxford-Street-Warenhäusern. Die Straßen sind voll, die Geschäfte noch voller – wer da noch Sinn für historische Besonderheiten zeigt, muss schon hart gesotten sein. Wochentage, vor allem am Morgen und Vormittag, sind die deutlich besseren Einkaufszeiten in London.
- Schlendern Sie nicht nur durch die Lebensmittelabteilung – die ganzen Gebäude bergen baulich interessante Ecken. Und überragende Sortimente ohnehin.
- Suchen Sie das Besondere, vor allem jenes aus Großbritannien. Einen Camembert oder Schokoladentrüffel werden Sie im Zweifelsfall auch auf dem Rückweg in Frankreich (und dort vor allem günstiger) bekommen. Die großen Warenhäuser sind bekannt für ihre erstklassigen britischen Produkte: Käse, Tee, Bekleidung, Schuhe.
- Wenn Sie nur ein Souvenir suchen und das unbedingt von einem der Traditionshäuser sein muss – checken Sie vorher, ob sie das nicht am Flughafen günstiger bekommen. Harrods hat eigene Läden im Abflugbereich einiger Heathrow-Terminals, in denen es beispielsweise in der Regel auch den Weihnachtsbären gibt. Produkte von Fortnum & Mason sind an mehreren Londoner Flughäfen im Tax-Free-Bereich erhältlich.
- Und vor allem: Lassen Sie sich Zeit!

Londons Traditionskaufhäuser

Harrods

Das aufwendige Gebäude aus rötlichem Stein an der Brompton Road ist eines der größten Warenhäuser der Welt. Im Jahr 1834 von Charles Henry Harrod gegründet, entwickelte sich das Unternehmen schnell zu dem Einkaufsort der noblen Londoner Gesellschaft schlechthin. Über viele Jahrzehnte war es offizieller Hoflieferant für die königliche Familie – bis der damalige Inhaber Mohamed Al-Fayed zunehmend öffentlich Kritik am Königshaus übte. Er machte es mitverantwortlich für den Tod seines Sohnes Dodi, der 1997 zusammen mit Prinzessin Diana in Paris bei einem Autounfall ums Leben kam. Zudem äußerte er sich mehrfach negativ über Prinz Philipp, der ihm daraufhin den Status als Hoflieferant entzog. Andere Mitglieder der Familie folgten seinem Beispiel. Heute gehört Harrods der Qatar Holdings. Sehenswert ist unter anderem die Lebensmittelabteilung. Vor allem unter Touristen beliebt ist der Weihnachts-Teddy, ein Stoffbär in jährlich wechselndem Outfit.

87–135 Brompton Road, London SW1X 7XL · www.harrods.com
Mo–Sa 10–20 Uhr, So 12–18 Uhr · U-Bahn: Knightsbridge

Fortnum & Mason

Londons ältestes Kaufhaus gilt zugleich als typischer Vertreter des britischen Understatements: Das Geschäft im Piccadilly verzichtet auf zu übertriebenen Pomp, setzt dafür mehr auf seine Tradition. Die Lebensmittelabteilung ist kleiner als andere, dafür exklusiver. Nicht nur das britische Königshaus kauft hier ein, jeder Londoner, der etwas auf sich hält (und der auf Sonderangebote gemeinhin verzichten kann), tut es. Gegründet wurde das Unternehmen 1707 von William Fortnum, einem Diener Königin Annes. Damals war es üblich, im Palast jeden Tag neue Kerzen anzuzünden, ungeachtet der Tatsache, dass jene vom Vortag längst nicht abgebrannt waren. Fortnum sammelte die Kerzenreste und verkaufte sie auf eigene Rechnung. Mit dem so verdienten Geld gründete er gemeinsam mit Hugh Mason einen Lebensmittelladen, der Basis des heutigen Kaufhauses wurde. Berühmt ist es auch, weil hier 1886 die weltweit ersten Dosen *Baked Beans* verkauft wurden – heute Bestandteil eines jeden warmen englischen Frühstücks.

181 Piccadilly, London W1A 1ER · www.fortnumandmason.com
Mo–Sa 10–21 Uhr, So 12–18 Uhr · U-Bahn: Green Park

Selfridges & Co.

Der Amerikaner Gordon Selfridge kam 1909 nach London, um hier ein Kaufhaus nach amerikanischem Vorbild zu schaffen. Er baute es am damals noch wenig bebauten Rand der Oxford Street, und setzte von Beginn an auf eine neue Käuferschicht: jedermann. Während andere Warenhäuser längst als Luxustempel galten, wollte Selfridges ein Sortiment anbieten, das sich jeder leisten konnte, bei dem aber besser betuchte Kunden auch Luxus fanden. Ein Prinzip, das das Unternehmen bis heute fortgeführt hat. Auf Selfridge soll auch die Maxime »Der Kunde hat immer Recht« zurückgehen. Selfridges ist bis heute das zweitgrößte Kaufhaus Großbritanniens, nach Harrods. Und es ist eines der wenigen Traditionskaufhäuser, das schon früh Filialen in anderen britischen Städten eröffnete, derzeit in Birmingham und Manchester.

400 Oxford Street, London W1A 1AB · www.selfridges.com
Mo–Sa 9.30–21 Uhr, So 12–18 Uhr · U-Bahn: Bond Street

Liberty of London

Londons etwas anderes Kaufhaus ist schon von außen ungewöhnlich: Liberty befindet sich am Rande der Regent Street in einem alten Tudor-Revival-Bau. Arthur Lasenby Liberty gründete das Unternehmen 1875, zunächst in Form eines kleinen Geschäftes für Stoffe aus Asien. 1920 wurde das heutige Domizil gebaut, und zwar aus den Holzbalken zweier ausrangierter Schiffe: der *HMS Impregnable* sowie der *HMS Hindustan*. Architekt Edwin Thomas Hall überlegte sich eine besondere Würdigung an diese Herkunft: Die Frontfassade zur Great Marlborough Street ist genauso lang wie es die *HMS Hindustan* einst war. Liberty selbst erlebte die Fertigstellung des ungewöhnlichen Gebäudes nicht mehr mit – er starb 1917. Heute hat sich sein Warenhaus vor allem durch internationale Designermode einen Namen gemacht, außerdem durch Kunst und Kunsthandwerk.

Regent Street/Ecke Great Marlborough Street, London W1B 5AH
www.liberty.co.uk Mo–Sa 10–20 Uhr, So 12–18 Uhr
U-Bahn: Oxford Circus

House of Fraser

Eine britische Kaufhauskette, die vor allem auf Markenprodukte setzt, ohne zu übertriebenen Luxus anzubieten. Obwohl sich ihr Hauptsitz inzwischen in London befindet, stammt House of Fraser eigentlich aus Glasgow. Dort wurde es 1849 als Arthur and Fraser gegründet. Die Expansion zu heute rund 60 Filialen kam vor allem durch Zukauf: Das Unternehmen erwarb über Jahrzehnte kleinere britische Kaufhäuser und firmierte sie 2001 kollektiv in die Marke House of Fraser um. So kam es auch zum Flagship-Store in der Oxford Street, das ursprünglich das Kaufhaus DH Evans' war. Von 1959 an gehörte zu Fraser sogar einmal das Traditionskaufhaus Harrods. Als die Al-Fayed-Familie Fraser 1985 erwarb, gliederte sie es jedoch aus und behielt Harrods schließlich, als sie sich vom Rest des Unternehmens trennte.

🏠 318 Oxford Street, London W1C 1HF ↗ www.houseoffraser.co.uk
🕘 Mo–Sa 9.30–21 Uhr, So 12–18 Uhr ◎ U-Bahn: Oxford Circus/Bond Street

Debenhams

In etwa vergleichbar mit dem deutschen Karstadt (wo über mehrere Jahre auch ein früherer Debenhams-Manager am Steuer saß): Debenhams ist eine Kaufhauskette für jedermann mit dem klassischen Sortiment von Fernseher über Mode bis zur Bettwäsche. Das Unternehmen betreibt fast 170 Filialen im Vereinigten Königreich und Irland sowie auf Franchisebasis weitere in zahlreichen anderen Ländern. William Clark legte 1778 die Wurzeln mit einem Textilgeschäft in der Londoner Wigmore Street. 1813 stieg William Debenham in das Unternehmen ein, und der Name änderte sich in Clark & Debenham, 1905 in Debenhams Limited. Auch dieses Unternehmen wuchs zunächst primär durch den Zukauf bestehender Kaufhäuser in Großbritannien, die lange Zeit noch unter ihren ursprünglichen Namen betrieben wurden. Inzwischen firmieren alle unter der Debenhams-Marke.

🏠 334–348 Oxford Street, London W1C 1JG ↗ www.debenhams.com
🕘 Mo 10–18 Uhr, Di–Sa 9.30–21 Uhr, So 12–18 Uhr ◎ U-Bahn: Bond Street

John Lewis

Das alteingesessene Kaufhaus in der Oxford Street ist erst seit wenigen Jahren zum Hoflieferanten für die Queen aufgestiegen. Der Buckingham Palace bezieht hier Haushaltswaren, und das ist auch einer der Hauptgründe für Londoner, hierher zu gehen: John Lewis hat sich mit Einrichtungsgegenständen, Geschirr und anderen Wohnaccessoires einen Namen gemacht. Das Unternehmen wurde 1864 vom Namensgeber John Lewis gegründet – am jetzigen Hauptstandort in der Oxford Street. Heute verfügt das Unternehmen über rund 40 Filialen in ganz Großbritannien. Zu John Lewis gehört auch die Supermarktkette Waitrose, die ihrerseits für eher höherpreisige, aber erstklassige Markenprodukte steht.

300 Oxford Street, London W1A 1EX · www.johnlewis.com
Mo–Sa 9.30–20 Uhr (Do bis 21 Uhr), So 12–18 Uhr · U-Bahn: Oxford Circus

Harvey Nichols

Eines der kleinsten Traditionskaufhäuser von London: Benjamin Harvey eröffnete 1831 in Knightsbridge ein Textilgeschäft, das über die Jahre expandierte. 1841 stellte er James Nichols ein, der später Manager wurde und in die Familie einheiratete. 1889 entstand das heutige Kaufhaus in 109–125 Knightsbridge. Das Unternehmen wechselte mehrfach den Besitzer, gehörte zwischenzeitlich dem Mitbewerber Debenhams. Lady Diana wird nachgesagt, hier im Londoner Hauptgeschäft des Öfteren das Restaurant aufgesucht zu haben. Unwahrscheinlich ist dies nicht: Harvey Nichols gilt als Kaufhaus für eher besser betuchte Teile der Londoner Bevölkerung. Inzwischen betreibt das Unternehmen insgesamt zwölf Warenhäuser in Großbritannien und Irland.

109–125 Knightsbridge, London SW1X 7RJ · www.harveynichols.com
Mo–Sa 10–20 Uhr, So 12–18 Uhr · U-Bahn: Knightsbridge

Marks & Spencer

Das oft als typisch Londoner Einzelhandelsgeschäft bezeichnete Unternehmen stammt genau genommen aus Nordengland: Michael Marks, ein Immigrant aus Weißrussland, gründete 1884 mit geliehenem Geld in Leeds einen anfangs mobilen Kurzwarenhandel. 1894 beteiligte sich der Buchhalter Thomas Spencer an dem Betrieb und es kam zur ersten größeren Filiale in einem Markt in Leeds. »Alles für einen Penny«, lautete das Prinzip bis zum Ersten Weltkrieg. Nach und nach kamen immer mehr Filialen in Nordengland dazu. Die internationale Expansion der neunziger Jahre floppte – die meisten Geschäfte außerhalb Großbritanniens wurden nach und nach wieder geschlossen. Heute ist Marks & Spencer eines der größten Einzelhandelsunternehmen des Vereinigten Königreichs.

458 Oxford Street, London W1C 1AP · www.marksandspencer.com
Mo–Sa 8–21 Uhr, So 12–18 Uhr · U-Bahn: Marble Arch

★ Do it yourself ★

Personal Shopping

Nahezu allen großen Kaufhäuser in London bieten für Kunden Personal Shopping an, eine persönliche Betreuung während des Einkaufs. Meist muss man sich dafür vorab anmelden, bekommt dann aber alle gewünschten Waren in einer Lounge vorgesetzt und muss nicht selbst durch das Kaufhaus laufen.

London von oben

Panoramablicke sind auch an der Themse ein Erlebnis. Das Dach von Fortnum & Mason bleibt Kunden üblicherweise verschlossen, doch es gibt andere gute Möglichkeiten hoch über dem Stadtgebiet:

- **Sushisamba London:** Restaurant mit japanisch-südamerikanischem Küchenmix, untergebracht in der 38. und 39. Etage des Heron Towers, nahe dem Bahnhof Liverpoool Street. Die Aussicht über die City of London ist perfekt – nicht nur von der Terrasse aus.

  110 Bishopsgate, London EC2N 4AY http://sushisamba.com/location/london Mo–Mi 11.30–1 Uhr, Do 11.30–2 Uhr, Fr/Sa 11.30–3 Uhr, So 11.30–0 Uhr U-Bahn: Liverpool Street

- **Monument:** Christopher Wrens Gedenksäule an das große Feuer von London kann man erklimmen – von oben bietet sich ein schöner Blick über die Themse und die City of London.

  Monument Street, London EC3R 8AH Tgl. 9.30–18 Uhr U-Bahn Monument www.themonument.info

- **Alexandra Place:** Von der Bar des altehrwürdigen Veranstaltungsgebäudes aus bietet sich ein wunderbarer Blick über weite Teile des Stadtgebietes.

  Alexandra Okace Way, London N22 7AY www.alexandrapalace.com Tgl. 11–23 Uhr U-Bahn: Wood Green, dann weiter mit dem Bus W3

- **Royal Observatory Greenwich:** Nirgends wirkt die Skyline von Canary Wharf mit dem National Maritime Museum im Vordergrund so imposant wie von hier oben im Greenwich Park.

  Blackheath Avenue, London-Greenwich SE10 8XJ www.rmg.co.uk/royal-observatory Tgl. 10–17 Uhr DLR: Greenwich, Cutty Sark

- **Emirates Air Line:** Die Gondelbahn zwischen der Greenwich-Halbinsel und den Royal Docks verfügt eigentlich über keinen erkennbaren infrastrukturellen Zweck – doch die Fahrt bietet einen phantastischen Ausblick auf Ost-London und Greenwich.

Greenwich Peninsula, London-Greenwich SE10 0FJ
www.emiratesairline.co.uk Apr.–Sep. Mo–Fr 7–21 Uhr, Sa 8–21 Uhr, So 9–21 Uhr (Okt.–März jeweils bis 20 Uhr) U-Bahn: North Greenwich

- **Vista:** Die Open-Air-Bar des Trafalgar Hotels ermöglicht in den Sommermonaten einen einzigartigen Blick auf den Trafalgar Square.

  2 Spring Gardens, Trafalgar Square, London SW1A 2TS
  www.thetrafalgar.com/vista-homepage
  Sommer Mo–Sa 12–0 Uhr, So 12–23 Uhr U-Bahn: Charing Cross

17 Politik

London regiert

Sie gelten als Inbegriff von Höflichkeit und Seriosität, doch einmal in der Woche lassen es die Politiker des britischen Unterhauses in London krachen: in der Fragestunde des Premierministers, den *Prime Minister's Questions*. Im Wechsel springen Oppositionsführer und Ministerpräsident im großen Parlamentssaal auf und giften sich gegenseitig an. Da wird einander in die Zange genommen, da werden aktuelle politische Entscheidungen hinterfragt, ja, da wird es oft genug regelrecht persönlich. Als »Witzfiguren« bezeichnet man da einander, als »Amateure«, kürzlich sogar einmal als »Muppets«. Und wenn England sein wahres Temperament zeigt, zieht das längst auch die Medien an: Die Fragestunde wird live im Fernsehen übertragen, selbst ein amerikanischer Kabelkanal hatte sie lange Zeit im Programm, auch Comedysendungen griffen das Prinzip in der Vergangenheit dankbar auf.

Ich war gerade im Hotelzimmer dabei, meine E-Mails durchzuarbeiten, als im Fernsehen die Übertragung begann. Zuerst glaubt ich noch, mich angesichts der Wortwahl verhört zu haben; doch dann steigerten sich beide Seiten in ihre Monologe geradezu hinein: Auf der einen Seite die oppositionellen Sozialdemokraten, die der Regierung, stark verkürzt gesagt, dauerhafte Unfähigkeit vorwarfen. Auf der anderen das Kabinett um den Premierminister, der nicht müde wurde, der Opposition klarmachen zu wollen, dass am Ende sie alle Schuld hat. Wer einmal im Vormittagsprogramm von Phoenix hängengeblieben ist, wird ähnliche Szenen aus dem Deutschen Bundestag kennen. Die britische Variante übertraf allerdings in ihrer Deutlichkeit alles zuvor Erlebte.

Diese wöchentliche Fragestunde gilt im Vereinigten Königreich, aller sonstigen Zurückhaltung zuwider, als völlig normal. Und das hat, wie so oft, historische Gründe: Es gibt in Großbritannien bis heute keine festgeschriebene Verfassung. Das Recht basiert streng genommen noch immer auf der Magna Charta von 1215, im Laufe der Jahrhunderte kontinuierlich ergänzt und korrigiert durch einzelne Gesetze. Das führt übrigens dazu, dass es bis heute ausdrücklich verboten ist, das Parlament von Westminster in einer Ritterrüstung zu betreten – ein Statut aus dem Jahr 1313, das nie modifiziert wurde und deswegen streng genommen bis heute gilt.

Dieses Sammelsurium an Gesetzen hat in der britischen Politik eine massive und kontinuierliche Überprüfung der Regierung etabliert. Die Fragestunde im Unterhaus gibt es indes erst seit 1961. Der damalige konservative Premierminister Harold Macmillan führte sie ein, im Laufe der Jahre entwickelte sie sich zu ihrer heutigen Form.

Dabei läuft das vermeintliche Chaos übrigens sehr viel organisierter ab, als es den Anschein hat: Streng genommen ist die Fragestunde eine Fragestunde an die Regierung, nicht direkt an den Premierminister. Nun besagt aber eine Regel, dass jenes Regierungsmitglied, das eine Frage beantwortet hat, auch die nächste beantworten muss. Deswegen gilt die erste Frage stets den Tagesterminen des Premierministers – denn die kann nur er selbst beantworten und muss deswegen auch auf alle anderen Punkte reagieren. Unterhaltsamer wird die Angelegenheit zusätzlich dadurch, dass lediglich die erste Frage vorab schriftlich eingereicht werden muss. Alle weiteren können spontan vor Ort gestellt werden. Ist der Premierminister verhindert, steht sein Stellvertreter Rede und Antwort.

Noch am selben Abend traf ich mich mit einem Gesprächspartner aus der Kulturszene in einem Pub. Eine Kollegin hatte mir den Kontakt vermittelt, in der Hoffnung, ein wenig mehr über das kulturelle Leben Londons zu erfahren. Ich stand allerdings noch unter dem Eindruck der Fragestunde und platzte gleich zu Beginn mit meinem Fernseherlebnis heraus, an das sich meine allgemeine Verwunderung über das EU-Desinteresse vieler britischer Politiker anschloss. In der Fragestunde ging es unter anderem um den europapolitischen Kurs des Vereinigten Königreichs. Mein Gegenüber hielt sich eher bedeckt. Die Erlebnisse der Unterhausdebatte wischte er noch mit einem »Oh ja« hinweg, gefolgt von einem eher allgemein gehaltenen »Politiker eben, du kannst sie dir nicht aussuchen.« Als ich dann aber mit EU-Themen kam, erfolgte der Themenwechsel von anderer Seite aus relativ direkt: Ob ich auch noch ein Bier möchte, wurde ich gefragt, und noch bevor ich antworten konnte, verschwand der Kulturkenner in Richtung Tresen. Ich beschloss, das Thema auf die Theaterszene der Stadt zu lenken.

Also nie über Politik reden?

Nicht unbedingt. Nur sollte man die generelle Grundregel eines jeden Smalltalks in Großbritannien beachten: Nicht einfach drauflos plappern. Es gibt selbstverständlich Gespräche über die Nachwirkungen der Thatcher-Jahre, über den Nordirland-Konflikt, die Irak-Politik Tony Blairs oder einfach nur die aktuelle politische Lage. Doch solche Gespräche müssen sich entwickeln. Fangen Sie besser mit dem Wetter an, der Attraktivität Londons, dem guten Essen. Dann kommt der Rest von allein. Und noch etwas kommt dazu: Briten hassen nichts mehr, als von Außenstehenden belehrt zu werden.

Vermeiden Sie außerdem tunlichst den Kardinalfehler: Die Queen mit der aktuellen Politik in Verbindung zu bringen. Denn der Monarch ist zwar streng genommen das Staatsoberhaupt des Vereinigten Königreichs, und die Regierung ist die Regierung ihrer Majestät. Doch ins Tagesgeschäft mischt sich ein König oder eine Königin traditionell seit Jahrhunderten nicht mehr ein. Es geht sogar soweit, dass er oder sie das Parlament nie betritt, mit einer Ausnahme: der Verlesung der Regierungserklärung. Die wird von einer weiteren skurrilen Tradition begleitet: Vor einer jeden solchen Parlamentseröffnung durchsucht die königliche Leibwache den Keller des Parlaments – und dies bereits seit dem Jahr 1605. Hintergrund ist der sogenannte *Gunpoder Plot* vom 5. November 1605, bei dem katholische Adelige versucht hatten, den damaligen König sowie weite Teile des Oberhauses durch eine Explosion im Untergeschoss zu töten. Der Anschlag, der vom Katholiken Guy Fawkes durchgeführt werden sollte, schlug fehl. Die jährliche *Bonfire Night* am 5. November erinnert bis heute daran. Vielerorts werden dann Guy-Fawkes-Puppen verbrannt und Feuerwerke angezündet. Ein Brauch, der vor allem in Nordirland immer wieder zu Gegenprotesten der dortigen Katholiken führt.

Die britische Politik

Großbritannien ist eine konstitutionelle Monarchie, die von einem Zwei-Kammer-Parlament geführt wird. Das Unterhaus *(House of Commons)* wird in freien Wahlen bestimmt. Gewählt wird es spätestens nach fünf Jahren, der Premierminister kann aber bereits zuvor Wahlen ausrufen. Dazu gibt es ein Oberhaus, das *House of Lords*, das zum einen aus ranghohen Geistlichen, vor allem aber aus Adeligen besteht, die zuvor vom Premierminister vorgeschlagen und vom Monarchen berufen wurden. Eine Praxis, die seit Jahren umstritten ist: Die Labour-Regierung wollte das Oberhaus nach ihrem Wahlsieg 1997 grundlegend reformieren, hin zu einem wählbaren Repräsentantenhaus wie in den USA. Sie stieß jedoch auf massive Widerstände, weshalb es lediglich bei kleineren Reformen blieb. Das Oberhaus, einst zugleich das oberste Berufungsgericht des Königreichs, hat indes an Macht verloren. Noch immer durchlaufen alle Gesetze dieses Gremium – inzwischen ist die Zusammensetzung jedoch vergleichsweise ausgeglichen, weshalb es kaum noch zu großen Widerständen gegenüber der Regierungspolitik kommt. Das Oberhaus besteht derzeit aus 778 Sitzen, das Unterhaus aus 650. Beide Kammern tagen im Palast von Westminster.

Staatsoberhaupt des Vereinigten Königreichs ist stets der britische Monarch. Er erteilt formal der jeweils stärksten Fraktion im Unterhaus den Auftrag zur Regierungsbildung, hält sich aus dem politischen Alltag jedoch anschließend heraus. Einzige Verbindung ist eine wöchentliche Audienz für den Premierminister.

Eine Besonderheit ist die Zusammensetzung des Unterhauses: Gewählt wird nach dem Mehrheitswahlrecht, das heißt, der Sieger eines jeden Wahlkreises zieht in das Parlament ein – Überhangmandate wie in Deutschland gibt es nicht. Das führt meist dazu, dass die Zusammensetzung des Unterhauses nicht unbedingt das prozentuale Verhältnis der Wählerstimmen wiedergibt. Ist eine Partei in einem Wahlkreis die Nummer zwei, zieht sie für dieses Gebiet mit ihrem Kandidaten nicht ins Parlament ein, selbst wenn sie in Summe aller Wahlkreise 10, 20 oder 30 Prozent der Stimmen ergattert hat. Das führt dazu, dass auch Wählerumfragen in Großbritannien stets mit größter Vorsicht zu genießen sind. Eine knappe Mehrheit in den Umfragen kann am Ende doch eine Niederlage bei der Verteilung der Sitze bedeuten. Im Umkehrschluss gab es bereits erdrutschartige Siege für Parteien, deren prozentuales Wahlergebnis der gesamten Wählerstimmen weniger deutlich war.

Die britischen Parlamente

Reformen haben seit Ende der neunziger Jahre den politischen Alltag im Vereinigten Königreich verändert. Das Parlament von Westminster ist zwar noch immer der politisch mächtigste Ort – viele Entscheidungen von regionaler Bedeutung fallen jedoch inzwischen in den einzelnen Ländern des Königreichs. Schottland, Wales und Nordirland verfügen inzwischen wieder über Regionalparlamente, die in freien Wahlen bestimmt werden und aus denen jeweils eine Regionalregierung hervorgeht. Sitz dieser Parlamente sind die jeweiligen Hauptstädte Edinburgh, Cardiff und Belfast. Lediglich für das mit Abstand größte Land England werden alle Entscheidungen in Westminster getroffen – hier gab es auch von Wählerseite nie ernsthaft das Verlangen, dies zu ändern, da die meisten Entscheidungen ohnehin diesen Teil des Königreichs betreffen.

Der Palast von Westminster

Das britische Parlament hat seinen Sitz im Westminster-Palast direkt an der Themse, besser bekannt als *Houses of Parliament*, als Parlamentsgebäude. Der Begriff »Palast« hat dabei historische Gründe: Ursprünglich stand an dieser Stelle in der Tat mal eine königliche Residenz, die im 11. Jahrhundert zusammen mit Westminster Abbey gebaut worden war – daher kommt übrigens auch die Bezeichnung »Westminster«: der Dom *(Minster)* westlich der City of London. Aus diesem Gebäudeensemble sind heute im Parlamentsgebäude lediglich die Westminster Hall sowie der Jewel Tower erhalten geblieben – der Rest stammt aus einem Neubau Mitte des 19. Jahrhunderts, der wegen eines verheerenden Feuers notwendig wurde: Am 16. Oktober 1834 vernichtete ein Großbrand weite Teile des Komplexes. Er wurde von 1840 an im gotischen Stil neu gebaut, unter Einbeziehung der wenigen unbeschädigten Teile. Der wohl bekannteste Teil des Gebäudes ist streng genommen der für den Betrieb unbedeutendste: Der Uhrturm Elizabeth Tower am südöstlichen Ende dient lediglich als Aufbewahrungsort der Glocken, wobei die größte den Spitznahmen »Big Ben« trägt.

Die deutsche Armee bombardierte das Gebäude 1941, wobei massive Schäden entstanden. Unter anderem musste der Sitzungssaal des Unterhauses nach dem Zweiten Weltkrieg instandgesetzt werden, außerdem zahlreiche Abgeordnetenbüros. Der bekannte britische Architekt Sir Giles Gilbert Scott, Designer der noch heute allerorten präsenten roten Telefonzellen, wurde damit beauftragt.

Trotz aller prachtvollen Holzverzierungen wirkt das Unterhaus bis heute vergleichsweise spartanisch: Das *House of Commons* gleicht baulich eher einem zu kleinen Hörsaal als einem Parlament: Die Abgeordneten sitzen dicht gedrängt auf langen, grün gepolsterten Holzbänken (im Oberhaus sind diese rot bezogen) – die Opposition auf der einen, die Regierung auf der anderen Seite des Saals. Dabei gibt es für die 650 Abgeordneten lediglich 427 Sitzplätze. Wer zu spät kommt, muss stehen. Vor den jeweils vorderen Bänken ist auf jeder Seite eine rote Linie in den Teppich eingewebt – beide haben den Abstand von zwei Schwertlängen zueinander. Eine alte Regel besagt: Die Abgeordneten der Fraktionen dürfen diese Linie nicht überschreiten. So soll seit jeher Handgreiflichkeiten vorgebeut werden. Die beiden Fraktionen trennt außerdem in einem Teil des Raumes ein großer Tisch mit jeweils einer Kiste. Wer redet, legt im Idealfall mindestens eine Hand darauf – aus einem simplen Grund: In diesen Kisten liegen die Bibel und andere Heilige Schriften. Wer redet, tut dies unter Berufung auf eben diese Schriften, soll also in jedem Fall die Wahrheit sagen – bei Gott.

Die Metropolregion London

Was Westminster für das Vereinigte Königreich, ist die City Hall für London: Das Rathaus der Stadt gleicht baulich einem Motorradhelm, und ist deswegen am Themse-Ufer in Höhe der Tower Bridge ein Blickfang geworden. Es ersetzte 2002 mehrere Standorte, unter anderem die prachtvolle County Hall am Südufer der Themse direkt neben dem London Eye.

Die Greater London Authority, deren Chef der Oberbürgermeister (Lord Mayor) ist, umfasst seit 1965 nicht mehr nur das traditionelle Stadtgebiet Londons, sondern auch Teile der angrenzenden Grafschaften Essex, Middlesex, Hertfordshire, Kent und Surrey. Insgesamt besteht sie aus 32 sogenannten *Boroughs,* kleineren Verwaltungseinheiten, die in etwa mit den Stadtbezirken in Deutschland vergleichbar sind. Dazu kommt traditionell die City of London, jener zentrale Teil der britischen Hauptstadt, der von der City of London Corporation verwaltet wird mit Sitz in der Londoner Guildhall. Bereits seit 886 genießt dieser Teil der Hauptstadt das Recht auf Selbstverwaltung. Das geht so weit, dass er sogar eine eigene Polizei, die City of London Police, unterhält. Der übrige Teil Londons wird von der Metropolitan Police betreut.

Londons beste Bonfire Nights

Lord Mayor's Show and Fireworks: Eigentlich ein jährliches Fest für den Bürgermeister Londons, doch fügen sich die Feierlichkeiten immer in die Bonfire Night ein (oder das Wochenende danach), wodurch es zum vermutlich größten Feuerwerk dieses Tages in Großbritannien kommt.

Bester Standort: Themse zwischen Waterloo Bridge und Blackfriars Bridge www.lordmayorsshow.org Sonnabend nach der Bonfire Night, Beginn Feuerwerk: 17 Uhr U-Bahn: Blackfriars, Temple, Waterloo

Southwark Park Fireworks: Traditionelles Feuerwerk in einem traditionellen Park im Süden der Londoner Innenstadt.

Southwark Park Am 5. November ab 18 Uhr
U-Bahn: Bermondsey, Canada Water, Surrey Quay

Crystal Palace Fireworks: Familienfeier zur Bonfire Night mit großem Feuerwerk.

Crystal Palace Park Am 5. November ab 18 Uhr
U-Bahn: Crystal Palace

Wimbledon Fireworks Display: Feuerwerk und Feuerhaufen am Rande des legendären Tennisclubs.

Wimbledon Park Am 5. November ab 17.15 Uhr
U-Bahn: Wimbledon Park

Legoland Fireworks Display: Eine Reihe von Feuerwerkabenden im Kinderpark Legoland am westlichen Londoner Stadtrand. Um es zu sehen, muss man allerdings den Eintritt für das Legoland bezahlen.

Winkfield Road, Windsor SL4 4AY (08 71) 2 22 20 01
www.legoland.co.uk, www.legolandshuttle.com
Mehrere Termine Ende Oktober/Anfang November, Öffnungszeiten an diesen Tagen 10-19 Uhr Bahnhof: Windsor & Eton Central, Windsor & Eton Riverside, von dort per Shuttlebus zum Park

★ Do it yourself ★

Parlamentstouren

Eigentlich ist das Parlament aus Sicherheitsgründen für Außenstehende tabu – es gibt jedoch Ausnahmen: Sonnabends sowie zu einzelnen weiteren Daten können Besucher eine geführte Tour durch das Gebäude machen, wobei nicht immer alle Bereiche zugänglich sind. Dafür gibt es die Möglichkeit, gegen Aufpreis im Parlamentscafé einen *Afternoon Tea* mit Blick auf die Themse einzunehmen. Einmal im Jahr, meist Ende September, lädt London beim *Open Day* in Gebäude, die üblicherweise verschlossen sind; daran beteiligt sich in der Regel auch das Parlament. An Parlamentsdebatten sowie einer speziellen Uhrturmtour dürfen indes nur Einwohner des Vereinigten Königreichs teilhaben.

Westminster, London SW1A 0AA (020) 72 19 30 00
www.parliament.uk/visiting £ Tickets online oder vorab zu erwerben am Vorverkaufsschalter gegenüber dem Haupteingang U-Bahn: Westminster

Downing Street No. 10

Es dürfte neben der Baker Street 221B (der virtuellen Heimat von Sherlock Holmes) die bekannteste Adresse Londons sein: In der Downing Street Nr. 10 lebt und arbeitet der Premierminister des Vereinigten Königreichs. Streng genommen ist das dezente Gebäude Dienstsitz des ersten Schatzkanzlers, der aber automatisch Premierminister ist. Sein Stellvertreter und amtierender (zweiter) Schatzkanzler wohnt nebenan in Nummer 11. Weil Tony Blair eine sehr große Familie hat, Nr. 10 aber ein relativ überschaubares Gebäude ist, hatte er während seiner Amtszeit die Häuser mit seinem Schatzkanzler Gordon Brown getauscht. Die Downing Street ist eine Seitenstraße von Whitehall in unmittelbarer Nähe des Parlaments. Sie ist jedoch gleich an ihrem Beginn abgesperrt. Passanten dürfen die Straße nicht mehr betreten, seitdem die IRA Anfang der neunziger Jahre einen Anschlag auf das Haus des Premierministers verübt hat.

10 Downing Street, London SW1A 2AA www.gov.uk/government/organisations/prime-ministers-office-10-downing-street U-Bahn: Westminster

Churchill War Rooms

Whitehall unweit des Parlaments ist das eigentliche Regierungsviertel. Hier befinden sich die meisten Ministerien, hier residiert in Downing Street der Premierminister. Am Rande von Whitehall, in einem Bunker des Außenministeriums, hatte das Kabinett um Premier Winston Churchill seine Leitzentrale im Kampf gegen Hitlers Deutschland eingerichtet. Diese *Cabinet War Rooms* können inzwischen besichtigt werden.

Clive Steps, King Charles Street, London SW1A 2AQ www.iwm.org.uk/visits/churchill-war-rooms Tgl. 9.30–18 Uhr U-Bahn: Westminster

18 Essen

London isst

Gegrilltes Rinderfilet, garniert mit exotischen Champignons, serviert mit Babykartoffeln und Oliven, Trüffel-Öl und Rotweinsoße – na, regt sich da was bei Ihnen im Mund? Oder gebratene Jakobsmuscheln von der Isle of Skye, dazu Äpfel, Sellerie und Walnüsse in einer Cider-Emulsion? Kabeljau-Filet mit brauner Shrimps-Kapern-Petersilien-Butter, serviert mit Spinat und angebratenen Kartoffeln? Zum Abschluss vielleicht ein englisches Pfefferminz-Soufflé mit Schokoladensorbet? Oder eine Ansammlung frischen Obstes an einer Kugel Sahneeiscreme aus Cornwall?

Es ist an der Zeit, mit einem alten Vorurteil aufzuräumen: Es gibt sie nämlich sehr wohl, die britische Küche. Und sie ist deutlich besser als ihr Ruf, mitunter sogar ausgezeichnet. Übrigens im Wortsinne: Rund 350 britischen Restaurants hat der *Guide Michelin* derzeit mindestens einen Stern verliehen. Allein in London sind es um die 55 – und da sind wir beim Punkt: Dies sind schon mal deutlich mehr als etwa in Berlin, das über die meisten Sterne einer deutschen Stadt verfügt, nämlich 19. Gut, nun ist London mehr als doppelt so groß wie Berlin – aber dafür genießt die Küche hier auch einen mindestens viermal so schlechten Ruf wie die einer jeden deutschen Großstadt. Nun wird mancher beginnen, triumphal die Speisekarten der britischen Standardgastronomie zu zitieren: Ja, man kann sich in London von *Fish and Chips* ernähren, von gebackenen Bohnen oder auch Lasagne mit Pommes-Frites-Beilage. Man muss es aber nicht – genauso wenig, wie man in Deutschland gezwungen wäre, Grünkohl mit Bregenwurst, Pfälzer Saumagen oder Labskaus zu sich zu nehmen. Das Gros der Londoner Restaurants hat (zumindest auch) ganz andere Gerichte auf den Speisekarten; deutlich gesündere, deutlich geschmackvollere. Und nicht selten verlässt man ein Lokal mit der Überlegung: Wann habe ich zuletzt so gut gegessen?

Das fängt schon beim Gemüse an: Die Zeiten, in denen Dosen in den Küchen Londons ganz weit vorn waren, sind lange vorbei. Frisches Gemüse (meist saisonal unterschiedlich und direkt aus England), schonend gegart, nie zerkocht – das hat sich zu einer Art Standardbeilage entwickelt. Kartoffeln stammen ebenfalls meist von den heimischen Feldern und ersetzen vielerorts längst die Pommes. Beliebt sind inzwischen die sogenannten *Baby Potatoes,* kleine Frühkartoffeln aus Bio-Anbau, bei denen die sehr dünne Schale mitgegessen werden kann.

Auch der Fisch wird nur noch in *Fish-and-Chips-Shops* frittiert oder in billigen Kneipen. Ansonsten haben die britischen Köche ganz wunderbare Rezepte entwickelt, ihn zu verarbeiten. Nicht jeder Fisch stammt aus heimischen Gewässern, aber fast jedes Restaurant hat ausreichend davon im Angebot. Lachs in Großbritannien ist etwas wirklich Besonderes, wenn er aus Schottland stammt – was meistens der Fall ist. Denken Sie daran, wenn Sie daheim in Deutschland den nächsten Zuchtlachs aus Skandinavien vorgesetzt bekommen.

Selbst britisches Fleisch ist spätestens nach dem Ende der BSE-Krise wieder ganz oben dabei: Rind oder Lamm von den örtlichen Weiden ist geschmacklich ein Erlebnis sondergleichen. Zart und ausgewogen – dazu eine passende Soße, die nur noch auf dem Land dann und wann *»Mint Sauce«* heißt (wobei es sich übrigens anders als oft propagiert eher um eine Art Ketchup-Ersatz handelt, also eine kalte Flüssigkeit, nicht aber um den Ersatz einer herkömmlichen Bratensoße).

Beginnen Sie schon morgens, sich die neue britische Küche zu erschließen, nämlich indem Sie zumindest an einigen Tagen auf das deftige warme Frühstück verzichten. Das isst nämlich auch ein Brite üblicherweise nur, wenn er mal im Hotel ist. Zu Hause geht es deutlich gesünder zu. Viele Übernachtungshäuser bieten insofern morgens längst auch frisches Obst oder Quark und Joghurt an.

Erkunden Sie mittags keinen *Fish-and-Chips-Shop,* sondern machen Sie es wie die Londoner: Holen Sie sich ein frisches Sandwich mit Fisch, Käse oder Fleisch, immer belegt mit frischem Salat und Gemüse. Junge Fast-Food-Ketten wie Prêt-à-Manger oder Eat haben sich längst den gesünderen Alternativen zu Burger & Co. verschrieben. Und kehren Sie anschließend wohl, aber gesund ernährt zurück mit dem Gefühl, um ein weiteres Vorurteil ärmer zu sein.

Damit wäre ja eigentlich alles gesagt, oder?

Im Grunde ja – gehen Sie raus und entdecken Sie die Londoner Restaurantszene. Die sollte für jede Preisklasse etwas zu bieten haben. Sternerestaurants wie etwa jenes von Fernsehkoch Gordon Ramsay genießen einen international exzellenten Ruf – sind allerdings meist dementsprechend höherpreisig. Es gibt aber Alternativen, selbst einige kleinere Londoner Ketten, die Wert auf frische Gerichte legen und Convenience Food ablehnen. Übrigens inzwischen auch viele Pubs – die gemerkt haben, dass sich ein gutes Essen durchaus auch positiv auf den Getränkeumsatz auswirken kann. Wer auf blauen Dunst loszieht, sollte vorab auf den Speisekarten nach den Klassikern Ausschau halten und die logische Konsequenz ziehen: Bietet ein Koch lediglich Frittiertes an, kann er in der Regel nicht kochen. Solche Etablissements lassen längst auch die fitnessverwöhnten Londoner links liegen.

Die großen Pubketten wie Wetherspoon oder Fuller haben den Trend erkannt und bieten heute eine Kombination aus den Klassikern und der etwas bekömmlicheren britischen Küche an. Es ist nicht selten, dass man in einem Pub auch auf Gerichte wie Thunfisch-Steak mit gedünstetem Gemüse oder ein durchaus adäquates Steak stößt. Qualitativ sicherlich unterhalb eines guten Restaurants, aber durchaus essbar – und vor allem günstiger als ein Menü vom Sternekoch.

Gesunde Snacks

Briten lieben Fastfood. Und Londoner lieben es, gesund und fit zu sein. Daraus ist vor einigen Jahren ein Trend hin zu frisch zubereitetem Fastfood entstanden – Sandwiches, Salate, Wraps, Baguettes, gern ohne dicken Mayonnaise-Auftrag, stattdessen mit viel Salat und Gemüse. Selbst große Ketten wie Prêt-à-Manger, Caffè Nero oder Eat bereiten ihre Snacks jeden Tag frisch zu, auch wenn sie am Ende eingepackt im Kühlregal landen. Andere kleinere Sandwich-Shops schmieren die Stullen sogar vor den Augen der Kunden.

Selbst Supermärkte helfen, sich gesund zu ernähren: Die Sandwiches, Wraps und Salate der Lebensmittelabteilung von Marks & Spencer etwa gelten als absolute Delikatesse unter Gourmets. Londoner fallen mittags hier in Scharen ein, um sich ihren Lunch zu kaufen, den sie nicht selten in einem der Parks zu sich nehmen.

Marks & Spencer – die Kaufhauskette bietet in ihrer vielbeachteten Lebensmittelabteilung eine riesige Auswahl an Salaten, Sandwiches und anderem an.

Mehrere Standorte, u. a. direkt am West One Shopping Centre, 381 Oxford Street, London W1C 2JS (020) 74 09 17 08 www.marksandspencer.com
U-Bahn: Bond Street

Fernandez & Wells – Stadtweite Cafékette mit frischen Baguettes und Sandwiches.

Mehrere Standorte, z. B. im Somerset House, Strand, London WC2R 1LA
(020) 75 80 21 63 www.fernandezandwells.com U-Bahn: Temple

Birley Sanwiches – Kleine Kette mit mehreren Filialen in London.

Z. B. 1–6 Essex Street, London WC2R 3HY (020) 72 40 33 40
www.birleysandwiches.co.uk U-Bahn: Temple

Kaffeebars

Dass Briten nicht kochen können, haben wir eben bereits als nicht haltbar analysiert. Falsch ist inzwischen aber auch die weit verbreitete Legende, dass es auf der Insel keinen vernünftigen Kaffee gibt. Die Zeiten von Instantbrühe sind seit vielen Jahren vorbei. Viele noch so kleine Pubs und Restaurants verfügen inzwischen über eine italienische Espressomaschine (wunderbare Siebträger übrigens – nicht, wie hierzulande oft üblich, die schlichten Vollautomaten).

Coffeeshopketten wie Caffè Nero, Costa und Coffee Republic bestimmen das Straßenbild und haben den internationalen Marktführer Starbucks in puncto Umsatz glatt auf einen hinteren Platz verdrängt. Dazu gibt es Tausende kleiner, teils individueller Kaffeebars – in jedem noch so kleinen Stadtteil Londons, in jedem Einkaufszentrum, häufig sogar in größeren Supermärkten.

Übrigens sind zunehmend kleine britische Kaffeeröstereien entstanden, die mit sehr viel Liebe und Können wunderbare Kaffeesorten produzieren.

Tap Coffee – kleine Londoner Coffeeshopkette mit derzeit drei Filialen.

Mehrere Standorte, z. B. 93 Wardour Street, London W1F 8ZF (020) 75 80 21 63
www.tapcoffee.co.uk U-Bahn: Oxford Circus, Tottenham Court Road

Freestate Coffee – unabhängiger Coffeeshop.

23 Southampton Row, London WC1B 5HA (020) 79 98 10 17
www.freestatecoffee.co.uk U-Bahn: Holborn

Prufrock Coffee – Kaffeebar und Barista-Trainings-Zentrum.

23–25 Leather Lane, London EC1N 7TE (020) 72 42 04 67
www.prufrockcoffee.com U-Bahn: Chancery Lane

Die Küche des Commonwealth

Die multikulturelle Gesellschaft Londons wird nirgends deutlicher als in der internationalen Auswahl an Restaurants. So ziemlich jede Nation des Commonwealths ist in der Gastroszene mit mindestens einem Dutzend oft wirklich guter Lokale vertreten. Dazu gibt es die übliche internationale Gastronomie, etwa italienische, chinesische oder südamerikanische Restaurants. In Soho hat sich rund um die Gerrard Street ein kleines China Town entwickelt, wo man vergleichsweise authentische chinesische Küche bekommt. Indische Restaurants gelten in London allgemein als außerordentlich gut – manche behaupten sogar, sie seien besser als in Indien selbst. Oft trifft dies selbst auf kleine Take-Away-Läden in Randlagen zu, die für wenig Geld traumhafte Gerichte zaubern.

Royal China – Original Dim Sum aus China und mehr.

13 Queensway, London W2 4QJ (020) 72 21 25 35
U-Bahn: Bayswater, Queensway

Cinnamon Club – Modernes indisches Restaurant in der edlen viktorianischen Atmosphäre einer früheren Bibliothek.

Old Westminster Library, 30–32 Great Smith Street, London SW1P 3BU
(020) 72 42 04 67 www.cinnamonclub.com
U-Bahn: St James's Park, Westminster

Baozi Inn – Beliebtes chinesisches Restaurant in China Town.

26 Newport Court London, London WC2H 7JS (020) 72 87 68 77
www.baoziinnlondon.com U-Bahn: Leicester Square

Chicken Tikka Masala

Das Standardgericht eines jeden indischen Restaurants heißt – vor allem in London – *Chicken Tikka Masala,* gern *CTM* abgekürzt. Dabei handelt es sich im Grunde um mariniertes Hähnchen nach Tandoori-Art, ergänzt um eine Gewürzmischung namens Masala und eine tomatenhaltige Soße. Das kuriose dabei: *Chicken Tikka Masala* ist ein Gericht, das in Indien eher unbekannt ist – es handelt sich um eine rein britische Erfindung, entstanden irgendwann nach dem Zweiten Weltkrieg irgendwo auf der Insel. Wo genau, weiß heute niemand mehr – es kursieren unterschiedlichste Varianten der Entstehungsgeschichte. Weil es aber in Großbritannien so beliebt ist, wird *Chicken Tikka Masala* auch gern als heimliches britisches Nationalgericht bezeichnet. Von den in den indischen Restaurants Großbritanniens verkauften Gerichten soll allein ein Viertel *CTM* sein, wie Umfragen immer wieder bestätigen. Selbst viele Pubs und Fast-Food-Läden haben diese Speise auf ihren Karten. Probieren sollte man es aber unbedingt in einem indischen Restaurant, die es meist nach indischer Art verfeinern.

Punjab. Das angeblich älteste nordindische Restaurant Großbritanniens ist bekannt für sein Hausrezept eines Chicken Tikka Masalas.

80 Neal Street, London WC2H 9PA (020) 78 36 97 87
www.punjab.co.uk U-Bahn: Covent Garden, Tottenham Court Road

Aladin. Mehrfach ausgezeichnetes Curry-House in der Brick Lane.

132 Brick Lane, London E1 6RU (020) 72 47 82 10
www.aladinbricklane.co.uk U-Bahn: Shoreditch High Street

Hason Raja. Indisches Restaurant in Bloomsbury.

84 Southampton Row, London WC1B 4BB (020) 72 42 33 77
www.hasonraja.co.uk U-Bahn: Holborn, Russell Square

Londons Fernsehköche

Sie gelten als Vorreiter der neuen britischen Küche, und sie haben ihre eigene Vermarktung längst professionalisiert: Fernsehköche wie Gordon Ramsay oder Jamie Oliver haben einen wahren Hype bei Kochsendungen ausgelöst – von *Kitchen Nightmares* über *The naked Chef* bis zur *Food Revolution*. Und sie sind bis heute fester Bestandteil der Medien, ebenso wie der immer größer werdenden Kochbuchbranche. In London haben beide eine Reihe von Restaurants eröffnet, sogar kleine Ketten, von denen einige durchaus einen Besuch wert sind – viele sind übrigens deutlich preiswerter als man vermuten sollte, wenngleich natürlich teurer als ein Fast-Food-Restaurant:

Fifteen. Jamie Olivers erstes Restaurant, das inzwischen Ableger in Cornwall und Melbourne gefunden hat.

15 Westland Pl, London N1 7LP (020) 33 75 15 15
www.fifteen.net U-Bahn: Old Street

Recipease. Jamie Olivers Kombination aus Kochschule, Café und Lebensmittelhandlung.

Mehrere Standorte, z. B. 92–94 Notting Hill Gate, London W11 3QB
(020) 33 75 53 98 www.jamieoliver.com/recipease
U-Bahn: Notting Hill Gate

Jamie's Italian. Basierend auf Rezepten aus seinem gleichnamigen Buch hat Jamie Oliver in ganz Großbritannien eine Kette italienischer Restaurants gegründet.

Viele Standorte, z. B. 158 The Street, Westfield Stratford City, London E20 1EN
(020) 35 35 80 63 www.jamieoliver.com/italian U-Bahn: Stratford

Gordon Ramsay. Das Drei-Sterne-Restaurant des britischen Starkochs.

68 Royal Hospital Road, London SW3 4HP (020) 73 52 44 41
www.gordonramsay.com/royalhospitalroad U-Bahn: Sloane Square

The Narrow. Gordon Ramsays gemütlicher Pub mit Restaurant direkt an der Themse.

44 Narrow Street, London E14 8DP (020) 75 92 79 50
www.gordonramsay.com/thenarrow DLR: Limehouse

The River Café. Kein Fernsehkoch, aber bekannt durch zahlreiche Kochbücher der beiden Gründerinnen Ruth Rogers und Rose Gray. Jamie Oliver kochte hier in einer frühen Phase seiner Karriere als Sous-Chef.

Thames Wharf, Rainville Road, London W6 9HA (020) 73 86 42 00
www.rivercafe.co.uk U-Bahn: Hammersmith

19 Restaurant

Londons versteckte Gebühren

Die Restaurantszene prägt eine Großstadt, dennoch hatte ich in den ersten Tagen immer versucht, irgendwo eine Kleinigkeit im Pub zu essen. Sich allein von Kellnern bedienen zu lassen und ganz still ohne Gesprächspartner einen Hauptgang zu verdrücken, ist gemeinhin nicht meine Sache. Im Pub war selbst das Alleinsein geselliger. Davon abgesehen, dass man nie lange allein war, weil sich früher oder später immer irgendein Gespräch ergab. Und sei es über die Kleinigkeit zu essen. An diesem Abend sollte es mehr als eine Kleinigkeit werden. Das Mittagessen fiel mangels Zeit flach, auch das Frühstück war eher in Eile genommen. Mein Magen hing auf halb acht.

Nicht weit vom Hotel war mir am Vorabend ein indisches Restaurant aufgefallen. Nicht schäbig, aber auch nicht so modern, wie sich manche Lokale in London gern geben. Eben Durchschnitt. Aus Deutschland hatte ich gelernt, dass eine bessere Inneneinrichtung eines Restaurants nicht unbedingt auf eine bessere Küche schließen lassen muss. Mein Lieblingsitaliener daheim war eine objektiv gesehen eher schäbige Spelunke; das Essen darin schien aus meiner Sicht dennoch phänomenal. Ich hoffte auf einen ähnlichen Erfolg an diesem Abend, zumal die indische Küche zu meinen bevorzugten gehört.

Ich wusste, was ich wollte und ließ mir infolgedessen (und vor allem infolge meines infernalischen Hungers) erst gar nicht die Karte geben, sondern bestellte prompt aus dem Gedächtnis: *Chi-*

cken Tikka Masala, marinierte Hähnchenstücke in einer Tomatensoße aus indischen Gewürzen. Mein Leibgericht. Die Frage nach Reis oder Naan* bejahte ich entsprechend meines Hungers: beides. An diesem Abend lasse ich es, allen überschaubaren Spesenetats zum Trotz, mal krachen. Dachte ich mir zumindest.

Und der Abend verlief wie erwartet: Überragendes Essen, das in einer schier unglaublichen Geschwindigkeit serviert wurde; wenngleich relativ unmotiviert. Fast kommentarlos stellte mir der Kellner die Teller und Schalen auf den Tisch. Das wirkt umso trister, je stiller man selbst den Abend vor sich hin starrt. Na warte, dachte ich bei mir, und nippte am indischen Bier, das ich mit bestellt hatte. Das wird sich aufs Trinkgeld auswirken.

Das Essen stimmte mich indes milder: Das Hühnchen war ein Gedicht. Und auch einen Naan-Fladen wie diesen hatte ich noch nie erlebt. Er war so frisch, dass er gerade erst aus dem Feuer gekommen sein musste. Den Reis schaffte ich nicht mal mehr, weil ich angesichts der Portion und der Brotgröße pappsatt war.

Ich musste dringend ein paar Schritte zur Verdauung laufen, was kein Problem darstellte, denn die Rechnung kam ebenso prompt wie das Essen: Hübsch dezent in einem Klappmäppchen mit herausschauender Visitenkarte, das so modern gestaltet war, dass es dem Erscheinungsbild des Restaurants nicht im Ansatz entsprach. Während ich mir noch so meine Gedanken darüber machte, öffnete ich das Mäppchen und erschrak: Mein Essen schlug mit sage und schreibe knapp 33 Pfund zu Buche. Dafür wären bei meinem schäbig ausschauenden Stammitaliener locker zwei Personen satt geworden. Ein Versehen? Ich ging die einzel-

* Naan: Eine in Indien, Pakistan und Bangladesch weit verbreitete Brotsorte, in etwa eine Mischung aus einem sehr flachen Fladenbrot und einem Pizzateig, teilweise mit Koriander oder anderem gewürzt. Naan wird idealerweise im offenen Feuer gebacken, zumindest aber bei sehr großer Hitze. Das Wort »Naan« stammt aus dem persischen Sprachraum und bedeutet schlicht »Brot«.

nen Posten durch, die mir für ein Hauptgericht verdächtig viel erschienen: Chicken Tikka Masala 16 Pfund – okay, Hauptstadtpreise, dachte ich. Naan 4 Pfund – schien normal zu sein. Der Reis war einzeln aufgeführt, noch mal 4 Pfund. ›Es gibt durchaus Restaurants daheim, in denen wäre der inbegriffen gewesen‹, murmelte ich vor mich hin. Ein Bier war mit 5 Pfund veranschlagt. Restaurantpreise eben.

Aber was war das? *»Service Charge 12,5 %«?* Ich hatte offenbar mit fast vier Pfund die Personalkosten des Restaurants unterstützt. Ein Zwangstrinkgeld für diesen eher mäßigen Service? Ich schäumte innerlich. Na warte, dachte ich, dann gibt es eben kein richtiges Trinkgeld mehr, und beschloss, morgen wieder einen Pub zum Essen aufzusuchen.

Wo esse ich denn dann in London?

Essen gehen kann, das ist zugegebenermaßen keine neue Erkenntnis, teuer sein. Bedenkt man, dass London eine Weltmetropole ist, verwundert es auch nicht, dass essen gehen in der britischen Hauptstadt noch einmal mehr zu Buche schlagen kann als etwa in Honiton oder Hexham, kleineren Orten Englands. Was einem jedoch auf der Rechnung in manchem Londoner Lokal präsentiert wird, lässt manchen nur noch widerwillig die Kreditkarte zücken – weil das Bargeld nicht ausreicht: Pauschal schlagen die meisten großen Restaurants in der Innenstadt 12,5 Prozent sogenannte *Service Charge* auf den Rechnungsbetrag auf. Dabei handelt es sich um eine allgemein etablierte Gebühr für Kostenpunkte wie Personal, Energie, Miete und Einrichtung. Der Gast zahlt also quasi dafür, dass er bedient wurde und sich setzen durfte.

So recht mögen sich auch viele Londoner mit dieser Zwangsabgabe nicht anfreunden, weshalb beispielsweise große, internationale Restaurantketten längst auf sie verzichten: ein Wettbewerbsvorteil, wie viele finden. Komplizierter wird es bei manch britischer Kette: Wo man in Bristol, Cambridge oder Manchester noch gebührenfrei Pizza essen kann, wird in London mitunter eine *Service Charge* aufgeschlagen – selbst wenn außen derselbe Markenname über der Tür hängt. Und es wird noch komplizierter: Mitunter wird die Gebühr zwar in zentralen Gegenden wie dem West End verlangt, nicht aber in den Außenbezirken Londons, teilweise schon nicht mehr auf der anderen Themse-Seite.

Beim ersten Besuch eines asiatischen Restaurants in London wird man zudem noch die Bekanntschaft mit dem Baukastensystem à la Billigflieger machen: Die Preise in den Speisekarten gelten grundsätzlich nur für das, was auch beschrieben ist – dazu gehören, anders als bei uns üblich, keine Beilagen wie Reis oder Brot. Selbst wer sich in italienischen Restaurants an dem eilig auf den Tisch gestellten Brotkorb bedient, wird dafür mitunter zahlen müssen – ähnlich wie übrigens in Italien selbst.

Einige Restaurants waren Ende der neunziger Jahre besonders einfallsreich: Als die damalige Labour-Regierung den Mindestlohn einführte, nutzten sie eine Gesetzeslücke aus. Sie zogen *Service Charge* und Trinkgeld zur Berechnung des Lohnes hinzu – die Angestellten bekamen also eigentlich weniger als den gesetzlichen Mindestlohn bezahlt, erst mit der Zusatzgebühr und einem eventuellen Trinkgeld erreichten sie den neuen Standard. Eine Praxis, die erst 2009 durch eine Gesetzesänderung verboten wurde. Und die führte wiederum zu einem Umdenken der Restaurantmanager: Die *Service Charge* fließt seitdem meist wieder 1:1 in die große Buchhaltung. Das Personal ist also trotz Gebühr auf Trinkgeld der Gäste angewiesen.

Und was zahlt man nun im Restaurant? In jedem Fall das, was auf der Rechnung steht. Restaurants sind gesetzlich verpflichtet, in der Menükarte oder bereits außen auf eine eventuelle *Service Charge* hinzuweisen, auch auf deren Höhe. Wer mit der Qualität des Services oder des Essens nicht zufrieden ist und deswegen unter normalen Umständen kein Trinkgeld geben würde, muss dies vor dem Bezahlen kundtun. Die meisten Manager werden sich dann hüten, die Gebühr zu erheben – ein gesetzlicher Anspruch auf Befreiung besteht jedoch nicht.

In den meisten Fällen haben Angestellte in den Restaurants nichts von der *Service Charge* – sie erhalten einen normalen Lohn, ungeachtet der Zahl ihrer Gäste. Wer besonders zufrieden ist, gibt ihnen deswegen dennoch meist ein geringes Trinkgeld. Üblicherweise beträgt es in Großbritannien 10 bis 15 Prozent der Rechnungssumme – sofern keine Gebühr erhoben wird. Im Falle der *Service Charge* rundet man den Rechnungsbetrag je nach Sympathie auf.

Kein Trinkgeld im Pub

Pubs sind in ihrer Tradition *Public Houses,* also streng genommen eine Art öffentliche Trinkhalle. Man bestellt seine Getränke am Tresen, bezahlt sie dort und nimmt sie mit an einen freien Tisch. Auch Essen bestellt man im Pub üblicherweise am Tresen und zahlt bei der Bestellung. Es wird dann von einem Kellner an den Tisch gebracht, der jedoch kein Trinkgeld mehr erwartet. Anders ist es nur, wenn es sich um ein kombiniertes Restaurant mit Pub handelt: Wird man von einem Kellner zum Tisch geleitetet und nimmt dieser dort die Bestellung auf, hofft er auch auf ein Trinkgeld – wie im Restaurant rund 10 bis 15 Prozent der Rechnungssumme.

Ist man mit der Leistung eines Barkeepers überdurchschnittlich zufrieden, ist es aber natürlich nicht verboten, dies zu zeigen: Üblicherweise gibt man in diesem Fall kein Trinkgeld, sondern lädt den Angestellten auf ein Getränk ein: »One for yourself«, heißt es dann. Der Barkeeper wird ein Getränk seiner Wahl berechnen, es aber nicht sofort trinken, sondern erst nach Feierabend. Oder sich das Geld für später aufheben.

Essen zum Mitnehmen

Kauft man in einem Restaurant oder einem sogenannten *Take Away*, also einem Imbiss, etwas zum Mitnehmen, erwartet niemand Trinkgeld. Zahlen Sie in diesem Fall nur das, was verlangt wird. Gleiches gilt für Cafébars, in denen man sich Essen und Getränke selbst vom Tresen holt und dort bezahlt.

Trinkgeld im Hotel

Grundsätzlich sollten Sie in einem Hotel ohne Trinkgeld genauso gut behandelt werden wie mit – so wie überall auf der Welt. Es empfiehlt sich aber, vor allem in besseren Häusern, beispielsweise dem *Door Man* einen Obolus zu geben – zwei Pfund oder mehr dürfen es schon sein, wenn er ihnen den Koffer aufs Zimmer trägt. Sind Sie besonders zufrieden mit dem Putzpersonal, freut auch dies sich über ein Trinkgeld in selber Höhe.

Trinkgeld im Taxi

Taxis sind in London kaum günstiger als hierzulande – insofern erwartet auch kein Fahrer übermäßiges Trinkgeld. Üblich ist, den Betrag auf die nächste volle Pfundsumme aufzurunden. Also statt 14,10 Pfund würde man 15 Pfund zahlen. Nur wenn der Fahrer sehr entgegenkommend, unterhaltsam oder freundlich war, ist es üblich, noch ein, zwei Pfund mehr zu geben.

★ Do it yourself ★

Supper Clubs

Sie sind die Alternative zu den immer gleichen Restaurants: *Supper Clubs,* eine Art privater Untergrundlokale, sind in London seit Jahren der letzte Schrei. Die Praxis ist meist dieselbe: Privatleute laden alle paar Wochen eine begrenzte Zahl an Fremden zu einem Dinner ein (*Supper* = Abendessen). Wer wann wohin einlädt, ist über diverse Internetplattformen in Erfahrung zu bringen. Was es zu essen gibt, ist nicht immer vorab bekannt, oftmals handelt sich um ein Überraschungsmenü.

Die weiteren Regeln variieren von Veranstalter zu Veranstalter. Manche fordern von ihren Gästen, dass sie mindestens eine Person mitbringen, die zuvor noch nicht dabei war. Dies soll das Prinzip der *Supper Clubs* weiter bekannt machen. Manche Gastgeber erwarten keinen vorab festgelegten Betrag – sie nehmen, was die Gäste nach dem Essen freiwillig bezahlen. Trinkgeld? Auch hier keine Pflicht – aber durchaus gern gesehen. Im Regelfall stehen *Supper Clubs* jedem offen, auch Touristen; da sie aber immer nur an bestimmten Terminen stattfinden, empfiehlt sich eine rechtzeitige Buchung.

Einige *Supper Clubs* in London:

- www.thesupperclub-london.com
- http://backdoor-kitchen.com
- www.anniesupperclub.co.uk
- http://thecamberwellkitchen.com
- http://darjeeling-express.com

Unbedingt vermeiden

Was man in London besser nicht machen sollte

1. U-Bahn fahren zur Rushhour

Selbst Leute ohne Platzangst können angesichts der vielen Fahrgäste in manchen engen Stationen in Panik geraten.

2. London im Hochsommer

Man mag noch so viel über das englische Wetter lästern – im Sommer kann es in London heiß und stickig werden. Reisen Sie im Sommer lieber an die Küste. Frühjahr und Herbst sind perfekte Jahreszeiten für die Stadt.

3. Mit dem Auto nach London

Die City-Maut ist teuer, ein versehentliches Befahren von Busspuren kann teuer werden, Staus sind zur Rush-Hour an der Tagesordnung – und dann kommen da noch die sündhaft teuren Parkgebühren hinzu. Sparen Sie es sich! Die öffentlichen Verkehrsmittel sind perfekt.

4. Ein romantischer Abend im West End

Für Musical-Besuche gibt es kaum bessere Gegenden – aber wer im West-End Restaurants oder Pubs aufsucht, muss sich auf höhere Preise, schlechteren Service und überfüllte Räume gefasst machen. London ist groß – es gibt viele bessere Gegenden für einen netten Abend.

5. Kurzfristig buchen

London ist immer von Touristen bevölkert – Hotelzimmer und Flüge sind günstiger, wenn man sie möglichst weit im Voraus bucht. Last Minute bietet für die britische Hauptstadt keine Preisvorteile – und wird oftmals auch gar nicht angeboten.

6. Auf blauen Dunst Touristenattraktionen aufsuchen

Wenn Sie unbedingt Madame Tussauds oder ähnliches besuchen wollen (wofür es eigentlich keinen nennenswerten Grund gibt), sollten Sie vorab online buchen: Meist spart man dadurch Eintrittsgeld und kann mitunter an der oft Dutzende Meter langen Warteschlange vorbeiziehen.

7. Ungesehen Hotels buchen

London verfügt über einige der schönsten Hotels der Welt – aber es gibt hier auch einige der vermutlich schlechtesten. Winzige Zimmer, primitive Bäder, extrem teure Parkplätze: Wer nicht aufpasst, kann viele Überraschungen erleben. Am besten checkt man vor der Buchung in den diversen Bewertungsportalen im Internet, wie das ausgesuchte Hotel wirklich ist.

8. Schlecht essen

Es gibt sie noch, die Reliquien vergangener britischer Kochkünste. Wenn Ihnen ein Pub lediglich frittiertes Essen anbietet, werden Sie wach – denn das bedeutet meist, dass der Koch nicht kochen kann. Suchen Sie Lokale mit frischen Zutaten oder holen Sie sich frisch belegte Sandwiches oder Salate aus einem Supermarkt – all dies ist meist deutlich besser als Würstchen und frittierte Hähnchenschenkel.

9. Auf deutsche Tugenden pochen

Briten sind überaus gastfreundlich und leidenschaftsfähig. Was sie aber gar nicht mögen, sind Penetranz und Aufdringlichkeit. Wenn ein Bus beispielsweise mal fünf Minuten zu spät kommt, wird sich kein Brite beschweren. Jeder erwartet ein gewisses Maß an Anpassungsfähigkeit auch von Besuchern.

10. Zu spät zum Flughafen

Egal, ab welchem der Londoner Flughäfen Sie fliegen – planen sie großzügig Zeit für den Weg dorthin ein. Staus, Streiks, Unfälle, ausgefallene Züge, bummelnde U-Bahnen, geschlossene Stationen, es gibt Tag für Tag viele Möglichkeiten, seinen Flug zu verpassen. Und allein die reguläre U-Bahn-Fahrt nach Heathrow kann fast eine Stunde dauern, der Zug nach Stansted benötigt ohne Zwischenfälle mindestens 45 Minuten.

20 Märkte

London kauft ein

Es war ein Versehen. Und ich kann mir auch nicht erklären, wie es dazu kam. Bei einer Smalltalk-Runde im Kollegenkreis kamen wir auf das Thema Einkaufen. Ich weiß nicht mehr, wieso überhaupt – es ging eigentlich um die große britische Politik, um das Weltgeschehen als Ganzes. Douglas Hurd hatte am Nachmittag zu uns gesprochen, einst Außenminister unter Margaret Thatcher, und bekannt für seine deutlichen, wenngleich kontroversen Ansichten. Ausreichend Gesprächsstoff also. Es ging um Außenpolitik und die Gefahren der Welt, darum, dass alles ganz anders kommen könnte, wenn man nicht aufpasse. Und es war eigentlich interessant – doch aus irgendeinem Grund endeten wir später im Salon bei einer Debatte über Globalisierung. Und die führte uns über Hölzchen und Stöckchen und schließlich zum Angebot des britischen Einzelhandels.

Eine Kollegin aus dem Süden Deutschlands, die sich ein paar Tage zuvor zum ersten Mal in der britischen Hauptstadt umgesehen hatte, begann vom Wochenmarkt in ihrer Heimat zu berichten. Das Gemüse frisch vom Feld, die Eier seien beinahe noch warm, so kurz seien die Transportwege – das Essen daheim: ein Inbegriff des lokalen Marktes. Kurze Wege, gesunde Produkte. »Das ist die Zukunft«, sagte sie. Man muss dazu sagen, dass es eine Zeit war, in der Bioprodukte noch nicht in jedem Supermarkt zu finden waren, und sich auch über das Prinzip des regionalen Handels kaum jemand Gedanken gemacht hatte.

Und ich weiß nicht mehr wieso, aber ich stimmte ihr zu, bevor irgendjemand der anwesenden Londoner Kollegen zu Wort kam. Ich kannte Sainsbury's, Tesco und Waitrose – große britische Supermarktketten, wie sie von anderen Konzernen unter anderen Namen auch in Deutschland betrieben werden. Das gute Gefühl beim Essen, sagte ich, bekomme ich nur, wenn ich auf dem Wochenmarkt einkaufe. Damals hatte ich eine Wohnung unweit eines Wochenmarktes, der an jedem Donnerstag eine Fußgängerzone derart zusperrte, dass man nicht mal mehr eben schnell ein Brötchen kaufen gehen konnte. Überall standen entweder Stände oder Kunden herum. Ich kann mich erinnern, dass ich zwar die Produkte mochte, nicht aber den Erwerb derselben. Wieso also ausgerechnet ich eine Lanze für die Institution Wochenmarkt brach, blieb mir im Nachhinein verborgen. Doch ich kam auch nicht mehr groß dazu, darüber nachzudenken.

Es war der Kollege einer Londoner Tageszeitung, der sich zurücklehnte, Luft holte, während er genüsslich grinste, und uns unterbrach: Auch wer in London etwas auf gutes Essen gebe, kaufe auf Wochenmärkten ein. Ein paar Dutzend gebe es, doch die verrate man den Touristen nicht. »Wenigstens auf den Märkten«, sagte er, »wollen wir schon noch unter uns sein.«

Die anderen verstummten. Wie, um Himmels Willen, war ich bloß auf die Idee gekommen, ausgerechnet hierzulande würde es keine Märkte geben? Ich trat die Flucht nach vorn an: »Wie war das noch vorhin mit dem zweiten Punkt von Mister Hurd …?«

Wo finde ich denn die Märkte?

Hier und dort und überall – wer genau hinschaut, sieht, dass London voller Wochen- und Trödelmärkte ist. Sie finden nur nicht alle an jedem Tag statt. Es gibt welche für Lebensmittel, andere für Antiquitäten oder Blumen, wieder andere überwiegend für

Bekleidung. Und dann wieder welche, die alles zusammen anbieten. Einige tun dies nur sonnabends, andere an (fast) jedem Tag der Woche. Ein Marktbummel will, wie im Grunde in Deutschland auch, gut vorbereitet sein. Das Wichtigste: Die Märkte orientieren sich eher an nordeuropäischen als an südeuropäischen Handelsgewohnheiten. Feilschen ist wie im gesamten Vereinigten Königreich eher die Ausnahme, wenngleich viele Händler einem durchaus einen Mengenrabatt oder Ähnliches anbieten.

Londons schönste Märkte

Besondere Empfehlungen sind mit ★ markiert.

Alfies Antique Market: Londons größter überdachter Antiquitätenmarkt mag nicht besonders hübsch sein – die Auswahl ist gleichwohl erschlagend.

13–25 Church Street, St. John's Wood, London NW8 8DT
www.alfiesantiques.com Di–Sa 10–18 Uhr
U-Bahn: Marylebone Station/Edgware Road

Borough Market: Unter den eisernen Pfeilern der London Bridge hat sich einer der größten Lebensmittelmärkte Londons mit einem Schwerpunkt auf landwirtschaftlichen Produkten angesiedelt. Einkaufen wie zu Zeiten Queen Victorias!

8 Southwark Street, London SE1 1TL www.boroughmarket.org.uk
Do 10–17 Uhr, Fr 10–18 Uhr, Sa 8–17 Uhr U-Bahn: London Bridge

★ **Brick Lane Market:** Londons buntester Flohmarkt – an jedem Sonnabend verwandelt sich die Brick Lane in eine Trödelmeile, im Angebot sind unter anderem Möbel, Bekleidung und Platten.

🏠 Brick Lane, London ↗ www.visitbricklane.org
🕘 Sa 10–17 Uhr ◎ U-Bahn: Whitechapel/Shoreditch High Street

★ **Brixton Market:** Mehrere Einzelmärkte, die ein Gesamtensemble bilden, darunter ein Trödelmarkt unter Arkaden sowie ein ganz normaler Straßenflohmarkt.

🏠 Electric Avenue, London SW9 8JP ↗ www.brixtonmarket.net
🕘 Mo–Do/Sa 8–18 Uhr (Mi bis 15 Uhr) ◎ U-Bahn: Brixton

Broadway Market: Ein großer Lebensmittelmarkt in Hackney, im Norden Londons.

🏠 The Broadway, Hackney, London ↗ www.broadwaymarket.co.uk
🕘 Sa 9–17 Uhr ◎ U-Bahn: Bethnal Green, Bahn: London Fields

Camden Lock Market: Ein bunter Straßenmarkt mit Bekleidung, Accessoires, Kunst und Musik, direkt an der alten Schleuse von Camden.

🏠 Camden Lock Place, Chalk Farm Road, London NW1 8AB
↗ www.camdenlockmarket.com 🕘 Mo–Sa 10–18 Uhr
◎ U-Bahn: Camden Town/Chalk Farm

Columbia Road Flower Market: Zwischen den kleinen Shops der Columbia Road im Londoner East End bauen an jedem Sonntag Blumenhändler ihre Stände auf. Der Markt gilt als größter und bedeutendster Blumenmarkt Londons.

🏠 Columbia Road, London E2 ↗ www.columbiaroad.info
🕘 So 8–15 Uhr ◎ U-Bahn: Bethnal Green

Covent Garden: Londons traditionelles Marktviertel ist zwar inzwischen Treffpunkt der Hippen und Schönen geworden, mit allen Filialen aller angesagter Modemarken; doch es gibt auch noch die wunderschöne alte Markthalle direkt auf dem viereckigen Platz. Vor allem Kunst und Kunsthandwerk sind hier erhältlich.

🏠 Covent Garden Piazza, The Market, London WC2E 8RF
↗ www.coventgardenlondonuk.com 🕘 Mo–Fr 10–21 Uhr, Sa 9–20 Uhr, So 11.30–18 Uhr ◎ U-Bahn: Covent Garden/Leicester Square

Greenwich Market: Auf dem alten überdachten Markt von Greenwich bieten vor allem lokale Produzenten ihre Kunst- und Einrichtungsgegenstände sowie Antiquitäten an. Je nach Wochentag unterschiedliche Stände.

🏠 Greenwich High Road, London SE10 8JL ↗ www.greenwichmarketlondon.com
🕘 Di–So 10–17.30 Uhr, umliegende Geschäfte auch Mo. ◎ DLR: Cutty Sark

Leadenhall Market: Londons vermutlich schönste Marktarkaden befinden sich im Finanzviertel und sind heute ein traumhaft restaurierter Treffpunkt für Gourmets.

🏠 Gracechurch Street, London EC3V 1LR ↗ www.cityoflondon.gov.uk/leadenhall
🕘 Mo–Fr 7–18 Uhr ◎ U-Bahn: Bank/Monument

Old Spitalfields Market: Die viktorianische Markthalle aus dem 19. Jahrhundert beinhaltet einen der schönsten Kunst- und Antiquitätenmärkte Londons.

🏠 Commercial Street, London E1 6EW ↗ www.oldspitalfieldsmarket.com
🕘 Mo–Fr 10–17 Uhr, Sa 11–17 Uhr, So 10–17 Uhr ◎ U-Bahn: Liverpool Street

Petticoat Lane Street Market: Ein klassischer Straßenflohmarkt unweit des Bahnhofs Liverpool Street. Lustigerweise gibt es die Petticoat Lane selbst gar nicht mehr – sie heißt längst Middlesex Street. Der alte Name des Marktes jedoch hat sich eingebürgert.

Zwischen Middlesex Street und Goulston Street · So 9–14 Uhr, wochentags gibt es kleinere Märkte auf der Wenworth Street · U-Bahn: Aldgate

★ **Portobello Road Market:** Der nach eigenen Aussagen »größte Antiquitätenmarkt der Welt«. Mehr als 1.000 Händler bauen hier ihre Stände auf beziehungsweise öffnen ihre kleinen Läden zur Straße hin.

Portobello Road, London W11 · www.portobellomarket.org
Mo–Sa 9–18 Uhr (Do bis 13 Uhr), Sa 7–17.30 Uhr auch Antiquitäten, sonst überwiegend Lebensmittel und Bekleidung · U-Bahn: Notting Hill Gate

★ Do it yourself ★

Eine Tour über die Gourmetmärkte

Mind the Gap Tours bietet zweimal die Woche eine Gourmetführung über den Borough Market und den Brixton Market an. Im nicht ganz günstigen Preis von 45 Pfund sind viele Essensproben enthalten. Die vierstündige Tour findet immer mittwochs und sonnabends statt.

www.mindthegaptours.com/eatlondon

21 Verkehr

London geht zu Fuß

So hilfreich neue Technik auch sein kann, sie birgt zugleich immer die Gefahr neuer Unannehmlichkeiten. Oder wann ist im Mittelalter mal jemand von einem Segway gefallen? Oder im Fahrstuhl steckengeblieben? Oder hat einen Spiegel wegen zu frühen Einschaltens der elektrischen Zahnbürste vollgespritzt?

London hat darüber hinaus mit einem ganz anderen Problem der Evolution zu kämpfen: Kurznachrichtenschreiber auf Fußgängerwegen. Sie heißen SMS, WhatsApp oder iMessages, und alle haben offenbar eines gemeinsam – sie werden mit Vorliebe auf der Straße geschrieben. Die Londoner tippen, was das Zeug hält – im ganzen Land werden jede Stunde rund fünf Millionen Nachrichten verschickt –, und vergessen dabei ihre Umgebung. Immer wieder laufen sie mit Blick auf ihr Smartphone gegen Briefkästen, Laternenpfähle oder geparkte Autos, rennen andere Fußgänger um, verfehlen nur um Haaresbreite herumstreunende Hunde und Katzen. Oft mit ernsthaften Folgen: Um die 70.000 Opfer soll es allein in London Jahr für Jahr geben. Es gibt sogar schon einen Namen für sie: »*Walk 'n' Text Victims*«, Lauf-und-Schreib-Opfer. Und wie immer bei Problemen größeren Ausmaßes gibt es einen Brennpunkt: die Brick Lane im Nordosten der Londoner Innenstadt ist es in diesem Fall. Vor allem wegen der zahlreichen herumstehenden Straßenmöbel sowie der vielen Besucher dieser für Curry-Restaurants bekannten Straße scheint die Zahl der Opfer hier deutlich schneller gestiegen zu sein als in anderen Gegenden. Die Verletzungen reichen von einfachen Blessuren bis hin zu Knochenbrüchen.

Eine Entwicklung, die die Londoner Verwaltungsbeamten auf den Plan gerufen hat: Sie haben die Brick Lane vor Jahren in einem Feldversuch zur ersten *»Safe Text«*-Straße des Vereinigten Königreichs gemacht. Laternenmasten wurden mit dicken Polstern ummantelt, ähnlich wie den Pfosten auf Rugbyfeldern. Die Zahl der Verletzungen ging daraufhin tatsächlich zurück – doch störten sich die Londoner daran, nun durch ein offensichtliches Hindernisfeld aus weiß ummantelten Straßenlaternen zu marschieren. Vielleicht aus einem naheliegenden Grund: Die Polster waren aus Kostengründen mit Werbung versehen – jener eines Kurznachrichtendienstes.

Also Augen auf im Straßenverkehr?

Sowieso – und die SMS oder Facebook-Nachricht vielleicht nicht gerade im Gehen schreiben! Im Grunde kann man in London als aufmerksamer Fußgänger auch gar nicht viel falsch machen – selbst wenn man aus dem rechtsfahrenden Kontinentaleuropa kommt. Auf den Straßen sind in großen Lettern Hinweise wie *»Look left«* oder *»Look right«* (Sieh nach links/rechts) angebracht, damit man auch als Auswärtiger beim Überqueren trotz Linksverkehrs wirklich in die richtige Richtung schaut und nicht etwa von einem herannahenden Auto überfahren wird. Es gibt Fußgängerwege, Ampeln, Brücken, Rolltreppen, Fahrstühle und was einem das Leben noch so erleichtern kann. Zebrastreifen sind meist mit einer blinkenden Warnleuchte ausgestattet, damit auch wirklich jeder Autofahrer anhält, egal in welchem Zustand oder in welchem Alter.

Die Beine werden wie in Deutschland eines nach dem anderen bewegt. Und doch gibt es etwas, das anders ist als in vielen anderen Großstädten, und vor dem sich vor allem Autofahrer in Acht nehmen sollten: Der echte Londoner wartet nicht an roten Fußgängerampeln. Man geht – schaut vielleicht einmal kurz nach links oder rechts – einfach weiter. Immer, zu jeder Tageszeit, an jedem Ort. Üblicherweise macht es auch nichts aus, wenn etwa ein Polizist hinter einem steht; er wird sich im Zweifelsfall genauso verhalten (was an dieser Stelle aber ausdrücklich nicht als Aufforderung verstanden werden soll!).

Das Ganze ist umso erstaunlicher, als sich Londoner in Autos gemeinhin ganz anders verhalten: Niemals würde man auf die Idee kommen, mit seinem Fahrzeug noch schnell bei einer gelben Ampel über die Straße zu rutschen, erst recht nicht bei einer roten. Briten sind sehr defensive Autofahrer – selten benutzen sie die Hupe; ein Zebrastreifen wird erst überquert, wenn auch wirklich der letzte Fußgänger seine Füße von der Fahrbahn bewegt hat. Bei einigen Fußgängerampeln gibt es eine Übergangsphase mit blinkenden Lichtzeichen, während der die Passanten noch die Gelegenheit haben, ihren Weg über die Fahrbahn zu Ende zu bringen; ist niemand mehr auf der Straße, dürfen Autofahrer aber auch schon dann weiterfahren. Auch hier gilt: Niemand würde es auch nur wagen, heranzurollen, wenn sich noch irgendein Fuß irgendwo auf der Fahrbahn befände, selbst wenn man theoretisch längst vorbei käme.

Horrende Strafen für Autofahrer

Das liegt auch an den horrenden Strafen, die Autofahrern drohen: Das Nichtbeachten einer roten Ampel oder das Befahren einer Busspur kann leicht mit 200 Pfund zu Buche schlagen, für Missachtung von Überholverboten können es bis zu 400 Pfund werden und die Strafen für Alkohol am Steuer reichen bis zu 3.000 Pfund. Unnötig zu erwähnen, dass auch die Strafe für falsches Parken erst bei 25 Pfund beginnt und bis in den dreistelligen Bereich reichen kann. Und Zahlungen sind nicht selten: Weil die gesamte Stadt mit Verkehrsüberwachungskameras zugepflastert ist, werden Strafbescheide beinahe schon automatisiert verschickt. Hinzu kommt ein Großaufgebot an Stadtmitarbeitern, das geparkte Autos kontrolliert. Oft hat ein Mitarbeiter nur eine Straße zu beaufsichtigen und läuft diese entsprechend häufig auf und ab. Hinzu kommen feste und mobile Kameras, die die *Congestion Zone*, die Innenstadtmautzone, überwachen. Und außerdem: Gebührenbescheide für Delikte des ruhenden Verkehrs werden umgehend auch in die Heimat des Fahrzeughalters geschickt. Mietwagenfirmen berechnen solche Bescheide mit einem Verwaltungskostenaufschlag weiter an den betreffenden Mieter. Auch als Tourist muss man sich also darauf gefasst machen, für jegliches Vergehen im Straßenverkehr zur Rechenschaft gezogen zu werden. Hinzu kommt: Wer falsch parkt, muss damit rechnen, dass sein Wagen mit einer Radkralle versehen wird, die nur nach sofortiger Bezahlung der Strafe gelöst wird.

Linksverkehr

Es gibt etliche Theorien darüber, weshalb man in Großbritannien und den meisten früheren Kolonien der Briten links fährt. Der wirkliche Beweis steht bislang aus. Klar ist: Der Linksverkehr hat eine sehr lange Tradition, und er war ursprünglich auch in etlichen weiteren europäischen Ländern üblich. Zuletzt war er in Schweden (1967) und auf Island (1968) abgeschafft und durch Rechtsverkehr ersetzt worden. Unklar ist die Herkunft: Schon die alten Römer sollen links geritten sein, heißt es mancherorts, um mit der rechten Hand entgegenkommende Gegner bekämpfen zu können. Erst Napoleon, der Linkshänder gewesen sein soll, wird nachgesagt, Europa auf Rechtsverkehr getrimmt zu haben.

Keine dieser Theorien ist je glaubhaft als Ursprung des heutigen Linksverkehrs belegt worden. Gesichert ist, dass es ihn über Jahrtausende gegeben haben muss. In einem alten römischen Steinbruch bei Swindon stellten Historiker fest, dass eine Wagenspurenreihe tiefer ausgeprägt war als die danebenliegende – der Transport aus dem Steinbruch heraus war schwerer als die Rückkehr. Es handelte sich dabei um die vom Steinbruch aus gesehene linke Spur. Zudem sind auf alten römischen Münzen Reiter zu abgebildet, die mit der rechten Schulter aneinander vorbeireiten – also im Linksverkehr.

Heute fährt man außer in Großbritannien noch in 58 weiteren Ländern der Erde links, unter anderem in Irland, Japan, Indien, Australien und auf Malta.

Brick Lane

Die Straße im Nordosten der Innenstadt ist bekannt als Curry-Straße Londons und als *»Banglatown«,* da hier zahlreiche Einwanderer aus Bangladesh leben und sich viele Restaurants mit Gerichten aus dieser Gegend angesiedelt haben. Die Straße verläuft zwischen Swanfield und Whitechapel High Street, wobei sie im letzten Teil zur Osborn Street wird. Das vor allem für seinen alternativen Markt bekannte Spitalfields liegt in diesem Bereich. Seit Jahrhunderten war die Brick Lane immer wieder Ziel von Einwanderern aus unterschiedlichen Gegenden der Welt. Ihren Namen erhielt sie wegen der Ziegelproduktion, die hier im 15. Jahrhundert ansässig war.

◎ U-Bahn: Shoreditch High Street im Norden,
Aldgate East im Süden der Brick Lane

★ Do it yourself ★

Auf den Spuren der Beatles

Der vermutlich bekannteste Zebrastreifen der Welt befindet sich in der Londoner Abbey Road direkt an der Mündung in die Grove End Road. Hier nahmen die Beatles am 8. August 1969 das Coverbild für ihr Album *Abbey Road* auf, bei dem sie schlicht den Zebrastreifen überqueren. Der Grund für den Standort ist simpel: Das Studio, in dem das Album entstand, befindet sich hier. Es hat eine Webcam eingerichtet, die auf den Zebrastreifen gerichtet ist: ↗ www.abbeyroad.com/crossing

22 Buchmacher

London wettet

An Kreativität herrscht in London üblicherweise kein Mangel, was sich Tag für Tag unter anderem bei den großen Buchmachern der Stadt zeigt: vor allem in Bezug auf die Möglichkeit der Wetten. Ein Austritt aus der EU, der erste Torschütze des Länderspiels (ganz egal welches), die Regenwahrscheinlichkeit bei Großveranstaltungen, Pferde, Hunde, Marathonläufer, ja, selbst auf den Namen des Nachwuchses im Königshaus kann in London gewettet werden – im Grunde auf alles mit ungewissem Ausgang.

Und es wird gewettet. Mit mehr als 50 Milliarden Jahresumsatz nimmt Großbritannien im internationalen Vergleich der Buchmacher eine vordere Position ein. Und darin eingerechnet sind noch nicht einmal die staatlichen Lotterien, denn auch hierzulande wird Lotto und Ähnliches gespielt.

Eine einzelne Rennbahn wie Cheltenham verzeichnet mitunter Jahresumsätze von einer halben Milliarde Pfund. Und sie ist beileibe kein Einzelfall: Allein im Großraum London gibt es sechs große Pferderennbahnen. Weitere befinden sich in erreichbarer Entfernung im Süden des Landes, insgesamt sind es rund 60 im gesamten Vereinigten Königreich. Hinzu kommen die Filialen der großen Buchmacherketten wie William Hill und Ladbrokes. Rund 9.000 davon gibt es – ein Vielfaches dessen, was sich in deutschen Städten niedergelassen hat. Selbst die lange andauernde Wirtschaftskrise hat der Wettlust der Briten keinen Abbruch getan: Die Branche boomt. Das hat neben der kulturell bedingten

Risikofreude der Briten noch einen simplen monetären Grund: Wettgewinne sind im Vereinigten Königreich steuerfrei und das Wetten selbst unterliegt – anders als in Deutschland – keiner nennenswerten Regulierung. Auch wenn es seit 2005 offiziell die *Gambling Commission* als Regulierungsbehörde gibt, hat sich das Wettverhalten seitdem nicht merklich verändert. Nach Einschätzung dieser Kommission gibt es im ganzen Land rund 370.000 Spieler mit Suchtverhalten.

Diesem wirksam entgegenzuwirken, würde für die Politik vermutlich mindestens einen Sturm der Entrüstung bedeuten, wenn nicht das Ende der Karriere: Wetten ist eine jahrhundertealte Tradition im Land. Entstanden sein soll sie in ihren heutigen Ausmaßen zu Beginn des 19. Jahrhunderts ausgerechnet in einem der renommiertesten Gentlemen's Clubs London, dem White's Club. William Arden, der zweite Baron Alvanley, betrachtete von hier aus den Regen vor dem Fenster, und wettete schließlich 3.000 Pfund darauf, dass ein bestimmter Regentropfen eher die Fensterbank erreichen werde als ein anderer. Ob er gewann ist nicht überliefert. Klar ist nur, dass 3.000 Pfund aus jener Zeit heute umgerechnet etwa 200.000 Pfund entsprächen – was wiederum einiges nicht nur über die finanziellen Möglichkeiten der Clubmitglieder aussagt, sondern auch über deren Risikofreude. Der Club war vor allem bei Politikern sehr beliebt.

Weil sich aus der Wette des Barons eine gewisse Leidenschaft auch anderer Clubmitglieder entwickelte, entstand fast beiläufig der Beruf des Buchmachers: Alle Wetten des White's Clubs wurden in ein Buch eingetragen. Das dafür Verantwortliche Mitglied »machte« also gewissermaßen das »Buch«, er führte es.

Was den Deutschen ihre Lottomillionäre, sind den Briten heute ihre Wettgewinner. Einer der bekanntesten war David Threlfall, der 1964 mit einer Wette an das Buchmacherunternehmen William Hill herantrat, die sein Leben verändern sollte: Er setzte zehn Pfund darauf, dass ein Mensch vor dem 1. Januar 1970 den Mond betreten werde. William Hill willigte ein und bot eine Wettquote von 1000:1. Ein Mensch auf dem Mond – das klang damals zu utopisch. Als Neil Armstrong 1969 schließlich seinen berühmten Satz sagte – »ein kleiner Schritt für den Menschen, aber ein großer Sprung für die Menschheit« – konnte sich auch Threlfall eingeschlossen fühlen: Er war durch diesen Schritt um 10.000 Pfund reicher geworden. Geschichten wie diese sollte man sich immer vor Augen führen, wenn man in London etwa in einer Bierlaune leichtgläubig eine Wette anbietet: Sie dürfte ernst genommen werden, und im Zweifelsfall muss man sich schon sehr sicher sein über Einsatz und Voraussetzung.

Also niemals Wetten gehen?

Kommt darauf an – wie bei allen potenziell suchtgefährdeten Tätigkeiten und Genüssen sollte man es im Rahmen halten und nicht zur Regel werden lassen. Dann aber kann zum Beispiel ein Ausflug auf eine der zahlreichen Pferderennbahnen rund um London durchaus ein sehr unterhaltsamer Zeitvertreib sein. Es gilt dabei einige Regeln zu beachten: Die meisten Rennbahnen sind wie bei uns für jedermann in (fast) jeder Bekleidung zugänglich. Es gibt aber durchaus auf fast allen Bahnen auch spezielle Renntage, die Abendgarderobe oder zumindest einen Anzug beziehungsweise bei Damen ein entsprechendes Kleid erfordern. Die meisten Bahnen bieten, anders als in Deutschland, während der Hauptsaison oft mehrfach die Woche Rennen an. Viele sind sogar im Winter geöffnet, wenn auch mit reduziertem Angebot.

Pferdewetten

Beim Pferderennen gibt es auf britischen Rennbahnen in der Regel zwei Möglichkeiten: Entweder wettet man beim Vertragsanbieter Totepool oder bei einem der nationalen Buchmacher. Bei den Buchmachern wird – wie bei uns – entweder auf den mutmaßlichen Sieger eines Rennens (»Sieg«) gesetzt oder darauf, dass ein bestimmtes Pferd unter den ersten Drei ins Ziel geht (»Platz«). Darüber hinaus gibt es meist die Möglichkeit von Kombiwetten (Erster und Zweiter oder ähnliches). Totepool bietet analog zu den Lottogesellschaften darüber hinaus spezielle Systemwetten an.

Ungewöhnlich ist für deutsche Spieler die Darstellungsform der Quoten: Sie werden in Großbritannien traditionell als Brüche angegeben, nicht in Dezimalform. Beispiel: Eine Quote von 5:4 würde bei einem Einsatz von 10 Pfund einen Gewinn von 10 x 5/4 = 12,50 Pfund bedeuten – zuzüglich des Einsatzes, denn in Großbritannien bezieht sich die Quote in der Regel auf den Reingewinn.

Bingo

Ein beliebter Zeitvertreib und eine Alternative zum Wetten ist vor allem für viele ältere Londoner das Bingospiel. Wie im ganzen Land gibt es etliche große Hallen, in denen teilweise Hunderte sitzen, um gemeinsam Bingo zu spielen. Wobei diese Etablissements meist eher etwas trist daherkommen und sich deswegen weniger für einen gemütlichen Abend eignen. Bingo, streng genommen eine Form des Lottos, wird in Großbritannien anders als in anderen Ländern meist mit 90 Kugeln gespielt. Ansonsten gleichen die Regeln den internationalen Standards: Nacheinander wird eine Kugel gezogen, deren Zahl man auf seinen Feldern ankreuzt (sofern sie dort verzeichnet ist). Um zu gewinnen, muss man je nach Spiel eine, zwei oder drei Reihen angekreuzt haben.

Sportwetten und anderes

Bei den Buchmachern und den Online-Anbietern kann man in der Regel auf alle großen und weniger großen Fußballspiele wetten sowie auf zahlreiche weitere Sportereignisse. Beliebt sind nach wie vor beispielsweise auch Hunderennen. Wettbüros der Buchmacher findet man an jeder größeren Straße im Stadtgebiet Londons.

★ Do it yourself ★

Pferderennen rund um London

Großbritannien ist so etwas wie das Zentrum des Pferderennens. In und um London gibt es eine ganze Reihe von Rennbahnen:

Ascot

Ascot Racecourse, High Street, Berkshire (08 44) 3 46 30 00
www.ascot.co.uk Zug ab Waterloo Station (Haltestelle Ascot, plus 500 m zu Fuß)

Epsom Downs

Epsom Downs, Surrey (0 13 72) 72 63 11 www.epsomderby.co.uk
30 km südlich, Zug ab Waterloo und Victoria Station (Haltestelle Epsom Downs, plus 1 km zu Fuß)

Kempton Park

Staines Road East, Sunbury on Thames, Middlesex (0 19 32) 78 22 92 www.kempton.co.uk 40 km südwestlich, Zug ab Waterloo Station (Haltestelle Kempton Park)

Lingfield Park

Racecourse Road, Lingfield, Surrey (0 13 42) 83 48 00 www.lingfieldpark.co.uk 40 km südlich, Zug ab Victoria Station (Haltestelle Lingfield, plus 1 km zu Fuß)

Sandown Park

Portsmouth Road, Esher, Surrey (0 13 72) 46 43 48 www.sandown.co.uk 30 km südwestlich, Zug ab Waterloo Station (Haltestelle Esher, plus 1 km zu Fuß)

Royal Windsor Racecourse

Maidenhead Road, Windsor, Berkshire (0 17 53) 49 84 00 www.windsor-racecourse.co.uk 40 km westlich, Zug ab Paddington und Waterloo Station (Haltestelle Windsor und Eton Central, plus Fußmarsch oder Taxi)

Bingo spielen wie die Londoner

Palace Bingo: Eine der größten Bingohallen im Land befindet sich im oberen Teil des Elephant & Castle Shopping Centres. Mehr als 2.000 Spieler haben hier Platz.

Elephant & Castle Shopping Centre, New Kent Road, London SE1 6TE
(020) 72 77 00 01 www.thepalaces.co.uk/london.php
U-Bahn: Elephant & Castle

23 Währung

London spart

Durch die allgemeine Verbreitung des Euro haben viele längst vergessen, wie kompliziert das Reisen innerhalb Europas noch Ende der neunziger Jahre war. Nach dem Abitur reiste ich einmal mit einem Schulfreund nach Schottland, was schon allein wegen des Pfundes auf der Insel ein Umgewöhnen erforderte. Da wir jedoch mit dem Auto nach Dünkirchen in Nordfrankreich fuhren, um von dort nach Ramsgate in England überzusetzen, versorgten wir uns auch für die Fahrt mit dem nötigen Kleingeld, um immer mal eine Kaffeepause einlegen zu können. Denn wir fuhren nachts – die Nachtfähre war einfach deutlich günstiger. Wir besorgten uns Gulden für Raststätten in den Niederlanden, Belgische Francs für die Möglichkeit eines Stopps in Belgien und schließlich Französische Francs für den Fährhafen. Weitestgehend überflüssig, wie sich herausstellen sollte, denn wir hielten nur ein einziges Mal, und das auch nur für eine kurze Toilettenpause. Und die war kostenlos.

Doch das Thema Währung begegnete uns auf dem Rückweg wieder: Nach dem Schottland-Aufenthalt reisten wir nach London zurück, um dort noch ein paar Tage zu verbringen. Allerdings versäumten wir es, uns zuvor der schottischen Banknoten zu entledigen. Denn was uns nicht bewusst war: Es gab durchaus unterschiedliche im Norden und Süden der Insel. Beim ersten abendlichen Pub-Besuch zurück in der britischen Hauptstadt wollten wir nichtsahnend unser Bier damit bezahlen – und wurden umgehend in der ganzen Kneipe bekannt. Die zunächst überaus freundliche Wirtin stutzte, schaute uns halb fragend, halb vorwurfsvoll an und wandte sich dann – ohne uns eines weiteren Blickes zu würdigen – einmal quer durch den Raum an pauschal sämtliche Anwesenden: »Schaut mal, was ich hier habe«, sagte sie, und fuchtelte mit den Ein-Pfund-Noten in der Luft herum. »Die sind doch nicht mehr legal, oder?«

Ein kalter Schauer lief uns über den Rücken. Was würde wohl gleich passieren? Würde die Polizei gerufen werden? Bekämen wir etwa an diesem Abend kein Getränk? Denn wenn die Scheine hier nicht akzeptiert würden, was war dann in anderen Lokalen? Und in der Jugendherberge, in die wir eingezogen waren? Ein Raunen ging durch die Menge, ein Auflachen, mitleidige Blicke in unsere Richtung, energisches Kopfschütteln in die der Barkeeperin. Reflexartig wühlte ich in der Tasche nach Kleingeldmünzen und beeilte mich, sie auf die Theke zu legen.

Die Ein-Pfund-Scheine wurde ich erst am nächsten Tag in einer Bank los. Legal waren sie schon, nur im Alltag hier im Süden längst nicht mehr üblich. Der Abend wurde übrigens doch noch ganz nett: Weil nun der gesamte Pub wusste, dass wir aus Schottland kamen, ergab ein Gespräch das nächste.

Wie kompliziert ist das denn, bitteschön?

Ziemlich: Die unterschiedliche Zusammensetzung des Vereinigten Königreichs wird nirgends so deutlich wie bei der Währung: In London wird genauso mit dem Pfund Sterling bezahlt wie in Edinburgh, Belfast oder Cardiff, ja selbst wie in den Überseegebieten Falkland oder Gibraltar – allein: Es handelt sich um unterschiedliche Banknoten, auch wenn sie alle denselben Wert haben. In Schottland zahlt man mit anderen Noten als etwa in England. Nordirland hat wiederum ganz andere Banken mit dem Druck und der Ausgabe der Geldscheine beauftragt, nämlich die heimischen. Und dass die Kanalinseln Guernsey und Jersey streng genommen eigene Staaten sind, die lediglich dem britischen Königshaus unterstehen, nicht aber dem Parlament Londons, wird bei ihrer Währung nicht wirklich deutlich: Auf beiden Inseln gilt das Pfund als Zahlungsmittel – jedoch ebenfalls mit eigenen Noten. Noch dazu sind es auf den einzelnen Inseln unterschiedliche.

Das kann vor allem im Zentrum des Königreichs, in London, immer wieder zu unerwarteten Diskussionen führen. In einer Stadt, in der früher oder später jeder Einwohner des Landes einmal vorbeischaut, sei es für Behördengänge, einen Urlaub oder schlicht auf der Durchreise am Flughafen, sammeln sich in den Kassen allerlei Münzen und Geldscheine an. Scheine, deren Echtheit angesichts der Masse nicht nur kaum ein Tourist beurteilen kann. In kleineren Läden und Pubs kann es durchaus vorkommen, dass man mit der falschen Banknote in der Hand ein Problem bekommt. Zumindest, wenn man nicht noch eine englische der Bank of England im Portemonnaie dabei hat.

Das war über Jahre vor allem mit den inzwischen weitestgehend ausrangierten Ein-Pfund-Noten aus Schottland der Fall. Die galten zwischen Glasgow und den Hebriden noch lange Zeit als alltägliches Zahlungsmittel, als man in London längst zu den Ein-Pfund-Münzen übergegangen war.

Wie kann ich mich davor schützen?

Kaum – es sei denn, Sie beharren stets darauf, ausschließlich englische Pfundnoten zu bekommen. Da diese aber in diesen Jahren schrittweise durch neue ersetzt werden, die alten aber mit langen Übergangsfristen auch noch gültig sind, wird man sich eine ganze Menge Banknoten einprägen müssen. Streng genommen werden in London alle Noten und Münzen aus dem Rest des

Vereinigten Königreichs angenommen. Es kann einem in kleinen Läden oder Lokalen indes auch heute noch so gehen wie damals mit dem Ein-Pfund-Schein aus Schottland. Auch Belfast ist weit weg, kaum ein Engländer ist früher in diesen Teil des Königreichs gereist – da kann es bis heute vorkommen, dass ungeübte Wirte nicht den Unterschied zwischen einem irischen Pfund (das inzwischen gegen den Euro ausgetauscht wurde) oder einem nordirischen kennen und deswegen pauschal die Annahme verweigern. Viel problematischer kann es an einem Automaten werden: Nicht alle Parkscheinmaschinen oder SB-Kassen erkennen wirklich alle Banknoten des Königreichs.

In **England und Wales** ist es einfach: Hier gibt ausschließlich die Bank of England Noten und Münzen heraus. Diese werden im gesamten Vereinigten Königreich akzeptiert.

In **Schottland** haben einzelne Banken die Erlaubnis, eigene Banknoten zu drucken: die Bank of Scotland, die Royal Bank of Scotland sowie die Clydesdale Bank. Sie sind jedoch kein offizielles Zahlungsmittel, haben aber im Alltag weitestgehend das englische Pfund ersetzt und werden überall akzeptiert – auch in den meisten Geschäften in England. Banken tauschen sie im Zweifelsfall 1:1 in englische Banknoten.

In **Nordirland** gibt es ebenfalls eigene Banknoten, hier herausgegeben von First Trust, der Bank of Ireland sowie der Danske Bank (früher Northern Bank). Für sie gilt dasselbe wie für die Banknoten aus Schottland.

Münzen werden inzwischen zentral von der Bank of England für alle Gebiete des Königreichs ausgegeben.

Komplizierter wird es bei den Währungen der **Kronbesitzgebiete:** Auf den Kanalinseln Jersey und Guernsey gibt es eigene Banknoten, die auf der jeweils anderen Insel akzeptiert werden, nicht jedoch im Rest der Welt. Auch die Isle of Man gibt eigene Banknoten und Münzen heraus. Sie werden ebenfalls nicht in Großbritannien sowie anderen Ländern akzeptiert. Man sollte in diesen Gegenden also vor der Abreise tunlichst Geld in englische Münzen und Scheine tauschen. Wenn man Ihnen in London entsprechendes Geld andrehen will, lehnen Sie unbedingt ab. Gleiches gilt für Münzen und Banknoten aus Gibraltar (Gibraltar-Pfund), den Falklandinseln (Falkland-Pfund) sowie St. Helena (St.-Helena-Pfund). Deren Werte entsprechen zwar dem Pfund Sterling, jedoch werden sie in Großbritannien ebenfalls nicht akzeptiert.

Bei allem Noten-Chaos sollte man eines nie vergessen: Beschädigen Sie niemals das britische Pfund. Selbst das Beschreiben eines Geldscheins ist streng genommen verboten.

Die Briten und der Euro

Briten pflegen zur Europäischen Union (und zu Europa an sich) bekanntermaßen eine schwierige Beziehung. Eher widerwillig trat die Insel 1973 der EU bei, immer wieder gab es Sonderregelungen, wie seit den achtziger Jahren etwa den sogenannten »Briten-Rabatt«, mit dem Margaret Thatcher ihre Zahlungen an die Gemeinschaft deutlich reduzieren wollte. Als die Euro-Staaten 2002 die europäische Gemeinschaftswährung einführten, schlugen viele im Königreich die Hände über dem Kopf zusammen: Für sie galt es als Verrat, die eigene Währung zugunsten einer künstlich geschaffenen aufzugeben. Dementsprechend unternahm auf der Insel nie jemand ernsthaft den Versuch, dem Euro-Raum beizutreten. Umfragen zeigen seit jeher eine deutliche Ablehnung der Bevölkerung gegenüber einer Gemeinschaftswährung, kein Politiker hat unter diesen Vorzeichen versucht, die Bürger vom Gegenteil zu überzeugen.

Die Labour-Regierung unter Tony Blair hatte einen Kriterienkatalog aufgestellt, der erfüllt sein muss, bevor es überhaupt zu einer Volksabstimmung über einen Euro-Beitritt Großbritanniens kommen würde. Diese Kriterien wurden in der Regierungsphase Labours nie auch nur annähernd erfüllt. Unter der Konservativen Partei gilt es als ausgeschlossen, dass überhaupt jemals über eine Aufgabe des Pfunds nachgedacht wird. Durch die jahrelange Euro-Krise sahen sich die Kritiker schließlich bestätigt, ungeachtet der eigenen Probleme mit dem heimischen Pfund. Heute ist es in London nicht mehr unmöglich, in großen Geschäften mit dem Euro zu bezahlen. Viele Kaufhäuser haben sich auf Touristen eingestellt und akzeptieren diese Währung – allerdings genauso wie etwa amerikanische oder australische Dollar: Sie nehmen Euro zwar an und rechnen den Pfund-Betrag entsprechend um. Wechselgeld wird aber in Pfund und Penny gegeben. Zudem gelten die Umrechnungskurse in diesen Geschäften als nicht besonders kundenfreundlich.

★ Do it yourself ★

Lunch in der Bank

Essen und trinken, wo einst Geld gezählt wurde – in mehreren früheren Banken ist inzwischen Gastronomie eingezogen:

The Old Bank of England: In der Fleet Street, der einstigen Straße der Zeitungshäuser, hat sich mit dem »Old Bank of England« ein Pub in einer früheren Zweigstelle der Bank of England angesiedelt.

194 Fleet Street, London EC4A 2LT (020) 74 30 22 55
www.oldbankofengland.co.uk U-Bahn: London Blackfriars

The Knights Templar: Die Pubkette JD Wetherspoon hat mit diesem Pub eine frühere Filiale der Union Bank zu einem Lokal umfunktioniert. Der Pub war auch in einer Szene des Films Da Vinci Code zu sehen.

95 Chancery Lane, London WC2A 1DT (020) 78 31 26 60
www.jdwetherspoon.co.uk/home/pubs/the-knights-templar-chancery-lane
U-Bahn: Chancery Lane

Lord Moon of the Mall: Noch eine frühere Bank, in der nun Bier ausgeschenkt wird, direkt im Regierungsviertel Whitehall gelegen.

16–18 Whitehall, Westminster, London SW1A 2DY (020) 78 39 77 01
www.jdwetherspoon.co.uk/home/pubs/the-lord-moon-of-the-mall
U-Bahn: Charing Cross

Das Geldmuseum

Die Bank of England wacht über die Geldpolitik des Landes. Dort, wo alles begann, gibt es inzwischen ein Museum: In der alten Schalterhalle und angrenzenden Räumen geben Schautafeln und viele Ausstellungsstücke einen Einblick in die Geschichte des britischen Pfunds, und das auf überaus informative Weise. Unter anderem erfährt man, dass ausgerechnet ein Schotte (William Paterson) 1694 die Bank of England gegründet hat – und ein Engländer 1695 die Bank of Scotland (John Holland).

Threadneedle Street, London EC2R 8AH (020) 76 01 55 45
Mo–Fr 10–17 Uhr £ Eintritt frei www.bankofengland.co.uk/museum
U-Bahn: Bank

24 Fußball

London stößt an

Die Premier League gilt für viele als beste Fußballliga der Welt – da ist unter London-Besuchern auch eine besondere Form des Reisens populärer geworden: der Stadiontourismus. Markus, ein Bekannter von mir, gehört dazu. Mehrmals im Monat setzt er sich in einen englischen Pub in Berlin und verfolgt die Liveübertragung von Partien seines Lieblingsclubs FC Liverpool. Ich sage: Er sitzt dort, um wenigstens einmal 90 Minuten Zuflucht vor seiner Familie zu haben und obendrein eine Erklärung für seine anschließende Alkoholfahne. Er sagt, er sitze dort wegen des erstklassigen Fußballs, den man auf diese Weise sieht. Schließlich seien die Spiele auf den deutschen Fernsehkanälen nicht frei empfangbar, was sogar der Tatsache entspricht. Dennoch: Seine Frau stimmte mir zu.

Vor ein paar Jahren nun kam Markus auf die Idee, er müsse sich unbedingt ein Spiel der Premier League anschauen. Liverpool trat an der Themse gegen Arsenal an, ein Topspiel, was sogar ich einräumen musste. Trotzdem sagte ich ihm: Er mache das nur, um wenigstens mal ein Wochenende ohne seine Familie verbringen zu können, und obendrein eine Erklärung für seine 48-stündige Alkoholfahne zu haben. Er sagte, es gehe ihm um den erstklassigen Fußball. Seine Frau sagte: 2:0 für mich.

Ich bin mir nicht sicher, ob die weitere Entwicklung aus einem aufkommenden Desinteresse meinerseits oder einer vergleichsweise geringen Affinität zu fremden Ländern auf Seiten von Markus zustande kam. Jedenfalls schaffte ich es gerade noch, ihm

Tipps für Flug und Übernachtung mit auf den Weg zu geben. Was wir aber im Vorfeld nie diskutiert haben: Bevor man sich für ein solch wichtiges Spiel irgendetwas bucht, sollte man vor allem erst einmal Karten sichern. Markus versäumte dies – er lebte in der Vorstellung, diese, wenn nicht vor Ort am Stadion, dann wenigstens bei einem Schwarzhändler erwerben zu können. Er konnte nicht.

Die Spitzenpartie war erwartungsgemäß ausverkauft, und Markus sowie seine Mitreisenden benötigten einige Zeit, um zu bemerken, dass die Herrschaften, die mit den Worten *»Spare tickets?«* mitnichten auf der Suche nach Eintrittskarten waren, sondern ganz im Gegenteil welche anzubieten hatten. Leider zu solch astronomischen Preisen, dass die deutsche Kleingruppe aus Berlin sich dazu entschied, die Investition zumindest zum Teil eher in einen Pubbesuch zu tätigen, um das Spiel dort zu verfolgen.

Als ich ihn das nächste Mal sah, sagte ich: Er wollte eben doch nur ein Wochenende ohne Familie im Pub. Er sagte: 3:0 für mich.

Also ist es aussichtslos, in London live Fußball zu sehen?

Nicht unbedingt – es ist zumindest für Spitzenpartien nur eben schwierig, an Karten zu kommen. Und vor allem ist es in der Premier League nicht ganz preiswert. Für ein ganz normales Spiel werden schon mal leicht 50 bis 70 Pfund fällig, umgerechnet 60 bis 85 Euro. In der Bundesliga liegen die Preise für Stehplatzkarten im Durchschnitt bei 22 Euro. Richtig extrem wird es für Fans, die sich Dauerkarten kaufen. Während in der Bundesliga dafür je nach Verein zwischen 130 und 200 Euro pro Saison fällig werden, verlangen die Vereine der Premier League ein Vielfaches. Sie lagen zuletzt zwischen 320 Euro (Wigan Athletic) und 1.200 Euro (FC Arsenal). Pauschal gilt zur Orientierung natürlich die Regel: Je erfolgreicher ein Club spielt, desto höher die Eintrittspreise.

Das System Premier League

Das Pendant zur Bundesliga nennt sich in England Premier League und ist entsprechend die höchste Spielklasse im Land. Gesponsert wird sie von der Barclays Bank, weshalb sie offiziell »Barclays Premier League« heißt. 20 Vereine spielen um den Titel, die Saison dauert von August bis Mai. Drei Vereine steigen in jedem Jahr in die Liga auf, drei weitere entsprechend in die Football League ab. Die Premier League entstand erst 1992 als Nachfolger der früheren *First Devision.* Es spielen nicht nur Klubs aus England, sondern auch aus Wales – nicht aber aus Schottland und Nordirland, wo es eigene Spitzenligen gibt. Die Premier League gilt nicht nur als weltweite Spitzenliga – sie ist auch eine der am höchsten dotierten. Die Einnahmen aus Übertragungsrechten und Sponsoren betragen heute fast drei Milliarden Euro – jährlich!

Londons große Fußballvereine

FC Arsenal: Der 1886 gegründete Club gilt heute neben Chelsea als einer der zwei erfolgreichsten und beliebtesten Vereine Londons – und für viele auch der gesamte Premier League. Entstanden ist er als Arbeitermannschaft der Rüstungsfabrik Royal Arsenal in Woolwich, daher der heutige Spitzname *»The Gunners«*, die Schützen. 1913 zog der Verein in das Arsenal Stadion in Highbury. 2006 erfolgte mit dem Emirates Stadium ein Neubau in Ashburton Grove. Der Verein zieht immer wieder deutsche Spieler an, etwa Per Mertesacker, Lukas Podolski und Mesut Özil. Karten für die Spiele sind begehrt und sollten sofort nach Beginn des Vorverkaufs erworben werden, was im Regelfall Wochen vor Spielbeginn ist.

↗ www.arsenal.com

Chelsea FC: Der russische Ölmilliardär Roman Abramowitsch kaufte den Verein 2003 für umgerechnet 210 Millionen Euro und erweckte ihn gewissermaßen aus dem Dornröschenschlaf. Durch spektakuläre Zukäufe baute der neue Inhaber ein Team auf, das heute zu den großen Londons und der Premier League zählt. Insgesamt investierte er fast eine Milliarde Euro. Henry Augustus Mears und sein Bruder Joseph gründeten den Verein 1905 in Fulham, weil sie eigentlich ein Gelände an den FC Fulham vermieten wollten, sich aber über die Kosten nicht einig wurden. So stampften sie ihren eigenen Verein aus dem Boden und bauten mit Stamford Bridge ein eigenes Stadion. Chelsea bietet immer wieder kurzfristig Tickets über seine Homepage an – allerdings meist in teuren Kategorien.

↗ www.chelseafc.com

West Ham United: Der Fußballklub stammt verwirrenderweise aus dem East End Londons und wird in diesen Jahren in das Olympia-Stadion in Stratford umziehen. West Ham ist ein Premier-League-Verein und spielte bislang in dem mit 35.000 Plätzen verhältnismäßig kleinen Stadion Boleyn Ground. Dennoch ist es eher einfach, für die Partien des Klubs Karten zu bekommen. Sie sind über den ganz normalen Vorverkauf erhältlich.

↗ www.whufc.com

Fulham FC: Noch ein langjähiger Premier-League-Klub aus London, und zwar der älteste noch aktive. Der Verein wurde 1879 gegründet und spielt im Craven Cottage Stadion im Stadtteil Fulham. Aussichten auf Karten: groß – viele Tickets gehen in den regulären Vorverkauf.

↗ www.fulhamfc.com

Tottenham Hotspur: Ein langjähriger Premier-League-Verein aus Nordlondon, der 1882 aus einem Cricket-Team entstand. Er spielt im White Hart Lane Stadium im Stadtteil Tottenham. Auch hier kommen vergleichsweise viele Karten in den Vorverkauf, allerdings haben für viele Spiele Mitglieder Vorrang.

↗ www.tottenhamhotspur.com

Chrystal Palace F.C.: Der lange Zeit zweitklassige Verein stieg 2013 in die Premier League auf. Er begann im Jahr 1905 auf dem Sydenham Hill, dort, wo einst der Crystal Palace, ein Prachtgebäude der Weltausstellung von 1851, wiederaufgebaut worden war. Daher der Name des Klubs. Heute spielt die Fußballmannschaft im Selhurst Park Stadium im Stadtteil South Norwood. Der Verein hatte schwere Jahre durchlebt, musste 2009 sogar einmal Insolvenz anmelden. Karten gibt es im freien Verkauf, wegen der geringen Stadionkapazität (25.000 Plätze) sind sie jedoch trotz der vergleichsweise geringen Attraktivität des Vereins meist schnell ausverkauft.

↗ www.cpfc.co.uk

Kartenkauf

Karten gibt es in der Regel über die angegebenen Websites der Vereine oder über Kartenbroker wie World Ticket Shop (↗ www.worldticketshop.de). Wem es einzig und allein um den Sport geht: Es gibt noch gut ein Dutzend weiterer Fußballvereine in London, die in niedrigeren Ligen spielen – etwa AFC Wimbledon, Brentford FC oder die Queens Park Rangers. Üblicherweise ist es deutlich einfacher und günstiger, für eine Partie dieser Vereine Karten zu bekommen.

Schwarzmarkt

Karten auf dem Schwarzmarkt in London zu kaufen, kann nicht nur grundsätzlich teurer sein, da die Händler üblicherweise einen gehörigen Aufschlag für Tickets verlangen; es ist vor allem verboten. Wer erwischt wird, muss mit einer Strafe rechnen. Zudem ist nicht sicher, dass man mit einem auf dem Schwarzmarkt erworbenen Ticket auch wirklich ins Stadion gelassen wird. Grundsätzlich werden Eintrittskarten wegen des Verbots nicht offen angeboten – man muss, wenn man es denn unbedingt möchte, Ausschau halten nach Leuten, die lautstark nach Tickets suchen. Denn die verkaufen dann in der Regel auch welche.

Wembley-Stadion

Es ist so etwas wie eine Pilgerstätte für britische wie deutsche Fußballfans: Im Wembley-Stadion im Norden Londons ereignete sich während der Fußball-WM 1966 ein heute als »Wembley-Tor« bekannter Schuss: Im Endspiel zwischen England und Deutschland schoss Geoff Hurst aufs Tor der Deutschen, der Ball landete auf der Torlinie, rollte jedoch nicht darüber. Dennoch wurde das Tor gezählt, sodass es zum 3:2 für England kam, das in der restlichen Spielzeit noch zu einem 4:2-Sieg ausgebaut wurde. England wurde Weltmeister.

Das Stadion von einst, das 1985 auch Austragungsort des legendären LIve-Aid-Konzertes war, gibt es genau genommen nicht mehr: »Old Wembley« von 1923 mit seinen beiden majestätischen Türmen am Eingangsbereich wurde 2003 abgerissen, um einem Neubau zu weichen. Das neue Wembley-Stadion steht an derselben Stelle und wurde 2007 eröffnet. Es zählt heute 90.000 Plätze und gehört dem englischen Fußballverband FA. Insofern wird es im Wesentlichen als Stadion für Länderspiele genutzt.

★ Do it yourself ★

In die Kathedrale des Fußballs

Der Fußballer Pelé nannte das Wembley-Stadion einmal die »Kathedrale des Fußballs«. Auch wenn der Ursprungsbau inzwischen abgerissen ist, so ist auch »New Wembley« durchaus einen Besuch wert. Die Football Association bietet 75-minütige Touren durch das Stadion an, bei denen man nicht nur den Innenraum sieht, sondern auch die Umkleidekabinen. Außerdem kann man die berühmtem Stufen hinaufschreiten, die die Sieger eines Spiels üblicherweise bei der Pokalübergabe zurücklegen.

Royal Route, Wembley, London HA9 0WS www.wembleystadium.com
U-Bahn: Wembley Park

25 Stadtteile

London ist ein Dorf

Das wahre Leben soll ja im Allgemeinen die besten Geschichten schreiben – manche wirken indes so unglaublich, dass man sie eher einem kreativen Autoren andichten würde als der Realität. So erging es Harry Hallowes, einem aus dem irischen Sligo stammenden Rentner, der 1986 arbeits- und obdachlos wurde. Der knorrige Mann hatte sich ausgerechnet im noblen Londoner Villen-Stadtteil Hampstead niedergelassen und lebte dort 20 Jahre mehr oder weniger illegal auf dem verlassenen Grundstück eines früheren Pflegeheims. Mit Gelegenheitsjobs in den Haushalten der reichen Bewohner hielt er sich leidlich über Wasser und niemand kam je auf die Idee, sich weiter für den Rentner zu interessieren. Bis es 2005 kam, wie es in dieser teuren Gegend der britischen Hauptstadt kommen musste: Investoren planten, auf dem 800 Quadratmeter großen Grundstück Luxuswohnungen zu bauen. Hallowes störte dabei – er sollte weichen.

Nun haben viele Iren in ihrem Leben schon ganz anderes mitgemacht als einen Streit mit Immobilienmaklern und Investoren, noch dazu, wenn sie so lange obdachlos ihr Eigenleben führten. Hallowes weigerte sich beharrlich, sein langes Zuhause einfach so aufzugeben, und der Fall kam vor Gericht. Zwei Jahre dauerte die Auseinandersetzung, bis die Richter 2007 schließlich ein wegweisendes Urteil sprachen: Hallowes, zu diesem Zeitpunkt 71 Jahre alt, durfte nicht nur bleiben; ihm wurde auch noch das Grundstück zugesprochen. Wert zum Zeitpunkt des Richterspruchs: umgerechnet knapp drei Millionen Euro.

Der Grund für das Urteil ist ein altes Gesetz, das selbst vielen Briten bis zu diesem Zeitpunkt nicht mehr wirklich bewusst war: Demnach geht Land in den Besitz desjenigen über, der dort mindestens zwölf Jahre unbehelligt gelebt hat. Hallowes, der offenbar selbst überrascht war vom Ausgang des Verfahrens, nahm es gelassen. Er betonte, nur weiter in Ruhe dort leben zu wollen, im Einklang mit der Natur. Er hege keine Pläne, das Grundstück verkaufen zu wollen, um mit dem Gewinn in die weite Welt aufzubrechen. Lieber vermache er es nach seinem Tod der königlichen Familie – »der letzten Bastion des Kultivierten«, wie er sagte. Und das aus dem Mund eines Iren.

Also auf nach Hampstead?

Unbedingt! Nur sollte man vielleicht besser vorher ein Hotelzimmer buchen – der Fall Harry Hallowes hat auf der Insel für großes Aufsehen gesorgt, und wohl auch dafür, dass jeder seine womöglich vernachlässigten Grundstücke genauestens auf potenzielle Obdachlose abgesucht hat. Von denen es in den Oasen der Reichen und Schönen, wie Hampstead getrost bezeichnet werden darf, ohnehin nur wenige geben dürfte. Wer London wirklich erleben möchte, sollte die City of London jedoch auch mal links liegen lassen und sich mit der Tube in die Randbezirke aufmachen. Hier leben die meisten Londoner, hier tobt das wahre Leben. Wobei man das »Toben« in den äußeren Stadtteilen eher selten erleben wird. Hier ist London wahrlich noch ein Dorf.

Hampstead

Das für viele schönste Dorf Londons war schon immer auch sein exklusivstes: Auf einer Anhöhe nördlich der Innenstadt gelegen, ist der Ausblick hier seit jeher etwas schöner, die Luft etwas klarer und der Alltag etwas ruhiger als im wuseligen Zentrum. Künstler und Schauspieler zieht es seit Langem hierher, Diplomaten und Wirtschaftsbosse – zumindest solche, denen die Perfektion der Finanzviertel wie Canary Wharf irgendwann auf die Nerven geht. Karl Marx hat auf dem Highgate-Friedhof von Hampstead seine letzte Ruhe gefunden. Schon zu Lebzeiten wurde der Klassenkämpfer in Hampstead oft gesehen, ebenso Dichter Erich Fried, Schauspieler Peter Ustinov, dessen Vater Presseattaché der deutschen Botschaft war, oder auch Sigmund Freud. Der Begründer der Psychoanalyse verbrachte seine letzten Monate in Hampstead. Sein Haus Nr. 20 Maresfield Gardens ist heute zum Freud-Museum London umfunktioniert.

Bekannt ist Hampstead aber auch als Naherholungsgebiet: Hampstead Heath, ein 320 Hektar großer Park mit Waldbestand, ist bei schönem Wetter das Ausflugsziel schlechthin für die Londoner. Hier gibt es wunderbare Laufstrecken, ein Freibad, sogar einen kleinen Zoo sowie das Herrenhaus Kenwood House.

↗ www.freud.org.uk

↗ www.cityoflondon.gov.uk

↗ www.english-heritage.org.uk/daysout/properties/kenwood

◎ Erreichbar mit der Northern Line (Hampstead) und Overground (Hampstead Heath)

Richmond upon Thames

Der beschauliche Stadtteil im Westen Londons ist vor allem durch eine königliche Residenz bekannt: Hampton Court Palace (⌂ Hampton Court Road ◎ Zug: Hampton Court) war im Mittelalter beliebter Aufenthaltsort für eine Reihe britischer Monarchen. Das riesige Anwesen ist unter anderem wegen seiner ungewohnten Kombination aus Tudor- und Barockbaustil sehenswert. Schon weit vorher gab es in Richmond ein Schloss: Richmond Castle, das jedoch bereits im 17. Jahrhundert abgetragen wurde. Heute existiert nur noch ein Torbogen dieses Baus.

Ähnlich wie in Hampstead zieht vor allem die eher beschauliche, dörfliche Atmosphäre jene an, die sich ein Eigenheim in dieser teuren Gegend leisten können. Geschäfte verkaufen eher Delikatessen aus Frankreich als Discounterware, Pubs schenken neben den üblichen Biersorten durchaus auch einen exzellenten Rotwein aus. Statt großer Ketten finden sich in Richmond bis heute kleinere, inhabergeführte Läden. Beliebtes Reiseziel sind auch die Royal Botanic Gardens (auch Kew Gardens genannt ◉ U-Bahn: Kew Gardens) – ein 120 Hektar großer Park mit seltenen Pflanzen, einem viktorianischen Gewächshaus sowie dem Kew Palace, einer früheren, zeitweise königlichen Residenz.

↗ www.visitrichmond.co.uk ◉ Erreichbar mit der District Line und Overground (Kew Gardens), Zug ab Waterloo (Richmond)

Kingston upon Thames

Der südliche Nachbar von Richmond grenzt ebenfalls an die Themse und ist nicht minder exklusiv. Sieben angelsächsische Könige wurden hier im Südwesten Londons im 10. Jahrhundert gekrönt. Der Coronation Stone (Krönungsstein) neben der Guildhall von Kingston (🏠 High Street, Kingston upon Thames, Surrey KT1 1EU ◉ Zug: Kingston) zeugt bis heute davon. Der Bezirk ist einer der wenigen, der sich offiziell *Royal Borough* nennen darf, denn er war während des Mittelalters Privatbesitz des englischen Königshauses. Die anderen sind Greenwich, Kensington and Chelsea sowie Windsor and Maidenhead, das streng genommen nicht mehr zu London gehört.

Bekannt ist der Bezirk vor allem für sein riesiges Naherholungsgebiet Richmond Park, das auf der Grenze zum Nachbarbezirk Richmond liegt. Es ist mit rund zehn Quadratkilometern der größte der Londoner Parks – und zudem dreimal größer als der Central Park in New York. Richmond Park ist vor allem für seine Hirsche bekannt, die hier in freier Natur leben. Hingegen reisen Londoner auch gern einfach zum Einkaufen nach Kingston: Die Innenstadt gilt als Shopping-Mekka, in dem alle großen Ketten vertreten sind.

↗ www.royalparks.org.uk/parks/richmond-park

↗ www.kingstonfirst.co.uk

◎ Mit dem Zug ab Waterloo Station bis Station Kingston

Greenwich

Größer könnte der Kontrast kaum sein: nördlich der Themse die Isle of Dogs, das wohl wichtigste Finanzzentrum Europas; südlich mit Greenwich ein Stück Londoner Geschichte, in dem die Uhren anders ticken. Fast könnte man meinen, hier sei die Zeit stehengeblieben – dabei beginnt sie genau hier: Der Nullmeridian, jene Strecke, an der sich traditionell die Zeitzonen ausrichten, verläuft genau durch Greenwich Park, genauer durch das alte Observatorium. *Greenwich Mean Time (GMT)* ist bis heute die Bezeichnung für die Zeitzone Großbritanniens. Und der Stadtteil bietet noch mehr: Im Norden steht direkt an der Themse das Old Royal Naval College (🏠 King William Walk, London SE10 9NN), das markante Zwillingsgebäude, das von zwei Domen dominiert wird. Dazwischen befindet sich mit Queen's House ein altes königliches Domizil. Die Cutty Sark unweit davon ist der letzte noch erhaltene Tee-Klipper Londons. Und schließlich kommen manche nur, um einmal durch den alten Fußgängertunnel *(Greenwich Foot Tunnel)* unter der Themse hindurchzugehen. Dieser verbindet Greenwich mit der Isle of Dogs.

↗ www.visitgreenwich.org.uk

◎ DLR bis Greenwich/Cutty Sark, Zug bis Greenwich, Themse-Boot bis Greenwich

★ Do it yourself ★

Von Dorf zu Dorf auf der Themse

Eine abwechslungsreiche Möglichkeit, um die eher stillen Stadtteile Londons kennenzulernen, sind die Themse-Boote. Vom Westminster Pier (◎ U-Bahn: Westminster) aus fahren mehrere Linien in beide Richtungen des Flusses. Das ganze Jahr über gelangt man so beispielsweise nach Greenwich, mit mehreren Stopps auf dem Weg. Nur im Sommer fahren auch Boote in Richtung Westen nach Kingston und Richmond. Allein die Fahrt sorgt für jede Menge ungewöhnlicher Eindrücke der Millionenstadt.

↗ www.tfl.gov.uk/modes/river/
↗ www.thamesclippers.com

London der Londoner

Besondere Reisetipps direkt aus der Stadt

Bummeln über den Broadway-Markt

»Eine meiner Lieblingsbeschäftigungen in London ist ein **Bummel über den Broadway-Markt** (Broadway Market, London E8 4PH www.broadwaymarket.co.uk Sa 9–17 Uhr Zug: Cambridge Heath, U-Bahn: Bethnal Green (plus 15 Minuten Fußweg)) am Sonnabend. Dieser Straßenmarkt wirkt so, als ob er den Inbegriff des einzigartigen Stils und der Geschichte Ost-Londons verkörpert. Holen Sie sich *Hog Roast Roll,* ein Brötchen mit knusprigem Schweinebraten und Äpfeln, lokalen Käse, Fleisch oder Vintage-Kleidung. Und wenn Sie es bis zum oberen Ende des Marktes geschafft haben, schauen sie rein in den historischen **The Cat and Mutton Pub** (76 Broadway Market, London E8 4QJ www.catandmutton.com), seit Jahrhunderten ein Zentrum der Ost-Londoner Gemeinschaft. Schnappen Sie sich ein Pint, während Sie über London Fields schauen – oder noch besser: Schlürfen Sie einen prächtig gestalteten Cocktail von der zum Pub gehörenden Cocktail-Bar darüber, **Pearl's** (nach einer früheren Wirtin des Pubs benannt).«

Leon T. Dalloway *ist Organisator der Gin-Journey, einer Tour durch die feinsten Cocktailbars der Stadt, bei der ausschließlich Gin im Vordergrund steht. Ein Chauffeur fährt die Teilnehmer in vier Bars sowie eine Brennerei, wo allerlei probiert werden kann.*

www.shakerattleandstir.co.uk

Idylle in Clerkenwell

»**Clerkenwell** ist eine Gegend in Central London – eine besondere Gegend für mich, da ich hier zunächst gelebt habe, als ich vor drei Jahren nach London gezogen bin. Es war einmal das Hauptindustriegebiet von London, nun aber ist es die Heimat von vielen Architekten und hat sogar seine eigene ***»Design Week«*** (↗ www.clerkenwelldesignweek.com). Was ich an Clerkenwell am meisten mag, ist, dass man sich fühlt, als sei man in einem winzigen Dorf mit kleinen Straßen und Gassen, dabei ist man nur einen Steinwurf von der St. Paul's Cathedral entfernt. Es ist auch die Heimat einer Reihe von sehr guten Restaurants, die meisten in der **St. John Street** (◉ U-Bahn: Farringdon, Barbican). Falls Sie im Zentrum Londons nach großartigem Essen und ruhigen Spaziergängen suchen, ist dies Ihr Ort.«

John Holt *arbeitet in der Luxus-PR-Branche bei The Massey Partnership. Er wurde in Wales geboren, studierte in Manchester Fashion Marketing und siedelte dann nach London über. Er kreierte 2011 ein Blog über maßgeschneiderte Dinge, »The Bespoke Gentleman«* (↗ www.thebespokegent.com), *das ihm einen guten Einblick in die britische Handwerkskunst gab. Holt lebte zwei Jahre in Clerkenwell, bevor es ihn nach Battersea zog.*

Lokale Biere in Greenwich

»Verborgen in einem selten besuchten Teil von Greenwich befindet sich die **Meantime Brewing Company** (⌂ Lawrence Trading Estate, Blackwall Lane, London SE10 0AR ↗ www.meantimebrewing.com ◉ Zug: Maze Hill, U-Bahn/DLR: Cutty Sark, North Greenwich (plus 20 Minuten Fußweg)). Die Brauerei bietet Touren für über 18-Jährige an, die nicht als »touristisches Erlebnis« konzipiert sind. Sie sind den kurzen Abstecher wirklich wert. Biegen Sie dann links vor der Brauerei ab und folgen Sie den Schildern des Radweges zurück zum historischen Greenwich und probieren Sie die Biere in der alten Brauerei im **Old Royal Naval College** (🏠 King William Walk, London SE10 9NN ◉ DLR: Cutty Sark ↗ www.ornc.org). Ohne Zweifel der beste Ort für ein »*Sit-out*« in Greenwich, wenn es trocken ist. Eine tolle Kulisse zusammen mit lokalen Bieren und gutem Essen.«

Paul Cunningham *ist Inhaber und Erfinder des Biscuit Ceramic Cafés in Greenwich* (🏠 3–4 Nelson Road, London SE10 9JB ◉ U-Bahn: Cutty Sark). *Dort kann man bei Kaffee und Kuchen Keramikwaren bemalen und sie anschließend brennen lassen.*

↗ www.biscuit-biscuit.com

Mode in den Spitalfields Markets

»Immer, wenn ich Zeit habe, bummele ich samstags durch die **Spitalfields Markets** (🏠 65A Brushfield St, London E1 6AA ↗ www.spitalfields.co.uk 🕘 Tgl. 10–17 Uhr, So. ab 9 Uhr ◉ U-Bahn: Shoreditch High Street, Aldgate East). An diesem Wochentag gibt es hier tolle Mode von unabhängigen Designern. Da findet man dann auch viele Dinge, die es in den großen Ketten nicht gibt.«

Jasmine Walker *aus Nordengland arbeitet als freie Redakteurin in der Medienbranche. Sie ist nach der Jahrtausendwende eigentlich nur zum Studieren nach London gekommen – und blieb dann hier.*

Brixton Village – Open-Air im Inneren

»Mein Lieblingsort in London ist **Brixton Village** (🏠 Coldharbour Ln, London SW9 8PS ↗ www.brixtonmarket.net/brixton-village 🕘 Tgl. 8–23.30 Uhr

◎ U-Bahn: Brixton). Da wir hier viele regnerische Nächte haben, ist es schön, einen Indoor-Ort zu haben mit einer Outdoor-Atmosphäre. Die ›Straßen‹ wirken beinahe, als wären sie im Freien, mit Tischen, vorbeiziehenden Menschen und hohen Decken. Und natürlich ist hier großartiges Essen ein Plus.«

***Steve Kopandy** ist Manager der London Bicycle Tour Company* (🏠 1 Gabriel's Wharf, London SE1 9PP ◎ U-Bahn: Southwark, Waterloo (plus 10 Minuten Fußweg)), *einem Veranstalter von Radtouren durch London sowie einem Radverleih.*

↗ www.londonbicycle.com

Zur Cutty Sark an die Themse

»Die Gegend um die Cutty Sark (◎ DLR: Cutty Sark) in Greenwich ist absolut spannend – nicht nur tagsüber, auch abends hat man von hier einen tollen Blick auf die Skyline der Isle of Dogs. Hier die alten Gebäude mit dem Segelschiff, drüben die modernen Bankentürme. Das ist auch das Besondere an London: die Mischung aus very british und international, aus traditionell und fortschrittlich.«

***Rüdiger Papsch** ist in Deutschland geboren und aufgewachsen und arbeitet nach Stationen in den USA, Singapur und Delhi inzwischen für ein Beratungsunternehmen in London.*

26 Radfahren

London tritt in die Pedale

Manchmal enden auch die besten Vorsätze in einem Fiasko. Es ist ein paar Jahre her, als eine Freundin leicht genervt aus London wiederkam. Es war Sommer, das Wetter war schön, das Pfund stand vergleichsweise günstig, und ihr Koffer schien groß genug gewesen zu sein, um alle Einkäufe einzupacken. Sie hatte sich ein wirklich gutes Hotel mit Schwimmbad gebucht, obwohl sie nicht gerade im Geld schwamm. Doch sie war gerade in der Phase, ihr Leben etwas gesünder zu gestalten. Mehr Sport, mehr Salat, weniger Alkohol; man kennt das. Dennoch schaute sie mich nun mit einer für sie ungewöhnlichen Mischung aus Vorwurf und peinlicher Berührtheit an. In etwa so, als ob ein Kind, dem man gesagt hat, es solle nicht die Suppe probieren, weil sie noch heiß sei, die Suppe probiert und sich den Mund verbrannt hat.

Wir trafen uns auf einen Kaffee, unter anderem um Mitbringsel zu übergeben, und ich fragte sie: »Wie war's?«

»Nun«, sagte sie, »eigentlich super.«

Sie zögerte, und ich fragte: »Aber?«

»Nichts aber. Das Wetter war schön, die Preise gut«, entgegnete sie. »Aber ich habe 50 Pfund für ein Leihfahrrad ausgegeben. Das war eigentlich nicht eingeplant.«

»50 Pfund?«, fragte ich erstaunt, denn es kam mir selbst für Londoner Verhältnisse ausgesprochen viel vor.

»50 Pfund«, sagte sie. »Diese neuen Leihräder sind ja wohl teuer.«

Ich hatte sie noch nicht gesehen, aber davon gelesen, und auf meinem Plan stand eigentlich auch, sie auszuprobieren, sobald ich mal in London sein würde. Aber ich hatte in Erinnerung, dass die neuen Leihräder der britischen Hauptstadt etwa nach demselben Modell funktionieren wie jene, die die Deutsche Bahn zu diesem Zeitpunkt überall aufstellte: vergleichsweise günstige Gebühren, die nach Zeit abgerechnet werden. Sonst eigentlich nichts.

»Hattest du das Rad denn die ganze Zeit?«, fragte ich, denn mir schwante, dass sie 50 Pfund für eine Woche ausgegeben hatte, was eher ein Schnäppchen gewesen wäre. Ich konnte mich daran erinnern, dass ich mal von Preisen von 20 Pfund pro 24 Stunden für ein Leihfahrrad gelesen hatte.

»Nein, ich hatte es nur einen Tag. Mehr konnte ich mir nicht leisten.«

Ein Tag, 50 Pfund – das war in der Tat eine Ansage. Allerdings eine, die ich nicht glauben mochte. London mag eine teure Stadt sein, aber ein Bürgerfahrradprogramm zu solchen Tarifen aufzulegen? Wer würde das denn nutzen?

Also in London besser zu Fuß laufen?

Nein, ganz und gar nicht. Das Fahrrad ist das perfekte Fortbewegungsmittel für die Stadt – sofern man ein paar Dinge beachtet: Theoretisch ist es nicht viel dramatischer als andernorts, über verkehrsreiche Straßen wie die Oxford Street oder Trafalgar Square zu fahren. Jedenfalls nicht gefährlicher, als beispielsweise Berlin oder Hamburg mit dem Rad zu durchqueren. Praktisch aber hat man deutlich mehr Vergnügen, wenn man die Schleichwege nutzt. Und die sind gar nicht mal so versteckt, wie man vermuten sollte. Entlang der Themse und der Kanäle im Osten Londons gibt es mitunter schon richtig idyllische Radwege. Aber auch an anderen Stellen der Stadt sind inzwischen Strecken eigens für Fahrradfahrer ausgewiesen. Unter anderem das *National Cycle Network,* ein Netz von landesweiten Radrouten, führt mitten durch London.

Santander Cycles

Die Stadtverwaltung hat 2010 ein Netz an Leihfahrrädern in der britischen Hauptstadt installiert. Santander Cycles (bis März 2015 lautete der Name nach einem anderen Sponsor Barclays Cycle Hire) sind vergleichsweise einfache, aber robuste Räder, die mit dynamobetriebenen LED-Leuchten und einer Dreigangschaltung ausgestattet sind. Sie werden nach einem ausgefeilten System verliehen: Für einen Betrag von drei Pfund kann man sich registrieren und einen Schlüssel schicken lassen, mit dem sich jederzeit an einem der überall in der Stadt verteilten Standorte Räder leihen lassen. Hinzu kommt noch eine Pauschalgebühr, die zwischen zwei Pfund (für einen Tag) und 90 Pfund (für ein Jahr) liegt. Alternativ zum Schlüssel können Besucher auch ihre Kreditkarte zum Ausleihen nutzen. Die Gebühren bleiben aber dennoch zu zahlen.

Die Räder stehen an festen Stationen und sind dort angeschlossen, sobald sie der Vornutzer abstellt. Registrierte Nutzer können jederzeit und überall ein Rad für 30 Minuten kostenlos ausleihen. Ab der 31. Minute kostet es eine Leihgebühr von zunächst zwei Pfund (bis eine Stunde). Teurer wird es, je länger man ein Rad mietet – bis zu 46 Pfund für 24 Stunden. Inzwischen sind im gesamten Stadtgebiet rund 10.000 Räder an 720 Stationen aufgestellt. Sie tragen unter Londonern den Spitznamen *»Boris Bikes«* – da Bürgermeister Boris Johnson das Programm in Betrieb genommen hat. Genau genommen war es aber sein Vorgänger Ken Livingston, der die Idee zum Radverleih hatte. Er trieb die Pläne von 2007 an voran, nachdem er ein ähnliches Programm in Paris gesehen hatte.

↗ www.tfl.gov.uk

National Cycle Network

Es begann 1984 mit einem Radweg auf einer stillgelegten Eisenbahnstrecke zwischen Bristol und Bath: Die rund 20 Kilometer lange Strecke war die erste offiziell ausgewiesene Radstrecke des Vereinigten Königreichs. Die gemeinnützige Organisation Sustrans aus Bristol hatte sie geschaffen. Es folgte ein großer Plan: Überall im Land sollten weitere Radwege entstehen, zusammen sollten sie ein nationales Netz als Alternative zu Autobahnen und Landstraßen bilden – das National Cycle Network. 8.000 Kilometer waren ursprünglich geplant, die Hälfte davon sollte abseits von bestehenden Straßen liegen. Und das gesamte Netz sollte auch für Kinder gefahrlos nutzbar sein. Das Ziel wurde übererfüllt: Heute besteht das National Cycle Network aus insgesamt 21.000 Kilometer Strecke im gesamten Vereinigten Königreich (England, Schottland, Wales und Nordirland). Die Strecken sind von 1 bis 10 durchnummeriert und bilden dadurch so etwas wie Fernradwege. Sie sind durchweg mit blauen Schildern gekennzeichnet, auf denen ein weißes Fahrrad zusammen mit einem roten Ziffernfeld für die Nummer der Radstrecke abgebildet ist.

www.sustrans.org.uk/ncn

★ Do it yourself ★

Per Leihrad durch London

Wer Räder für einen oder mehrere Tage ausleihen möchte, sollte einen richtigen Radverleih wählen. *London Bicycle* ist ein junges Unternehmen direkt an der Themse nahe dem Museum Tate

Modern. Es vermietet nicht nur Räder, sondern bietet auch ganze Touren zu unterschiedlichen Themenschwerpunkten an.

The Wharf, 1 Gabriel's Wharf, 56 Upper Ground, London SE1 9PP
(020) 79 28 68 38 www.londonbicycle.com U-Bahn: Waterloo

Schöne Radtouren durch London

Grundsätzlich bieten sich die Themse sowie die eher ruhigen Stadtteile abseits des Zentrums für Radtouren an. Eine besonders schöne führt etwa vom Victoria Park im East End zum Canary Wharf Pier und von dort nach Greenwich auf der anderen Seite der Themse. Der Fußgängertunnel unter dem Fluss *(Greenwich Foot Tunnel)* ist eine gute Möglichkeit, auch das Rad problemlos mit auf die andere Seite zu nehmen.

Schön sind auch die Kanäle im Osten Londons, die eine Tour von den Docklands bis zum Olympic Park in Stratford ermöglichen.

Am Südufer der Themse entlang kann man meilenweit fahren – selbst im Innenstadtbereich. Dörflicher, aber keinesfalls weniger entspannend ist es etwas weiter außerhalb, idealerweise in Richtung Westen.

In den Travel Information Centres von Transport for London gibt es Broschüren mit konkreten Routen. Diese Informationszentren befinden sich an den U-Bahn-Stationen Piccadilly Circus, Liverpool Street, Victoria, Heathrow und King's Cross.

27 Musicals

London macht Theater

Ich blickte dem Abend von Anfang an nicht mit größter Freude entgegen. Wir waren mit einer Gruppe Journalisten unterwegs, beruflich. Viel Programm, viele Kollegen – immer wieder erfrischend, da von neuen Eindrücken begleitet. Man sieht Dinge, die man sonst nicht sieht, man spricht Menschen, denen man andernfalls vermutlich nie begegnet wäre. Und man erfährt so einiges, worüber man sich zuvor noch nie Gedanken gemacht hatte – was durchaus seine guten Seiten haben kann.

Am Abend aber stand ein Musical-Besuch auf dem Programm. Nun muss man wissen, dass ich zwar gerne und oft ganz unterschiedliche Musik höre, mit Musicals aber leider so gar nichts anfangen kann. Ein paar Mal nahm ich im Laufe meines Lebens Anlauf, sie doch zu mögen, und ich kann auch durchaus nachvollziehen, dass Menschen geradezu in die Aufführungen pilgern. Wie etwa ein Freund von mir, der mehrmals im Jahr nach London fliegt, nur um dort eine Reihe von Musical-Aufführungen zu besuchen. Beneidenswert! Doch mir gelang es leider einfach nicht, eine vergleichsweise große Leidenschaft für dieses musikalische Genre zu entwickeln.

An diesem Abend also ein neuer Versuch – vielleicht sind britische Produktionen einfach stimmiger als jene in Deutschland, versuchte ich mir selbst Mut zuzureden.

Das Programm war lange vor Beginn bekannt, sodass jeder von uns instinktiv einen Anzug allein für diesen Abend im Gepäck hatte. Einer der spannendsten Augenblicke bei Gruppenevents ist jener, an dem man sich abends am verabredeten Ort trifft, um Essen zu gehen oder eben ins Theater. Denn die Frage ist stets: Was sollte man wohl anziehen? Man will keinesfalls *»underdressed«* sein, also mit nicht angemessener Kleidung aus der Gruppe herausstechen. Aber als einziger einen Anzug anziehen unter lauter Jeans tragenden Kollegen macht auch keinen Spaß. Davon abgesehen, dass sich die Lust am Anzugtragen bei Journalisten branchenweit üblicherweise ohnehin in engen Grenzen hält. Für viele Pressesprecher sind Figuren wie Hape Kerkelings Horst Schlämmer, der stets im alten Mantel auftretende Lokalschreiber, keine Fiktion, sondern harter Alltag.

Der Abend verlief in diesem Punkt jedenfalls schon einmal ohne Hürden: Herren im Anzug, Damen im Kleid – ganz offenbar herrschte in der Branche eine seltene Einigkeit, zumindest was Theaterbesuche anging. Wir scherzten noch, wie wir offenbar alle versuchten, uns *»undercover«* im Theater zu bewegen. Niemand sollte merken, dass wir den Abend in Artikeln verarbeiten würden.

Es kam anders: Die Atmosphäre war in der Tat einzigartig hier am alten Theater inmitten des West End – ein Gebäude aus dem vorvergangenen Jahrhundert, viktorianischer Stil, über dem Eingang ein mehrere Quadratmeter großes Plakat, handgemalt, wie es früher auch hierzulande an Theatern und Kinos hing. Es funkelte und glitzerte, als die schwarzen Taxis in Reihe vorfuhren und die Besucher ausstiegen. Doch das Glitzern schien vom Regen zu kommen, denn so gut wie niemand der ankommenden Gäste trug irgendetwas, das dazu in der Lage gewesen wäre: Mit Turnschuhen und Jeans, mit Lederjacke und tiefsitzender Chinohose eilten sie ins Foyer. Einige kamen offenbar gerade vom Einkaufsbummel an der Regent Street, denn sie hatten Tüten der gängigen Filialketten dabei. Hier Sainsbury's, dort

Marks & Spencer, zwei Leute weiter ein ganzer Reigen von Klamottenmarken, zwischen Topshop und Banana Republic: Der altehrwürdige Innenraum des Theaters glich vom Publikum her der Nachmittagsvorstellung in einem Standard-Multiplexkino. In etwa so, als ob in wenigen Minuten ein Film wie *Stirb langsam II* beginnen würde. Die ersten von uns lockerten ihre Krawatten.

Die Parallele zum Kino setzte sich fort: Punktgenau mit Beginn der Vorstellung raschelte es irgendwo aus Richtung Reihe 5. Jemand musste mühsam eine widerspenstige Süßigkeitenverpackung geöffnet haben. Reihe 10 hielt dagegen: Chips, ganz eindeutig! Dieses Knistern ... Hinter uns öffnete jemand eine Getränkeflasche, die Kohlensäure entwich mit einem kurzen, lauten Zischen. Das ganze Theater, so schien es zunehmend, hatte nur darauf gewartet, endlich Snacks herausholen zu können. Zwischendurch klingelte noch das obligatorische Mobiltelefon, um hektisch ausgeschaltet zu werden. Und hier und da kramten die Leute nach Süßigkeitennachschub in ihren raschelnden Einkaufstüten.

Die Vorstellung, beschloss ich irgendwann, schien genauso wenig meine Lust am Musical zu wecken, wie es andere zuvor getan hatten. Aber das Rahmenprogramm im Publikum? Das war unterhaltsam!

Also kein Unterschied zwischen Kino und Theater?

Das nicht gerade, und es kommt ja auch darauf an, wie man sich wo selbst am wohlsten fühlt. Ein gesellschaftlicher Zwang zur Abendgarderobe, wie er in London sonst zu vielen Anlässen herrscht, gilt in Musicaltheatern aber keineswegs. Das hat historische Gründe: Musicaltheater sind seit jeher die Bühnen für die breite Masse gewesen. Hier sollte zu vergleichsweise geringen

Preisen jedermann die Möglichkeit haben, einen netten Abend zu verbringen. Damit das so ist, wurden früher in vielen Theatern Besucher geradezu durch die Vorstellung durchgeschleust: Man betrat es vorn durch das noble Foyer – und verließ es nach der Vorstellung am anderen Ende, meist durch eine Tür, die irgendwo in einer Seitenstraße endete. Währenddessen rückten vorn Besucher für eine neue Vorstellung nach. Und dass dort gegessen, gelacht und getrunken wurde, gehörte einfach dazu. Das gilt bis heute.

Die Geschichte des *»Theatrelands«*

Vermutlich im 16. Jahrhundert entstand in London das erste Theater der Stadt, das *»Theatre«* in Shoreditch. Es war jenes Theater, das 1599 abgetragen wurde, um Bestandteile wie das Holz für den Bau von William Shakespeares Globe Theatre in Southwark zu nutzen. Mit dem Theatre Royal folgte 1663 an der heutigen Drury Lane das erste Theater im West End. Heute steht an seiner Stelle ein Nachfolgegebäude mit demselben Namen, da der Ursprungsbau schon nach wenigen Jahren einem Feuer zum Opfer fiel. Weitere Theater folgten in den nächsten Jahrzehnten, etwa das Queen's Theatre (1705), das heute unter dem Namen Her Majesty's Theatre besteht, das Haymarket Theatre (1720), das Theatre Royal (1732) oder das Adelphi Theatre (1806). Die Eröffnung zahlreicher kleinerer Bühnen zu Beginn des 19. Jahrhunderts begann den Ruf des West End als *»Theaterland«* zu festigen. Bis zu Beginn des Zweiten Weltkrieges entstanden in dieser Gegend immer wieder neue Theater. Um die 40 sind es noch immer.

Während klassische Theater damals auf Dramen setzten und sich dadurch eher an eine elitäres Publikum richteten, widmeten sich zunehmend Musicalbühnen dem einfachen Volk. Das Ziel:

Theater für jedermann, unterhaltsam und günstig. Der Begriff »Musical« war zu jener Zeit im frühen 19. Jahrhundert noch gar nicht etabliert. Die Besucher gingen vielmehr in *»Music Halls«*. Erst in den folgenden Jahrzehnten entwickelte sich das Musical in seiner heutigen Form, und zwar, indem immer mehr Elemente aus Operette, Varieté und gewöhnlichen Theaterstücken miteinander kombiniert wurden. London gilt zusammen mit New York als so etwas wie die Keimzelle der Musicals, wie sie heute auf der ganzen Welt gespielt werden.

In London sind die Bühnen nach wie vor erfolgreich: Rund 14 Millionen Besucher zählen die Theater Jahr für Jahr, 18.000 Vorstellungen geben sie im selben Zeitraum. Das führt zu rund einer halben Milliarde Umsatz.

Die Stücke

Lange Aufführungsphasen sind typisch für Musicaltheater: Stücke werden exklusiv auf einer Bühne gespielt, oftmals über Jahre. Den Rekord hält im West End indes ein Nicht-Musical: Agatha Christies *The Mousetrap* (Die Mausefalle) wird seit 1952 ununterbrochen im St. Martin's Theatre gezeigt – ein Ende ist nicht absehbar. Zu den erfolgreichsten Musicals zählt *Les Misérables* mit der Musik von Claude-Michel Schönberg, das seit 1985 im West End gezeigt wird, zunächst im Palace Theatre, dann im heutigen Queen's Theatre (das nicht dasselbe ist wie das Queen's Theatre aus dem 18. Jahrhundert). *Das Phantom der Oper* von Andrew Lloyd Webber geistert seit 1986 durch das Her Majesty's Theatre. Auch *Cats* vom selben Komponisten brachte es im New London Theatre auf 21 Jahre ununterbrochener Shows. Es wurde von 1981 bis 2002 aufgeführt.

Andrew Lloyd Webber

Der britische Komponist Sir Andrew Lloyd Webber gilt als erfolgreichster Musicalschöpfer aller Zeiten. Insgesamt 13 Stück hat er komponiert, darunter die weltweit erfolgreichsten wie *Cats, Starlight Express, Jesus Christ Superstar, Evita* und *Das Phantom der Oper.* Seine Firma Really Useful Group unterhält mehrere Theater in Großbritannien. Lloyd Webber wurde 1948 in London geboren und studierte später am Royal College of Music in der britischen Hauptstadt. Er wurde 1992 von der Queen zum Ritter geschlagen und sitzt für die Konservative Partei im Oberhaus.

★ **Do it yourself** ★

Günstiger ins Musical

Die Eintrittspreise für Musicals sind mitunter nicht ganz niedrig – sie können aber zumindest günstiger werden, wenn man keine großen Wünsche hat, was Sitzplatz und Aufführung angeht: Eine kleine Hütte mit Namen TKTS bietet direkt am Leicester Square Tickets zum reduzierten Preis an. Teilweise kosten sie dann nur noch die Hälfte. Nachteil: Es handelt sich um Restkarten für die aktuellen Produktionen, was auch bedeutet, dass man keine reichhaltige Auswahl mehr hat. Die Society of London Theatre betreibt TKTS.

The Lodge, Leicester Square, London WC2H 7DE www.tkts.co.uk
U-Bahn: Leicester Square

Die schönsten Musicalbühnen Londons

Palace Theatre: Baulich fast palastartig anmutendes Theater im West End. Es eröffnete 1891 noch unter dem Namen Royal English Opera House, wurde aber bereits 1911 umbenannt.

113 Shaftesbury Avenue, London W1D 5AY (020) 84 44 12 46 56
www.palacetheatrelondon.org U-Bahn: Leicester Square

Theatre Royal Drury Lane: Dieses Theater atmet vor allem im Inneren den Hauch der Geschichte. Christopher Wrens Architektur ist noch heute wunderbar erhalten geblieben – auch die Bestuhlung im Saal.

Catherine Street, London WC2B 5JF (020) 84 44 12 46 60
http://drurylane.londontheatres.co.uk U-Bahn: Leicester Square, Holborn

Savoy Theatre: Musicalbühne aus dem Jahr 1881 an der Straße Strand, die man wegen des Höhenunterschiedes in diesem Teil Londons quasi über das Obergeschoss betritt.

Savoy Court, Strand, London WC2R 0ET (020) 84 48 71 76 27
www.savoy-theatre.co.uk U-Bahn: Leicester Square, Temple

28 Musikszene

London ist im Takt

Management ist zu einem guten Teil eine Frage der Einschätzung, abhängig vielleicht sogar von der individuellen Tagesform des Managers. Es gibt gute und schlechte Tage, die Entscheidungen durchaus beeinflussen können. Dick Rowe, damaliger Manager der Decca Studios in Hampstead, hatte am 1. Januar 1962 ganz offensichtlich keinen guten Tag. Eine junge, unbekannte Band aus dem Norden Englands kam damals für Probeaufnahmen in die idyllisch gelegenen Räume im vergleichsweise noblen Londoner Stadtteil. Die junge Band waren die Beatles, und ihre Probeaufnahmen endeten ohne Plattenvertrag: »Gitarrenbands geraten außer Mode«, soll der Überlieferung nach die Begründung gewesen sein. Und der Band soll zudem gesagt worden sein, sie hätten keine Zukunft im Showbusiness.

Die Beatles unterzeichneten kurz darauf beim Label Parlophone und begannen ihre Erfolgsgeschichte als eine der größten Bands aller Zeiten. Rowes Ablehnung gilt längst als so etwas wie der größte Fehler der Musikgeschichte. Er haftete ihm auf ewig an – obwohl er mit Verträgen für Bands wie den Rolling Stones und The Small Faces oder Künstlern wie Tom Jones sehr wohl Weitsicht bewies. Und obwohl gar nicht mal bewiesen ist, dass er die Entscheidung wirklich selbst getroffen hat. Gäbe es die Beatles noch, hätten sie in jedem Fall inzwischen eine Art später Genugtuung: Die Decca Studios sind längst geschlossen. Heute probt hier die English National Opera. Die Aufnahmen der Beatles vom Neujahrstag 1962 sind vor einigen Jahren wieder aufgetaucht. Auch wenn sich Experten uneins sind darüber, ob es sich dabei um das Mastertape aus Hampstead handelt – ein japanischer Sammler zahlte 2012 bei einer Auktion dafür immerhin 35.000 Pfund.

Schon wieder die Beatles – gibt es denn in London keine andere Musik?

Aber sehr wohl! London gilt zu Recht als so etwas wie Europas Musikhauptstadt, mit Ambitionen auf den entsprechenden Titel weltweit. In kaum einer anderen Stadt ist die Clublandschaft so ausgeprägt wie hier, in kaum einer anderen Stadt treten beinahe täglich internationale Größen auf. London für Musikfreunde? Ein Mekka! Was übrigens auch die Auswahl der Genres betrifft: Konzerte gibt es mitnichten nur in Richtung Britpop oder Rock – Jazz, Klassik, Hiphop, Folk und vieles mehr steht fast täglich irgendwo auf dem Programm. Das Stadtmagazin *Time Out* ist eine gute Orientierung, außerdem die Kulturbeilage der Tageszeitung *The Guardian.*

Camden – der Stadtteil der Musik

Die ganz großen Zeiten mögen vorbei sein, doch nach wie vor gilt der nördliche Stadtteil Camden als Wiege der britischen Popmusik – nicht zuletzt durch den Tod der Sängerin Amy Winehouse im Jahr 2011. Sie starb durch eine Alkoholvergiftung und wurde in Camden aufgefunden. Das bestätigte viele in ihrem Bild des Stadtteils: Musik, Drogen und Alkohol haften ihm spätestens seit den sechziger Jahren an. Doch das führt auch zu einer gewissen magischen Anziehungskraft: Neben Winehouse siedelten immer wieder bekannte Musiker hier in den Norden der britischen Hauptstadt über. Die Stadtverwaltung ist deswegen seit einiger Zeit dabei, in der Camden High Street (◎ U-Bahn: Mornington Crescent/Camden Town) und deren Verlängerung Chalk Farm Road eine

Art »Music Walk of Fame« zu installieren – Schallplatten im Boden, die ähnlich dem Hollywood Walk of Fame bekannte Musiker der Stadt würdigen sollen.

Ein Auftritt von Pink Floyd im Oktober 1966 markiert so etwas wie den Start der großen Zeit Camdens als Zentrum der britischen Musikszene. Im Roundhouse, einem früheren Eisenbahngebäude, kam es zu einem Konzert, das den späteren Stil der Band prägen sollte. Viele weitere Bands und Künstler folgten in den Jahren danach: Jimi Hendrix, The Doors, Cream und etliche weitere. Zum Roundhouse, das bis heute als einer der Topveranstaltungsorte Londons gilt, gesellten sich schnell weitere Konzerthallen: Dingwalls (🏠 11 Middle Yard, Camden Lock), Camden Palace (heute KOKO, 🏠 1a Camden High Street) und der Electric Ballroom (🏠 184 Camden High Street). Dazu kommen etliche Pubs und Clubs, in denen fast täglich vor allem unbekanntere Bands auftreten.

Die Wurzeln Camdens als Musikstadtteil Londons aber liegen genau genommen weiter zurück: In den dreißiger Jahren des 20. Jahrhunderts zog es irische Einwanderer hierher. Sie brachten nicht nur eine gewisse Trinkkultur mit, sondern auch ihre Leidenschaft für Musik. Aus den allgegenwärtigen Musiksessions entwickelten sich zunehmend größere Auftritte.

London in Liedern

Immer wieder haben Musiker eine Hommage an die britische Hauptstadt geschrieben, insgesamt dürften es ein paar Hundert sein. Im Folgenden eine Auswahl von London-Songs für den Städtetrip-Soundtrack:

- Aztec Camera: *Notting Hill Blues*
- The Clash: *London Calling*

- The Clash: *Guns of Brixton*
- Coldplay: *Cemeteries of London*
- Elton John: *Across the River Thames*
- The Kinks: *Waterloo Sunset*
- Madness: *A Day on the Town*
- Madness: *Primrose Hill*
- The Smiths: *London*
- The Waterboys: *Night falls on London*

★ Do it yourself ★

Londons beste Musikveranstaltungsorte

Die britische Hauptstadt verfügt über Hunderte von Orten für Musikveranstaltungen – vom kleinen Pub bis zur 20.000-Besucher-Halle. Im Folgenden eine Auswahl der interessantesten Orte:

The O2: Ursprünglich als Millennium Dome erbaut, ging die Veranstaltungshalle im Norden von Greenwich nach der Jahrtausendwende pleite – unter einem neuen Sponsor entwickelte sich die riesige Halle zu einem Veranstaltungsort für Großkonzerte. Bis zu 20.000 Besucher sahen hier Auftritte von Bands wie Coldplay oder Status Quo.

Peninsula Square, London SE10 0DX · (08 44) 8 56 02 02
www.theo2.co.uk · U-Bahn: North Greenwich

O2 Academy: Das imposante Gebäude wurde in den zwanziger Jahren des vergangenen Jahrhunderts ursprünglich als Kino gebaut – seit 1983 ist es eine Veranstaltungshalle zumeist für Rock-Pop-Konzerte. Sie fasst bis zu 5.000 Besucher.

211 Stockwell Road, London SW9 9SL (08 44) 4 77 20 00
www.brixton-academy.co.uk U-Bahn: Briston/Stockwell

Roundhouse: Das frühere Eisenbahngebäude war schon in den sechziger und siebziger Jahren ein beliebter Veranstaltungsort. Bands wie The Doors traten hier auf. Nach einer Renovierung vor einigen Jahren ist das Roundhouse zu einem Kulturzentrum geworden – Konzerte gibt es nach wie vor.

Chalk Farm Rd, London NW1 8EH (08 44) 4 82 80 08
www.roundhouse.org.uk U-Bahn: Chalk Farm

The Forum: Das wunderschöne Art-deco-Gebäude wurde 1934 erbaut und ist seit den achtziger Jahren ein Musikveranstaltungsort für 2.300 Besucher. Bands und Künstler wie Amy Winehouse, The Killers oder Justin Timberlake spielten hier.

9–17 Highgate Road, London NW5 1JY (08 44) 8 47 24 05
www.theforumlondon.com U-Bahn: Kentish Town

Royal Albert Hall: Die traditionsreiche runde Halle an den Kensington Gardens ist nicht nur durch die Proms-Reihe seit vielen Jahrzehnten der Ort schlechthin in London für klassische Musik. Seit einigen Jahren treten auch zunehmend Größen der populären Musik hier auf. Erbaut wurde die Royal Albert Hall 1871 zu Ehren des früheren Ehemanns Königin Viktorias.

Kensington Gore, London SW7 2AP (020) 75 89 82 12
www.royalalberthall.com U-Bahn: South Kensington

Scala: Unter anderem Iggy Pop stand hier in diesem ehemaligen Kino auf der Bühne. Seit den siebziger Jahren ist das Scala am Bahnhof King's Cross zu einer echten Größe in der Londoner Musikszene herangewachsen – trotz seiner vergleichsweise überschaubaren Anzahl an Plätzen. Heute spielen hier überwiegend Hip-Hop-, Folk- und Indie-Bands.

275 Pentonville Road, London N1 9NL (020) 78 33 20 22
www.scala-london.co.uk U-Bahn: King's Cross St Pancras

Barbican Hall: Die Heimat des London Symphony Orchestra mag nicht die schönste ihrer Art sein – die Konzerte aber sind eine Freude für jeden Klassikfan.

Barbican Centre, Silk Street, London EC2Y 8BS (020) 76 38 88 91
www.barbican.org.uk U-Bahn: Barbican

Xoyo: Ein noch vergleichsweise junger kombinierter Club mit Konzerthalle in Shoreditch. Die Musikauswahl ist überaus reichhaltig.

32–37, Cowper Street, London EC2A 4AP (020) 77 29 59 59
www.xoyo.co.uk U-Bahn: Old Street

Musikpubs in London

The Lexington: Schicke Eckbar nahe King's Cross mit regelmäßigen Rockkonzerten im Obergeschoss.

96–98 Pentonville Road, London, N1 9JB (020) 78 37 53 71
www.thelexington.co.uk U-Bahn: Angel, Kings Cross

Troubadour: Ein eher altbackenes Café mit einem Musikclub im Untergeschoss, in dem in den sechziger Jahren schon Musiker wie Jimi Hendrix auftraten.

263–267 Old Brompton Road, London SWS 9JA (020) 341 63 33
www.troubadour.co.uk/the-club U-Bahn: West Brompton, Earls Court

Waxy O'Connors: Großer Irish Pub mitten im West End mit mehreren Bars und mehrmals die Woche Livemusik.

14–16 Rupert Street, London W1D 6DD (020) 72 87 02 55
www.waxyoconnors.co.uk U-Bahn: Piccadilly Circus

29 Eigennamen

London verwirrt

Wer im Vorfeld von einer anstehenden Reise berichtet, erfährt meist allerlei Geschichten über eben jenes Reiseziel – von Leuten, die schon dort gewesen sind, von solchen, die etwas gelesen haben, von anderen, die jemanden kennen, der etwas weiß oder erlebt hat. Ein Bekannter von mir gehört zur ersten Gruppe. Der studierte Architekt verdrehte die Augen, als ich ihm von meinem anstehenden Trip nach London erzählte. Er selbst sei nach dem Abitur dort gewesen, sagte er – voller Elan wegen des bevorstehenden Architekturstudiums habe er sich in die Baugeschichte einer Stadt stürzen wollen. Ihm hatte es zu jener Zeit vor allem der viktorianische Baustil angetan, und aus einem alten Buch erinnerte er sich noch an den Crystal Palace, der für die Weltausstellung 1851 erbaute Kristallpalast. Unter einer Abbildung stand, dass sich der Palast im Hyde Park befand. Also lief der Bekannte an seinem ersten Tag in London zielstrebig in eben jenen zentralen Londoner Park. Allein: Der Palast war nicht dort. Nicht mal ein auch nur ansatzweise so anmutendes Gebäude.

Also fragte er einen Passanten: Crystal Palace, ob er wisse, wo so etwas zu finden sei. Der Passant griff den U-Bahn-Plan meines Bekannten und zeigte dort auf eine Station ziemlich weit unten, also im Süden der Stadt. Keine U-Bahn-Station, sondern eine der schwarz eingezeichneten Eisenbahnhaltepunkte. Da stand es: Crystal Palace. Hätte man ja auch selbst drauf kommen können, dachte sich der erleichterte Besucher und verabschiedete sich dankend. Aber wieso bloß stand dann im Buch Hyde Park?

Mein Bekannter suchte sich den Weg zu diesem Haltepunkt heraus, was in einer Zeit ohne Smartphones durchaus noch etwas Überlegung erforderte; trotz des U-Bahn-Planes, die schon damals an jeder Station auslagen. Er schaffte es dennoch und eilte voller Vorfreude aus der Station, mitten in einen Park, in dem ein riesiges Stadion stand. Über eine Stunde sei er über das Gelände geirrt, erzählte er mir, bevor ihm die Idee kam, auch hier einmal einen Passanten zu fragen. Eine junge Mutter mit Kinderwagen bot sich an – und schaute ihn auf seine Frage hin zunächst ungläubig an:

»Sie befinden sich doch in Crystal Palace«, sagte sie. »Crystal Palace Park.«

»Ja«, sagte mein Bekannter, »aber wo bitteschön ist denn *der* Crystal Palace, dieser wunderschöne Glaspalast?«

Die junge Mutter lachte laut auf. »Ach, *den* suchen Sie«, sagte sie fast mit einer Portion der Erleichterung. »Da kommen Sie ein paar Jahrzehnte zu spät. Den gibt es schon längst nicht mehr, den habe nicht mal mehr ich kennengelernt.«

Ein Park mit dem Namen eines Palastes, den es nicht mehr gibt? Was mag einem da in London noch alles *nicht* begegnen ...

Sollte ich vorher prüfen, ob es London überhaupt gibt?

Das wiederum ist gesichert, keine Sorge. Doch es ist schon manchmal nicht so ganz einfach mit den Bezeichnungen in anderen Ländern – selbst, wenn sie noch so eindeutig scheinen. Nicht wenige Touristen etwa sind in Paris bis heute nach wie vor auf der Suche nach dem Stadtschloss Palais des Tuileries. Muss ja auch hübsch ausgesehen haben, unweit des Louvre. Nur leider brannte das Schloss bereits 1871 aus und wurde später abgerissen.

Die Tuileries von London ist gewissermaßen der Crystal Palace. Eine ganze Gegend ist nach ihm benannt, noch dazu ein Fußballverein, der Crystal Palace F.C. – der es immerhin zeitweise in die Premier League geschafft hat, die höchste englische Spielklasse. Doch wo steht der Palast eigentlich? Nirgends – auch er ist längst ausgebrannt.

Zur Weltausstellung im Jahr 1851 war das 560 mal 137 Meter große Gebäude errichtet worden, allerdings weit ab von jener Gegend, die heute als Crystal Palace bekannt ist. Der Palast entstand im Hyde Park. Der Baustil – komplett aus Glas und Gusseisen eng angelehnt an die viktorianische Architektur jener Zeit – galt als revolutionär. Joseph Paxton, ein bekannter britischer Architekt, Politiker und Botaniker, hatte den Crystal Palace entworfen. Er spiegelte die Blütezeit des britischen Empires, die Industrielle Revolution wider. Nach Ende der Weltausstellung musste das Gebäude aus dem Park verschwinden; es wurde penibel abgebaut und in Seydenham auf der anderen Seite der Themse wieder aufgestellt – heute besser bekannt als Crystal Palace. Hier entwickelte sich auch eine rege Sporttätigkeit der Einwohner des Stadtteils, die in der Gründung des Crystal Palace F.C. mündete. 1936 brannte der Palast bis auf zwei turmähnliche Bestandteile aus; doch auch diese wurden in den Folgejahren abgerissen. Heute existiert nur noch der Park, der das Gebäude umgab.

Da ist von den Olympischen Spielen in London deutlich mehr geblieben: Dreimal war die britische Hauptstadt Austragungsort der Großveranstaltung, zuletzt 2012. Doch eines hat absolut nichts mit dem Olympischen Gedanken zu tun: Die Veranstaltungshalle Olympia in Kensington, nach der sogar eine U-Bahn-Station benannt ist. 1886 wurde sie eröffnet, lange vor den ersten Olympischen Spielen in London im Jahr 1908. Und was hat sie damit zu tun? Nichts. Olympia hieß zur Eröffnung sogar ganz anders, nämlich National Agricultural Hall. Der Olympische Gedanke wurde um die Jahrhundertwende durch die wieder erwachten Spiele jedoch zunehmend populär, sodass man sich entschied, von der wohlklingenden Bezeichnung zu profitieren.

Da hat es Londons Wahrzeichen Nummer eins viel einfacher: In Millionen von Fotoalben dürfte der Parlamentsturm von Westminster kleben, beschriftet mit zwei simplen Wörtern: Big Ben. Doch haben in Wahrheit nur wenige Menschen Big Ben je gesehen, sehr viele wohl aber gehört. Die Bezeichnung trägt allein die größte der fünf Glocken in dem Turm, der seit 2012 offiziell Elizabeth Tower heißt. Zuvor nannte man ihn übrigens in feinster britischer Bescheidenheit schlicht *Clock Tower,* Uhrturm. Big Ben trägt ihren Namen zu Ehren eines Politikers: Benjamin Hall, eigentlich Ingenieur, leitete zeitweise den Bau des Parlaments.

Warum nennt man das alles dann nicht ganz anders?

Hat man in den meisten Fällen ja – aber irgendwie bürgerten sich meist über Jahre die heutigen Bezeichnungen ein. Ein gutes Beispiel ist die Kreuzung Elephant and Castle in Southwark auf der südlichen Seite der Themse. Auch ein Bahnhof und eine U-Bahn-Station tragen dort diesen Namen – dabei handelt es sich um nichts anderes als einen simplen Kreisverkehr. Seit vielen Jahrhunderten aber gab es an dieser Stelle einen Pub namens Elephant and Castle, der mehrfach das Gebäude wechselte, immer aber in dieser Gegend Londons ansässig war. Mit den Jahren übertrugen die Londoner diese Bezeichnung auf die ganze frühere Kreuzung und den heutigen Kreisverkehr. Da schlossen sich die einstigen U-Bahn- und Bahn-Gesellschaften beim Bau ihrer Bahnhöfe einfach an. Manches Provisorium überdauert eben Jahrhunderte.

Nicht wundern übrigens, wenn in London jemand zur »*Gherkin*« geht, also zur Gewürzgurke: *Gherkin* ist die gängige Bezeichnung für ein Gebäude in der City of London (30 St Mary Axe, London EC3A U-Bahn: Aldgate), in dem der Rückversicherer Swiss-Re residiert. Der bogenförmige, spitz zulaufende Turm (eben gewürzgurkenähnlich) ist weithin sichtbar. Er steht dort, wo die IRA 1992 ein ganzes Gebäude bei einem Anschlag zerstört hatte. Der britische Stararchitekt Sir Norman Foster hatte den *Gherkin* entworfen.

Die Londoner Presse liebt solche Spitznamen für Gebäude: Der Pinnacle Tower in Bishopsgate (22–24 Bishopsgate, London EC2N U-Bahn: Bank) etwa wird wegen seiner ungewöhnlich verschwungenen Form seit jeher »*Helter Skelter*« genannt, »Hals über Kopf«. In der City of London ist unlängst das »*Walkie Talkie*« entstanden (20 Fenchurch St, London EC3M U-Bahn: Aldgate), ein nach oben breiter werdendes Hochhaus, das deswegen manchen Autoren auch zur Bezeichnung »*The Pint*« (das Pintglas) veranlasst hat – in welchem Zustand auch immer. »*Cheesegrater*«, Käsereibe, ist der inoffizielle Name eines Hochhauses in der Leadenhall Street 122 (U-Bahn: Bank/Aldgate). Es läuft an einer Seite nach oben hin spitz zu, und erinnert damit stark an solche Küchenutensilien. Und mit »*The Shard*« (die Scherbe) hat London inzwischen ein spitz zulaufendes, verglastes Hochhaus bekommen, das sogar ganz offiziell so heißt (32 London Bridge Street U-Bahn: London Bridge).

Der Velodrome auf dem Olympiagelände (Lee Valley Velo-Park Abercrombie Road, Queen Elizabeth Olympic Park, London E20 3AB U-Bahn: Leyton) brauchte nicht lange zu warten, bis er wegen seines konkaven Daches im Volksmund »*Pringles*« hieß – nach der in Großbritannien sehr beliebten Kartoffelchipsmarke. Das dürfte manchem lieber sein, als mit der Waterloo and City Line der U-Bahn zu fahren. Die nämlich besteht nur aus zwei Stationen (Waterloo und Bank) und wird in London inoffiziell »*The Drain*« genannt, das Abwasserrohr. Hintergrund ist zum einen ihre wie angeflanscht wirkende Darstellung auf dem U-Bahn-Plan; zum anderen aber auch die Tatsache, dass sie einzig dafür existiert, morgens und abends den Schwarm an Angestellten vom Bahnhof Waterloo in die City of London und wieder zurück zu transportieren – ein schnelles Abfließen aus dem trubeligen Bahnhofsgebäude.

★ Do it yourself ★

Crystal Palace Museum

Ein kleiner unscheinbarer Bau am Rande des Crystal Palace Parks widmet sich der verschwundenen, aber nach wie vor legendären Veranstaltungshalle gleichen Namens. Es ist das letzte Gebäude, das von der Betreiberfirma erhalten geblieben ist. Aufnahmen und Utensilien geben einen Überblick darüber, welche Bedeutung der Glaspalast einst für die Stadt hatte.

Anerley Hill, Crystal Palace, London SE19 2BA (020) 86 76 07 00
www.crystalpalacemuseum.org.uk Sa/So 11–16 Uhr (Sommer bis 15.30 Uhr)
Bahn: Crystal Palace

30 Docklands

London dockt an

Sie sind in aller Welt bekannt, die Docklands von London, und zwar als eines der gigantischsten städtebaulichen Vorhaben. In einem Mammutprojekt ließ die Regierung Thatcher sie in den achtziger Jahren aufkaufen, um sie an Investoren weiterzuveräußern. Der Verzicht auf Grundstückssteuer zog zahlreiche große Bauherren an – auf der Isle of Dogs, eine in die Themse ragende Halbinsel im Osten Londons, wichen die West India Docks und Millwall Docks Hochhäusern und unterirdischen Einkaufszentren. Die Verlängerung der Jubilee Line der U-Bahn wurde mit einer Station neuer Dimensionen gefeiert. Die Halbinsel, zu der lange Zeit die Arbeiter kamen, um Frachtschiffe zu entladen, wurde zum neuen Finanzzentrum Londons. Banken wie die Citibank oder HSBC siedelten sich hier an. Die Nachrichtenagentur Reuters folgte, und mit ihnen zahlreiche andere Unternehmen. Kaum etwas schien gut genug, um in Canary Wharf, wie das Viertel nun hieß, ein neues Image von Großbritannien entstehen zu lassen. Das Image einer modernen Wirtschaftsnation.

Unter diesem Eindruck stand auch ich bei meinem Besuch. Mit der U-Bahn angereist, stieg ich an der kathedralenähnlichen Station Canary Wharf aus, um über eine schier unendlich wirkende Rolltreppe mitten ins Hochhausviertel zu gelangen. Der einstige Hafen ist mittlerweile ein urbanes Großzentrum – so wirkt es jedenfalls.

Allein: Die Isle of Dogs ist nur ein Teil des einstigen Londoner Hafens. Streng genommen sogar ein gar nicht mal allzu großer. Wer heute nach Canary Wharf fährt, um die Docklands zu erleben, verpasst das Beste. Nämlich mehr oder weniger den eigentlichen Hafen. Beginnend am West India Quay, in dem sich hinter den Hochhäusern des Finanzviertels noch alte, zu Gastronomie umfunktionierte Lagerhäuser befinden, ziehen sich die ursprünglichen Hafenbecken bis an die Tower Bridge. St. Katharine Docks, London Docks, Limehouse – die ganze Gegend wurde über Jahrhunderte für die Seefahrt genutzt. Und sie hat sich zumindest im großen Ganzen weniger stark verändert als die Isle of Dogs. Das hat einen simplen Hintergrund: Die steuerlichen Anreize sah die Regierung ausschließlich für ihr neues Finanzzentrum vor, nicht für die übrigen Bereiche des Hafens. Wie sähe es hier erst aus, wenn dies nicht so gewesen wäre?

Wo ist denn dann überhaupt der eigentliche Hafen, wenn alles bebaut wird?

Weiterhin an der Themse, aber ausgedehnt auf viele kleinere Kais, die weiter Richtung Osten liegen – in etwa zwischen Dartford und der Mündung in die Nordsee. Weil die Schiffe im Laufe der Jahrzehnte immer größer wurden, konnten sie irgendwann nicht mehr an die alten Docks fahren. So verlagerte sich der Hafen immer weiter stromabwärts. Doch nach wie vor zählt London zu den großen Häfen – er ist nach Grimsby and Immingham der zweitgrößte des Vereinigten Königreichs. 2012 wurden hier mehr als 40 Millionen Tonnen Fracht umgeschlagen. Mehr als 70 Terminals gibt es, noch heute arbeiten hier mehr als 30.000 Menschen. Betrieben wird der Hafen als Ganzes nach wie vor von der Port of London Authority (PLA) – jener öffentlichen Gesellschaft, die von 1908 an auch die historischen Docks unterhielt, um den teils dramatischen Wettbewerb zwischen den früher einzelnen Hafenunternehmen einzudämmen.

Die Geschichte des Hafens

Londons Hafen ist eng verbunden mit der frühen Entwicklung der Stadt zum wichtigsten Zentrum der Insel. Bereits vor dem und im ersten Jahrhundert wurde er von den Römern genutzt, die von hier aus weitere Teile des Landes eroberten. Im zweiten und dritten Jahrhundert bauten sie die Docks immer weiter aus, um den immer dekadenter werdenden Lebensstil der Einwohner Genüge zu tun. Der Hafen blieb der Schlüssel zum Erfolg der Stadt: Über die Jahrhunderte dehnte sich das Gebiet immer weiter aus, bis es während des 18. und 19. Jahrhunderts in der Blütezeit des Kolonialreiches als größter und geschäftsreichster Hafen der Welt galt. Die Docks zogen sich fast 18 Kilometer die Themse entlang, 60.000 Schiffe wurden pro Jahr be- und entladen. Vor allem im 19. Jahrhundert entstanden zahlreiche der heute ungenutzten Hafenbecken: West India Docks, East India Docks, London Docks, St. Katherine Docks, Royal Victoria Dock, Albert Dock sowie das Millwall Dock, heute wesentlicher Teil der Isle of Dogs. Das führte im Übrigen zu einer großen Anzahl an Trockendocks – denn auch der Schiffbau siedelte sich schon früh an der Themse an. Heute ist diese Branche in London quasi ausgestorben.

Die Isle of Dogs

Von 1960 an deutete sich ein Ende des Hafenbetriebes in London an. Weder die Hafenbecken noch die Themse selbst waren für die immer größer werdenden Schiffe ausgelegt. Nach und nach wurden immer mehr der alten Docks geschlossen, bis zu Beginn der achtziger Jahre die Docklands quasi leerstanden. Sie verkamen, die Arbeitslosigkeit stieg hier auf ein Rekordniveau. Der konservativen Regierung blieb kaum etwas anderes übrig, als das massive Problem der zunehmenden Verarmung der Stadt in einem Großprojekt anzugehen: der London Docklands Development Corporation (LDDC).

Das Unternehmen war direkt der Regierung unterstellt und hatte die Aufgabe, das gesamte alte Hafengebiet aufzukaufen, um es marktfähig zu machen und an Investoren zu veräußern. Ein Modell, das trotz aller Kritik an dem Unternehmen seitdem vor allem in Großbritannien vielfach wiederholt wurde. Denn auch andere große Städte hatten mit der Schließung ihrer viel zu kleinen Häfen zu kämpfen, etwa Liverpool, Bristol und Manchester.

Zentrales Projekt wurde die Isle of Dogs, auf der die Regierung ein neues Finanzviertel plante, um die aus allen Nähten quellende City of London zu entlasten. Steuerliche Anreize sollten Unternehmen anlocken – und taten dies auch. Leider hatte niemand mit dem Platzen der Immobilienblase gerechnet, die zu sinkenden Immobilienpreisen führte. So ging kurz nach der Fertigstellung von Canary Wharf der kanadische Bauherr in Konkurs, wodurch es über viele Jahre große Leerstände im neuen Finanzviertel gab. Das ganze Projekt war ohnehin überaus umstritten, da für den Bau der neuen Finanztürme sowie von exklusiven Apartmenthäusern südlich davon vor allem Arbeiterwohngebäude abgerissen wurden: Über Jahrhunderte galt die Isle of Dogs als günstiger Wohnort für die Hafenangestellten.

Woher der ungewöhnliche Name stammt, ist übrigens nicht gesichert: Historiker halten es nicht für ausgeschlossen, dass sich über die Jahre durch den Londoner Slang der Ausdruck »Isle of Docks« in »Isle of Dogs« geändert hat. Erstmals tauchte dieser Name 1588 auf einer Landkarte auf. Eine andere Erklärung ist, dass sich zu Zeiten König Heinrichs VIII. genau hier die Hundezwinger seines auf der gegenüberliegenden Themse-Seite erbauten Palastes befunden haben sollen.

Die weiteren Gebiete der Docklands

Auch andere Hafenbeiche wurden von der LDDC umgewidmet, wenn auch weniger spektakulär als die Isle of Dogs. Auf dem Gebiet des früheren King George V Docks etwa, dem letzten großen Teil, der im alten Londoner Hafen gebaut wurde, entstand im Zuge der Sanierungsphase der London City Airport. Er sollte das Finanzzentrum noch attraktiver machen, da er mit diesem über die Docklands Light Railway verbunden ist. Am benachbarten Royal Victoria Dock entstand mit dem Excel ein neues Kongresszentrum mit angrenzenden Hotels. Heute endet hier die Seilbahn Emirates Air Line.

Die Dockland Light Railway

Im Zuge des Infrastrukturaufbaus für die sanierten Docklands nahm London 1987 ein neues fahrerloses Hochbahnsystem in Betrieb: die Docklands Light Railway (DLR). Sie fährt zwar auch unterirdisch und ist an das U-Bahn-Netz der Stadt angebunden – doch wurde für die DLR neuartige Technik genutzt: Die Bahnen verkehren mehr oder weniger vollautomatisch, ohne Fahrer.

Die Hochbahn hatte noch einen weiteren Vorteil: Solche Schienentrassen sind im Bau grundsätzlich günstiger als U-Bahnen, zudem konnten in den Docklands Trassen früherer Hafenbahnen übernommen werden. Die DLR gehört heute zum festen Bestandteil der Londoner Infrastruktur. Ihr Streckennetz ist kontinuierlich erweitert worden und umfasst inzwischen 34 Kilometer Gleise mit insgesamt 45 Stationen.

Museum of the Docklands

Unter der Bezeichnung Museum of the Docklands widmet sich das Museum of London in einem alten Lagerhaus am West India Quay ausschließlich der Entwicklung des Londoner Hafens – vom Mittelalter bis heute. In mehreren Etappen führt die Ausstellung durch die Jahrhunderte. Schön ist die ganze Gegend: Rund um das Museum gibt es mehrere Restaurants und Pubs, direkt vor dem Gebäude befindet sich noch ein altes Hafenbecken.

1 Warehouse, West India Quay, London E14 4AL (020) 70 01 98 44
www.museumoflondon.org.uk/docklands Tgl. 10–18 Uhr, Eintritt frei
U-Bahn: Canary Wharf, DLR: West India Quay

Emirates Air Line

Die Seilbahn verbindet die Veranstaltungshalle O2 auf der Halbinsel von Greenwich mit dem Royal Victoria Dock. Das mag eigentlich eine Verbindung sein, die kaum ein Mensch wirklich benötigt – doch die Aussicht aus den in bis zu 90 Meter Höhe über der Themse entlangziehenden Gondeln ist tatsächlich spektakulär.

27 Western Gateway (Nordstation), Edmund Halley Way (Südstation)
www.emiratesairline.co.uk Mo–Fr 7–21 Uhr, Sa 8–21 Uhr, So 9–21 Uhr
U-Bahn: North Greenwich, DLR: Royal Victoria

Up at the O2

Der Millennium Dome (heute O2) war eines der großen Bauprojekte, mit denen Großbritannien die Jahrtausendwende gefeiert hat – und eine der größten Fehlinvestitionen. Lange Zeit stand die Halle leer, bis sie unter einem neuen Sponsor als Veranstaltungsort genutzt wurde. Seit einigen Jahren ist das Dach für Besucher geöffnet: Sie können – nach Voranmeldung – in geführten Touren einmal über die geschwungene Konstruktion laufen.

The O2, Peninsula Square, London SE10 0DX www.theo2.co.uk/upattheo2
Tgl. 10–18 Uhr (im Sommer länger), Voranmeldung erforderlich!

31 Architektur

London baut auf

Kennen Sie Londons Skyline? Von der Themse im Innenstadtbereich aus betrachtet ist sie am prägnantesten: Das Parlament, das Riesenrad London Eye, die zahlreichen Brücken – eine Millionenstadt gibt sich in bester britischer Manier eher zurückhaltend. Irgendwo im Hintergrund ragt meist noch deutlich sichtbar die Kuppel von St. Paul's hervor, lange Zeit das höchste Gebäude der Stadt. Ein in sich stimmiges Bild, geprägt von der langen Geschichte Londons. Und festgehalten vermutlich auf ein paar Millionen Fotografien.

Inzwischen aber haben Architekten Alarm geschlagen. Der Bauboom in der britischen Hauptstadt beginne, die Skyline zu verändern, warnen sie. Den Funkturm, den British Telecom in den sechziger Jahren in die Innenstadt rammte, ließ man sich noch gefallen. Schließlich hatten Besucher hier bis zu einem Anschlag der IRA in den siebziger Jahren noch Gelegenheit, ihre Stadt von oben zu betrachten.

Das neue Finanzviertel Canary Wharf, das in den späten achtziger Jahren entstand, lag weit genug im Osten. Man musste ihm schon sehr nah kommen, um es trotz seiner Gebäudehöhen ins Blickfeld zu bekommen. Dann aber kamen die in Investoren und bauten das erste Hochhaus nahe der City of London, dem historischen Innenstadtkern. Und dann noch eines. Und noch eines.

Und nun hat jemand nachgezählt: Fast 240 Hochhäuser sind in London entweder bereits im Bau oder zumindest geplant, wurde bei einer Ausstellung der Architektendenkfabrik New London

Architecture (NLA) publik. Fast alle in der Nähe der Themse, womit die Skyline in in ihrer heutigen Form Geschichte würde. Sie gerate »außer Kontrolle«, mahnten 80 Architekten und Stadtplaner unlängst in einem offenen Brief. Denn die Wolkenkratzer sind ihrer Ansicht nach selten an die bestehende Umgebung angepasst – stattdessen gilt es, bei ihrer Planung offenbar markante Züge zu entwickeln. Am Ende wirken Londons Hochhäuser wie Betonpfosten in einem filigranen englischen Garten. Die Entwürfe, schrieben die Unterzeichner des offenen Briefes, bedrohten den einzigartigen Charakter und die Identität der Stadt.

Londons Bürgermeister Boris Johnson, bekannt eher als Macher denn als Abwäger, sieht im Bau von Hochhäusern den einzigen Weg, dem kontinuierlichen Zuwachs an Einwohnern begegnen zu können. »Überall werden Hochhäuser wachsen«, frohlockte er einmal. Nun scheinen seine Pläne Wirklichkeit zu werden, allerdings mit dem Nebeneffekt, dass mitnichten Durchschnittslondoner in die zahlreichen Türme einziehen werden. Stattdessen stecken insbesondere reiche Chinesen, Russen und Araber ihre Millionen in die Bauten der Stadt. Und für sie zählt, dass es vor allem luxuriös sein muss. Ein Kriterium, das im ohnehin völlig außer Rand und Band geratenen Immobilienmarkt Londons weiter die Preise in die Höhe treibt. Kritiker warnen bereits vor einem »Dubai an der Themse«. NLA-Direktor Peter Murrey fordert eine Art »Skyline-Kommission«, die die Planung der Neubauten als Ganzes im Blick behalte.

Der Souvenirmarkt hat sich längst auf die veränderte städtebauliche Situation eingestellt: Neben den Standardandenken wie dem Miniatur-Big-Ben-Uhrturm und dem englischen Briefkasten stehen immer öfter auch Modelle des »Shard« (der Scherbe, ein Wolkenkratzer in Southwark) oder noch viel öfter des »Gherkin« (der Essiggurke, einem Hochhaus in der City of London). Der Londoner *Guardian*, eine überregionale Tageszeitung, findet das Problem ebenfalls überdramatisiert. In einem Meinungsbeitrag beschwichtigte das Blatt in der Architekturdebatte: »Londons Skyline ist weniger wichtig als die Menschen, die hier leben.«

Insofern sollte man als Außenstehender tunlichst vermeiden, seine Verwunderung über die sich wandelnde Skyline der britischen Hauptstadt kundzutun. Für viele Londoner ist sie Zeichen einer wiedererstarkten Metropole, die einmal der Nabel der Welt war und in aller Welt vertreten. Nun kommt die Welt zur ihr an die Themse – und hinterlässt ein paar Wolkenkratzer.

Dann aber schnell noch ein Foto der Skyline machen?

Schaden kann es nichts – auch wenn der Bauboom langfristig angelegt ist und nicht alle 240 Gebäude im nächsten Jahr stehen werden. Zudem ist vor allem das südliche Ufer der Themse von der Stadtentwicklung betroffen. Denn hier in Southwark und den angrenzenden Stadtteilen wollte über Jahrzehnte niemand investieren, ganze Viertel verkamen, weil die einst hier ansässige Industrie ins Ausland verlagert wurde oder schlichtweg pleite ging. Im Londoner Rathaus sah man in den Neubauten eine gute Lösung, um auch den Süden Londons in die Neuzeit zu retten. Was freilich nicht bedeutet, dass nicht auch in der City of London zur anderen Seite der Themse das eine oder andere alte Gebäude einem neuen Bürohochhaus weichen müsste. Die Stadt wandelt sich – fast überall im inneren Ring um die Innenstadt entstehen neue Bauten und drängen sich hier und dort in die bestehende Substanz aus georgianischen oder viktorianischen Epoche, teils auch noch der Tudor-Zeit. Dass sich in der Innenstadt kaum noch ältere Straßenzüge befinden, hat allerdings einen anderen Grund: Das große Feuer, das im Jahr 1666 vier Fünftel des Londoner Zentrums zerstörte.

Das große Feuer

Ein zunächst kleiner Brand am 2. September 1666 in einer Bäckerei in der Pudding Lane ist aus heutiger Sicht der Auslöser für die größte Feuerkatastrophe Londons gewesen: Wegen der dichten Bebauung, der engen Gassen und des vielen Holzes, das damals zum Bauen genutzt wurde, breitete sich das Feuer in Windeseile aus. Vier Tage lang wütete es und zerstörte weite Teile der City of London. Insgesamt 400 Straßen, 13.200 Häuser und fast 90 Kirchen fielen den Flammen zum Opfer. Bekanntestes Bauwerk war die St.-Paul's-Kathedrale, die im Anschluss von Grund auf neu gebaut werden musste. Architekt Christopher Wren konstruierte die heutige Kathedrale mit ihrer einzigartigen Kuppel, die aus statischen Gründen auf einem Holzkonstrukt lastet. Die gesamte Londoner Innenstadt erhielt durch den Wiederaufbau ein neues Gesicht. Per Gesetz wurde die Geschosshöhe auf vier Etagen begrenzt – auch, um Rettungsaktionen bei einem künftigen Brand zu ermöglichen. Lange galt die Regel, dass kein Gebäude in der City of London höher sein darf als die St.-Paul's-Kathedrale. Sie ist jedoch inzwischen längst vergessen.

Heute erinnert das Monument an der Fish Street an den Brand (🏠 Fish Street Hill, London EC3R 8AH ↗ www.themonument.info ◎ U-Bahn: Monument). Der Säulenbau entstand zwischen 1671 und 1677 und verfügt über eine Aussichtsplattform. Eine Wendeltreppe führt hinauf. Die Höhe der Säule (61 Meter) entspricht exakt der Distanz zwischen ihrem Standort und der früheren Bäckerei in der Pudding Lane, in der das große Feuer ausgebrochen war.

Das georgianische London

Die Personalunion der Königshäuser von Hannover und Großbritannien (1714–1837) führte zu einer ganz eigenen architektonischen Epoche: Angelehnt an die vier hannoverschen Könige, die unter dem Namen Georg herrschten, entstand der Georgianische Baustil, der sich durch weite Teile Londons zieht. Unter anderem in Spitalfields oder am Bedford Square (◎ U-Bahn: Tottenham Court Road) sind perfekte Beispiele entsprechender Häuser zu sehen. Sie sind unter anderem für ihre symmetrischen, kantigen Formen bekannt, für Säulen und Eingangsportale und Eingangstüren mit halbrunden Oberlichtern. In Großbritannien wurden solche Gebäude meist aus Backstein erbaut. Der Baustil setzte sich aber zu Kolonialzeiten auch in damalige britische Überseegebiete fort – unter anderem in die heutigen USA.

Das viktorianische London

Als besondere Form des Historismus gilt heute der viktorianische Baustil, der in der Zeit der Herrschaft Queen Victorias (1837–1901) entstand. Türme, Erker, Asymmetrie sind typische Elemente von Gebäuden im viktorianischen Stil, der häufig der Neugotik gleicht. In London gelten vor allem einige der großen Bahnhöfe als grandiose Beispiele, etwa die St. Pancras Station, oder auch das National History Museum (🏠 Cromwell Rd, London SW7 5BD ↗ www.nhm.ac.uk ◎ U-Bahn: South Kensington).

London und Art déco

Wie in vielen Ländern der Welt setzte auch Art déco (1920–1940) seine Akzente in London. In manchen Gebäuden vermischt sich dieser Baustil mit georgianischen Elementen. Einige der großen bekannten Häuser Londons stammen aus dieser Zeit, unter anderem das BBC Broadcasting House am Portland Place (◎ U-Bahn: Oxford Circus) oder das Kaufhaus Selfridges in der Oxford Street (◎ U-Bahn: Bond Street).

Das London der Tudors

Diese Form der Gotik entstand in England während der Herrschaft des Hauses Tudor (1485–1603). Wegen des großen Feuers existieren zahlreiche der damaligen Gebäude heute nicht mehr. Bekannteste Beispiele sind Westminster Abbey sowie Hampton Court Palace. Schmale achteckige Türme sind prägnant für diesen Baustil, außerdem Erker und Zinnen. Eine besondere Form sind die Fachwerkgebäude, von denen vor allem am Rande der Innenstadt immer mal wieder einige erhalten geblieben sind. Das bekannte Kaufhaus Liberty of London (🏠 Regent Street, London W1B 5AH ◎ U-Bahn: Oxford Circus) sieht ähnlich aus, stammt aber genau genommen aus dem Jahr 1924.

Londons höchste Bauwerke

The Shard (310 Meter, 71 Stockwerke, Architekt: Renzo Piano): Das 2013 erbaute Gebäude gilt als derzeit höchstes in der EU. Es beinhaltet Büros, eine öffentliche Aussichtsetage sowie ein Luxushotel der Singapurer Shangri-La-Gruppe. Ein Besuch der Aussichtsetage ist dabei nicht gerade ein Schnäppchen: Erwachsene zahlen rund 30 Pfund – günstiger wird es, wenn man Tickets für feste Zeiten mindestens einen Tag vorab im Internet bucht.

🏠 St Thomas St, London SE1 9RL ↗ www.theviewfromtheshard.com
◎ U-Bahn: London Bridge

The Pinnacle (288 Meter, 63 Stockwerke, Architekt: Kohn Pedersen Fox): Bürogebäude mit großer Solarfläche.

🏠 22–38 Bishopsgate, London EC2N ◎ U-Bahn: Bank, Liverpool Street

One Canada Square (236 Meter, 50 Stockwerke, Architekt: César Pelli): Der Wolkenkratzer auf der Isle of Dogs ist bekannt geworden als Konkursmasse – der Bauherr, die kanadische Firma Olympia and York, meldete kurz nach der Fertigstellung Konkurs an, da der Immobilienmarkt in London unvorhergesehen einbrach.

🏠 Canary Wharf, London E14 5AB ◎ U-Bahn: Canary Wharf

Heron Tower (202 Meter, 46 Stockwerke, Architekt: Kohn Pedersen Fox): Bürogebäude in der City of London.

🏠 Bishopsgate, London EC2N 4AY ↗ www.herontower.com
◎ U-Bahn: Liverpool Street

Citigroup Centre (200 Meter, 45 Stockwerke, Architekt: Norman Foster): Der britische Hauptsitz der Citigroup, eröffnet 2001, ist Teil des Finanzviertels Canary Wharf.

🏠 25–33 Canada Square, London E14 5LB ◎ U-Bahn: Canary Wharf

HSBC Tower (200 Meter, 45 Stockwerke, Architekt: Norman Foster): Ebenfalls Teil des Finanzviertels Canary Wharf und Hauptsitz der Hong Kong and Shanghai Banking Corporation (HSBC). Eröffnet 2002.

🏠 8 Canada Square, London E14 5HQ ◎ U-Bahn: Canary Wharf

Tower 42/National Westminster Tower (183 Meter, 42 Stockwerke, Architekt: Richard Seifert): Ein eher schlichtes Hochhaus, das im Jahr 1880 ursprünglich für die National Westminster Bank fertiggestellt wurde. Nachdem es bei einem

IRA-Anschlag beschädigt wurde, wechselte es den Besitzer und den Namen.

🏠 25 Old Broad Street, London EC2N ◎ U-Bahn: Liverpool Street

St. George Wharf Tower (181 Meter, 49 Stockwerke, Architekt: Broadway Malyan): Londons höchstes Wohngebäude steht direkt an der Themse. Bekannt wurde es 2013 durch einen tragischen Unfall: Ein Hubschrauber kollidierte mit einem Baukran auf dem Gebäude – zwei Menschen starben.

🏠 Wandsworth Road, London SW8 2 ◎ U-Bahn: Vauxhall

30 St Mary Axe/The Gherkin (180 Meter, 41 Stockwerke, Architekt: Norman Foster): Der weithin sichtbare Wolkenkratzer in der City of London wurde schon früh wegen seiner gebogenen Form als Gewürzgurke bezeichnet. Erbaut 2004 wurde er als Bürogebäude für den Rückversicherer Swiss Re.

🏠 30 St Mary Axe, London EC3A 8EP ◎ U-Bahn: Aldgate

20 Fenchurch Street (160 Meter, 35 Stockwerke, Architekt: Rafael Viñoly): Einer der jüngeren Londoner Wolkenkratzer, der wegen seiner konkaven Form als »Walkie Talkie« bekannt ist.

🏠 20 Fenchurch Street, London EC3M ◎ U-Bahn: Monument

BT Tower (189 Meter, Architekt: Eric Bedford, G. R. Yeats): Der frühere Post Office Tower ist der Fernsehturm Londons. 1964 eröffnet beinhaltete er zunächst auch ein Drehrestaurant – nachdem es bereits 1971 zu einem IRA-Anschlag in der Toilette kam, entschloss man sich jedoch 1980, den Publikumsverkehr einzustellen.

60 Cleveland Street, London W1T 4BG U-Bahn: Goodge Street

★ Do it yourself ★

London Architecture Walks

Architekt Ike Ijeh hat eine Reihe von geführten Stadtrundgängen ins Leben gerufen, bei denen der Fokus auf den Gebäuden Londons liegt. Manchmal sind Kirchen das zentrale Thema, manchmal Hochhäuser – immer aber geht es um Baustile und die planerische Veränderung der Stadt.

www.londonarchitecturewalks.com

Individuelle Rundgänge

Die City of London bietet kostenlose pdf-Dateien für Touren durch ihr Gebiet als Download an – darunter auch einen Architekturrundgang:

www.cityoflondon.gov.uk/things-to-do/visiting-the-city/walks-tours-and-architecture/Pages/self-guided-walks-and-tours.aspx

32 Dresscode

London nach Maß

Ausgerechnet der wohl wichtigste Kunde aller Zeiten hat die Räumlichkeiten des Londoner Maßschneiders Anderson & Sheppard erst Jahrzehnte nach seiner ersten Bestellung besucht: Der Prince of Wales lässt sich seit jeher von dem Traditionsgeschäft ausstatten – doch gehört er zu jenen Kunden, die stets in den Genuss eines Hausbesuchs kommen. Wenn es Zeit wird für einen neuen Anzug, läutet das Telefon bei Anderson & Sheppard in der Old Burlington Street. Chefschneider John Hitchcock, der gemeinhin ehrfürchtig nur »Mr. Hitchcock« genannt wird, macht sich dann auf zum St. James's Palace, um alles Notwendige zu besprechen.

Im Grunde wäre dies sogar unnötig: In den beinahe schon legendären Auftragsbüchern des Unternehmens sind handschriftlich fein säuberlich alle wichtigen Maße eines Kunden notiert, die es zur Anfertigung eines Anzugs benötigt. Im Hinterzimmer des edlen Geschäfts hängen zudem Tausende von Pappschnitten auf Bügeln – einer für jeden Kunden. Ändert sich bei einem von ihnen mal ein Maß, etwa durch eine Diät oder – im Gegenteil – zu viele *Scones,* wird dies umgehend an den Pappen ausgebessert. Eine dieser Pappen entspricht den Maßen Prince Charles'.

Die Räume wirken wie aus einer anderen Zeit. Und in gewisser Weise sind sie das auch: Anderson & Sheppard in der Old Burlington Street ist einer der traditionsreichsten Schneider Londons. 1906 wurde das Unternehmen gegründet, damals noch direkt in der Schneider-Meile der Stadt, der Savile Row. Wer etwas auf sich hielt, ging in diese Gegend des Stadtteils Mayfair, um einen Anzug maßschneidern zu lassen. Nicht wenige taten dies bei Anderson & Sheppard, wie Manager Colin Heywood mit dem etwas zurückhaltenden Stolz erklärt, der so typisch für Englands ist. Dabei hätte er sogar allen Grund zum Prahlen: Die alten Auftragsbücher des vornehm mit viel Holz eingerichteten Geschäfts zeugen von Besuchen der Großen und Schönen der Welt: Marlene Dietrich, Duke Ellington, Max Reinhardt, Laurence Olivier – sie alle trugen Anzüge aus dem Hause Anderson & Sheppard.

Das Besondere: Viele der Anzüge von einst werden bis heute so hergestellt wie damals – und vor allem entsteht jeder einzelne nach wie vor direkt in der britischen Hauptstadt. Selbst die Stoffe stammen größtenteils aus Großbritannien. »Wir haben zeitlose Schnitte«, betont Heywood und zeigt, worauf es seit jeher ankommt: Die Nadelstreifen laufen nahtlos über die gesamte Höhe eines Sakkos – inklusive Taschenklappen und ähnlichem. Schulter, Ärmel, das typische »V«, das entsteht, wenn man das Sakko zuknöpft – alles perfekt auf jeden einzelnen Kunden abgestimmt. Und an diesen Feinheiten erkennt man in Geschäfts- und Finanzkreisen der Hauptstadt schnell die Qualität eines Anzugs – die können die großen Modeketten gemeinhin nicht bieten.

Sechs Wochen muss ein neuer Kunde für die Fertigung seines Kleidungsstückes einplanen, dafür wird mehrfach exakt maßgenommen, damit am Ende alles perfekt passt. Das schlägt sich allerdings auch auf der Rechnung nieder: Rund 4.000 Pfund sollte einplanen, wer sich an der Savile Row einen Anzug schneidern lässt. Ohne Hausbesuch.

Mein Rundgang durch das ruhige, beschauliche Viertel endete mit einem krassen Bruch: Gleich um die Ecke der meisten Maßschneider lud die offene Tür eines hellen, früheren Bankgebäudes geradezu dazu ein, auch hier nach Anzügen und Hemden zu schauen. Vielleicht lag es aber auch einfach nur an diesem süßen

Duft, der schon Meter entfernt durch die Luft wehte. Ich schlenderte noch in Gedanken an Prinz Charles & Co. durch den Eingang, immer dem Duft entgegen, und schaute völlig ahnungslos auf das architektonisch überaus gelungene Gebäude mit all seinen Details. ›Die konnten sowas einfach damals‹, dachte ich noch, als ich vor einem jungen Mann zum Stehen kam. Er trug Jeans und Flipflops, was mich in dieser Ecke Londons schon leidlich verwunderte. Doch dann schaute ich etwas weiter hoch: Sein Oberkörper war nicht nur überdurchschnittlich muskulös; man konnte ihn vor allem genau sehen – denn der junge Mann stand dort »oben ohne« in der Tür. Erst jetzt bemerkte ich auch die unfassbar laute Musik aus dem sehr düsteren Inneren des Gebäudes und die eher jüngeren Kunden, die mit großen Papiertüren das Gebäude verließen: Ich war im Londoner Flagshipstore von Abercrombie & Fitch gelandet. Ausgerechnet hier, wo das Schneiderhandwerk Großbritanniens professionalisiert wurde, hat sich das amerikanische Sportswearlabel mit seinen überwiegend in Fernost produzierten Waren angesiedelt. Ja, haben die denn gar keinen Respekt?

Was muss ich denn in London tragen?

Kommt immer darauf an. Oben ohne wie bei Abercrombie & Fitch dürfte zu keiner Gelegenheit gut ankommen, außer vielleicht im Schwimmbad. Wobei es auch hier (und in Hotels) einen überaus wichtigen Unterschied zu deutschen Fitnessbereichen gibt: Wer in London eine Sauna aufsucht, muss unbedingt seine Badehose anbehalten. Wie in vielen angelsächsischen Ländern ist es in Großbritannien absolut unüblich und oftmals sogar verboten, eine Sauna nackt zu betreten. Auch ein Handtuch zum Abdecken genügt nicht.

Zurück zum Alltag: Für den normalen Reisenden muss es natürlich auch nicht gleich ein Anzug sein, da tut es dasselbe wie hierzulande – doch wer geschäftlich in London unterwegs ist, sollte in puncto Kleidung Wert auf einige Standards legen:

- *No brown in town:* Es ist in London bis heute unüblich, braune Anzüge zu tragen. Briten lieben dezente Töne, grau oder dunkelblau, gern auch mit Nadelstreifen. Grelle Farben oder selbst Erdtöne sind auf Geschäftsebene tabu.
- Auch Hemden sollten eher dezent sein: Weiß, hellblau, zartrosa, unifarben oder bestenfalls dezent gestreift oder kariert. Ab einer gewissen Gehaltsstufe sind Manschettenknöpfe üblich. Absolut unüblich sind Button-Down-Kragen in Verbindung mit Krawatten.
- Für Damen gilt Vergleichbares, wenngleich sie mehr Freiheiten haben. Gedeckte Farben sollten es sein, kein zu aufreizendes Oberteil – dann passt das schon.
- Keine Turnschuhe, keine Jeans, keine Kapuzenpullover, keine Trikots, keine Sandalen. All dies trägt man nur in der Freizeit, und auch hier nicht unbedingt in edlen Restaurants – niemals aber auf geschäftlichen Terminen.
- Auch in besseren Hotels empfiehlt es sich, auf Jogginghosen, Shorts oder zu lockeres Outfit zu verzichten. Turnschuhe sind im Alltag inzwischen durchaus gesellschaftsfähig geworden.

Die wichtigsten Dresscodes

- ***Evening Dress*** bedeutet die höchste Stufe: Smoking und Fliege bei Herren, langes dezentes Kleid bei Damen.
- ***Smart Casual:*** Nicht zu formell, aber auch kein Freizeitlook – am besten Bügelfaltenhose und Sakko mit Hemd, keine Krawatte, aber auch keine Jeans oder Turnschuhe. Frauen können lockerer sein, sollten aber auch keine Turnschuhe tragen.
- ***Casual:*** Keine Shorts, keine Sandalen – aber Jeans und Poloshirt sind in diesem Fall durchaus erwünscht.

Savile Row

Sie gilt bis heute als Schneider-Meile Londons. Die vergleichsweise kurze Straße in Mayfair unweit der Regent Street (◎ U-Bahn: Oxford Circus, Piccadilly Circus) hat sich im 19. Jahrhundert schnell die Herrenausstatter der Stadt angezogen – und viele von ihnen sind bis heute geblieben. Geschäft an Geschäft reihen sich noch immer die wichtigsten Schneider Londons aneinander. Weil die Straße zu den teuersten der Stadt gehört, sind viele inzwischen in angrenzende Straßen ausgewichen – etwa die Old Burlington Street. Henry Poole gilt als jener, der die Savile Row zu dem gemacht hat, was sie heute ist. Im Jahr 1846 soll er sein Geschäft vom Brunswick Square an die Savile Row 32 verlagert und damit einen Trend gesetzt haben. Obwohl zwischenzeitlich wieder umgezogen ist das Unternehmen, heute Henry Poole & Co., inzwischen wieder in der Straße ansässig, wenn auch einige Häuser weiter vorn (Nr. 15).

Viele der heutigen Schneider der Savile Row können auf eine lange Tradition zurückblicken – wenngleich einige von ihnen wegen der horrenden Mieten in dieser Gegend Londons inzwischen dazu übergegangen sind, ihre Anzüge am Stadtrand schneidern zu lassen und ihre Dependancen in Mayfair nur noch als Ladengeschäft zu betreiben.

Jermyn Street

Was die Savile Row für Anzüge ist, stellt Jermyn Street für Hemden dar: Nur wenige Straßen weiter, haben sich in der Jermyn Street (◎ U-Bahn: Piccadilly Circus, Green Park) seit dem 19. Jahrhundert zunehmend Hemdenschneider angesiedelt. T.M. Lewin, Thomas Pink, Charles Tyrwhitt – die großen der Branche haben hier begonnen. Wenngleich Unternehmen wie Charles Tyrwhitt eher aus nostalgischen Gründen diesen Standort wählten, als sie in den achtziger Jahren vom Versandhandel hin zum normalen Einzelhandel konvertierten. Heute werden fast alle hier verkauften Hemden in Fernost produziert – auch wenn sie nach wie vor das Label »Jermyn Street« tragen. Lediglich einige wenige Geschäfte wie Emmett oder Turnbull & Asser bieten noch Maßschneiderei an; dieser Service beschränkt sich jedoch ebenso meist nur noch auf das Anpassen bestehender Hemden.

★ Do it yourself ★

Einkaufen in Mayfair

Das ganze Viertel Mayfair (ein fast quadratischer Bereich westlich der Regent Street und südlich der Oxford Street) bietet sich für einen Einkaufsbummel der anderen Art an – einen, bei dem viele angesichts der hohen Preise gar kein Geld ausgeben werden. Doch auch der Schaufensterbummel lohnt sich: Steigen Sie am Piccadilly Circus aus der U-Bahn und schlendern Sie die fast schon idyllische Jermyn Street entlang. Entdecken Sie in der Old Bond Street die feinsten Auktionshäuser und Antiquitätengeschäfte Londons, edle Juweliere und anderes in der Burlington Arcade und schließlich die Maßschneider der Savile Row und Old Burlington Street.

33 CCTV

London guckt zu

Der Plan war eigentlich überschaubar: Morgens in London aufstehen, losgehen und zählen, an wie vielen Überwachungskameras man vorbeiläuft. Der Plan scheiterte – und zwar aus einem schlichten Grund: Es waren einfach zu viele Kameras, um den Überblick behalten zu können. Nicht, dass man nicht bis zehn zählen könnte. Aber die Zahl ging locker ins Dreistellige und wurde schon gegen Mittag unübersichtlich.

Es begann auf dem Weg zum Frühstück. Im Hotelflur gleich die erste schwarze Halbkugel unter der Decke – eine 180-Grad-Überwachungskamera. Im Fahrstuhl Nummer zwei. Nummer drei gleich unten in der Lobby, in Sichtweite Nummer vier und fünf. Frühstück, Treppenhaus, kurz in die Tiefgarage, zu Fuß vor den Hoteleingang und durchatmen – das Dutzend Kameras war erreicht. Und der Tag hatte gerade erst begonnen.

Zehn Minuten später im Bus: Fahrgäste sitzen starr vor einem Monitor, der in einer Multikanalansicht alle Überwachungskameras des Fahrzeugs auf einem Bild zeigt. Es scheint unvorstellbar, aber es handelt sich tatsächlich um ein Dutzend Einstellungen, und die Qualität der Bilder ist erstaunlich gut. Der Tag verläuft entsprechend: Die großen CCTV-Kameras auf den Straßen im Zentrum Londons sind noch recht eindeutig zu erkennen. Genauer muss man in den Geschäften hinschauen. Vorbei sind die Zeiten, in denen es auffällige Rundumkameras in den Gängen taten – heute hängen sie zusätzlich in allen Ecken. Und zwar in so ziemlich jedem Geschäft.

In die U-Bahn-Station im Zentrum, und die erste Kamera filmt einen gleich auf der Treppe. Weitere folgen in Höhe Ticketschalter, Ticketkontrolle, Rolltreppe oben, Rolltreppe unten, Gang links, Gang rechts, Bahnsteig vorn, Mitte, hinten und irgendwo dazwischen. Wie viele waren es bislang an diesem Tag? 30? 40? Es waren 52. Und der Tag war noch jung. Wer um Himmels Willen soll sich jemals all diese Bilder ansehen? Es müssen täglich allein in London zig Millionen sein.

Auch vermeintlich überwachungssichere Orte wie der Hyde Park, die Joggingstrecke an der Themse oder der abendliche Weg zum Pub durch kleinere Straßen außerhalb des Innenstadtgebietes waren mit Kameras ausgestattet, wie sich schnell entpuppte. Es schien, als sei der einzige Ort mit Privatsphäre eine Toilettenkabine. Jedenfalls ist hier auch bei genauem Hinsehen nie eine Kamera zu entdecken.

Der Abend endete mit beginnendem Verfolgungswahn. Das Hotelzimmer schien erwartungsgemäß »sauber« zu sein, auch was Kameras anging. Den Schlaf raubte mir hingegen der beharrlich in einem langsamen Takt grün blinkende Feuermelder – nicht etwa, weil dieser Alarm schlug. Es reichte allein das ungute Gefühl: Handelt es sich wirklich nur um einen Feuermelder?

Die totale Überwachung à la Orwell?

Zumindest ist es nah dran. London hat allen internationalen Untersuchungen zufolge unter den Großstädten der Welt die mit Abstand höchste Dichte an Überwachungskameras. Allein die offiziellen Behörden der Stadt betrieben 2010 knapp 7.500 Stück. Dazu kommt ein Vielfaches an privaten Installationen von Geschäften, Hotels und anderen Firmen. Zum Vergleich: Paris lag in einer Umfrage der BBC bei 326 Kameras, Sydney bei 82, San Francisco sogar nur bei 71. Dabei stellt London in Großbritannien gar nicht mal einen Sonderfall dar: Sogar vergleichsweise winzige Gebiete wie die Shetland-Inseln oder Corby in Zentralengland verfügen über mehr CCTV-Kameras als etwa San Francisco. CCTV steht in angelsächsischen Ländern für »*Closed-circuit Television*« – bedeutet frei übersetzt etwa so viel »Videoübertragung für einen geschlossenen Benutzerkreis«. Soll heißen: Die Bilder sind nicht von jedermann einsehbar; aufgezeichnet werden sie dennoch.

In London kommen auf je 1.000 Einwohner bis zu vier Kameras. Spitzenreiter in diesem Vergleich ist Wandsworth, während Hounslow mit rechnerisch weniger als einer halben Kamera pro 1.000 Einwohner die Datenschützer erfreuen dürfte. Die BBC hat nachgerechnet und erfuhr, dass in Wandsworth (Standort der berühmtem Battersea Power Station 188 Kirtling St, London SW8 5BN U-Bahn: Vauxhall) ungefähr ebenso viele CCTV-Kameras hängen wie in Dublin, San Francisco, Johannesburg und Boston zusammen – insgesamt 1.113 Stück. Zugegebenermaßen auch für Londoner Verhältnisse ein Ausreißer.

Laut einer gemeinsamen Analyse der Northeastern University in Boston sowie der Universität von Cambridge waren Überwachungskameras vor allem auf Parkplätzen am effektivsten. Hier führten sie vor allem in Großbritannien zu einer Abnahme kriminellen Verhaltens um 51 Prozent. Auf öffentlichen Verkehrsflächen nahmen Verbrechen durch CCTV um 23 Prozent ab, in öffentlichen Einrichtungen lediglich um sieben Prozent. Anders sieht es einer anderen Untersuchung zufolge beim Nutzen der Videoaufzeichnung für das Lösen von Kriminalfällen aus: Lediglich in drei Prozent der britischen Fälle hätten Überwachungsbilder geholfen, eine andere, speziell auf London zugeschnittene Untersuchung geht sogar nur von einem Prozent aus. In London erinnert man sich jedoch noch gut an die Terroranschläge vom 7. Juli 2005 – damals wurden die vier Attentäter innerhalb weniger Stunden mittels CCTV-Aufnahmen identifiziert.

Die Terroranschläge vom 7. Juli 2005

Vier islamistische Attentäter sprengten sich am Morgen dieses Tages jeweils in einer U-Bahn sowie einem Bus im Zentrum Londons in die Luft. 56 Menschen starben, darunter die Attentäter, rund 700 wurden verletzt. Das gesamte U-Bahn- und Busnetz war bis zum Abend außer Betrieb. Es handelte sich um die bis dahin schwersten islamistischen Anschläge auf britischem Boden. Auch die Irisch-Republikanische Armee hatte in den achtziger Jahren immer wieder Bomben in London gezündet – das Sprengen einer vollbesetzten U-Bahn erreichte jedoch ein neues Ausmaß der Terrorgefahr.

Nur 14 Tage später, am 21. Juli 2005, hätte es offenbar erneut zu einem ähnlich verheerenden Anschlag kommen sollen. Diesmal jedoch detonierten die Bomben wegen eines Baufehlers nicht. Die Attentäter wurden gefasst und verurteilt.

Der Boom der Kameraüberwachung sei vorbei, heißt es vielerorts, zumal großzügige Förderprogramme der Regierung längst ausgelaufen sind. In London ist man sich aber auch darüber bewusst, dass keine einzige der bereits existierenden Kameras wieder abgebaut werden wird. Zumal es auch nie einen großen Protest innerhalb der Bevölkerung dagegen gegeben hat.

Für Datenschützer bleibt ein kleiner Trost: CCTV-Überwachung muss an den entsprechenden Orten zwingend per Schild bekanntgegeben werden. Zudem müssen die überwachenden Stellen besorgten Bürgern auf Anfrage innerhalb von 40 Tagen Zugang zu den aufgezeichneten Bildern von ihnen gewähren – dass sie dies kostenlos zu tun hätten, ist allerdings nirgends festgeschrieben.

★ Do it yourself ★

Mehrere Touren befassen sich mit der Geschichte Londons als Spionagehochburg – eine Auswahl:

Spies' and Spycatchers' London: Immer sonnabends führt ein *Tour Guide* Besucher durch das London von MI5, MI6 und den ausländischen Geheimdiensten. Start ist um 14.30 Uhr, Treffpunkt die Clydesdale Bank am Piccadilly Circus.

↗ www.walks.com

Intelligence Trail: Eine sehr spezielle Geheimdiensttour durch das Zentrum Londons – nur für große Gruppen buchbar.

↗ http://intelligencetrail.co.uk

James Bond London Bus Tour: Der wohl bekannteste Londoner Spion ist zwar nur eine Roman- und Filmfigur – viele der in den Geschichten erwähnten Orte gibt es aber wirklich. Diese Tour führt per Minibus zu den wichtigsten Stellen von 007. Nur nach Voranmeldung, die Tour wird unregelmäßg sonntags angeboten.

↗ www.daysoutguide.co.uk/james-bond-london-tour

34 Feiertage

London lässt es krachen

Eine Millionenstadt wie London verfügt nicht nur über jede Menge Menschen und Häuser; es gibt auch entsprechend ausreichend Straßen und öffentliche Verkehrsmittel, die den Alltag am Laufen halten. Sollte man zumindest meinen. Mehrmals im Jahr aber zeigt London, dass es am Ende auch nur ein Dorf geblieben ist – zum Beispiel beim Notting Hill Carnival.

Das mehrtägige Straßenfest findet immer am letzten August-Wochenende statt, genau passend zum Summer-Bank-Holiday. Der macht den letzten Montag im August zu einem Feiertag, was dazu führt, dass in der Regel bereits am Sonntag davor Land-unter in allen Kneipen herrscht. Und beim Carnival selbst natürlich sowieso. Das Straßenfest zieht Jahr für Jahr rund eine Million Menschen an, damit gehört es zu den größten der Welt. Und die müssen irgendwohin. Das kann in der Folge auch für jene problematisch sein, die Notting Hill in diesen Tagen eigentlich links liegen lassen wollen.

So erlebte es eine Bekannte am eigenen Leib: Hotels in London wollen fein säuberlich ausgesucht sein, deswegen wählte sie für einen Kurzbesuch Ende August ein Hotel, das nicht zu weit von der Piccadilly Line der U-Bahn lag (weil sie in Heathrow landete mit Anschluss an eben diese Linie), aber auch nicht zu weit weg vom Zentrum, weit genug aber, um nicht in die teuerste Preisklasse der örtlichen Hotellerie zu rutschen: Kensington, am Rand zwar, aber ruhig und fußläufig entfernt von gleich zwei

Tube-Stationen. Was sie nicht bedacht hatte: Das Hotel lag an jener Strecke, die auch den Bahnhof Notting Hill Gate bedient – und den steuern alle an, die zum Carnival möchten.

Nun glaubt man gar nicht, wie viele Menschen auf die Idee kommen, mit öffentlichen Verkehrsmitteln anzureisen: Ein Ausflug in die Stadt am Abreisetag endete damit, dass mehrere U-Bahnen wegen Überfüllung bereits in zentralen Stationen nicht mehr anhielten. Notting Hill Gate war ohnehin aus Sicherheitsgründen geschlossen worden – zu viele Menschen tummelten sich offenbar in den Gängen und vor allem am Bahnsteig. Auch die Station, an der sie eigentlich aussteigen wollte, machte im Verlauf der Fahrt dicht: wegen Überfüllung. Das eigentliche Problem meiner in dieser Hinsicht ohnehin etwas sensiblen Bekannten war die viel zu volle U-Bahn. Zuletzt hatte sie solche sardinenähnlichen Zustände in Waggons zur Rush Hour in asiatischen Großstädten erlebt – in diesen Ausmaßen aber noch nie in London. Deutlich genervter waren aber jene, die eigentlich den Carnival zum Ziel hatten und nun zwei Stationen zu Fuß zurücklaufen durften – denn auch Busse umfuhren zu diesem Zeitpunkt großräumig Notting Hill. Durch das Straßenfest blieb ihnen keine andere Wahl.

Eine Erfahrung, die sich im Laufe eines Jahres an unterschiedlichen Stellen Londons nacherleben lässt: Fast jeden Monat gibt es irgendwo in der weiter gefassten Innenstadt einen Umzug, ein Fest, irgendetwas, das am Ende zwar nur eine kleine Straße blockieren mag, doch dessen Auswirkungen sich durch weite Teile der Umgebung ziehen.

Also bloß nicht feiern gehen in London?

Doch, unbedingt! Feste wie St. Patrick's Day, Notting Hill Carnival oder die Sportveranstaltung London Marathon sind einzigartig und jedes Jahr aufs Neue ein Erlebnis. Man sollte nur genügend Zeit einplanen, vielleicht ein strategisch günstiges Hotel aussuchen – und vor allem nicht unter Platzangst leiden.

Wichtig ist trotz der Fülle an Hotels in der Stadt auch eine rechtzeitige Buchung. Zu großen Festen, Messen, Kongressen oder auch während der Feiertage sind Hotels oft erheblich teurer. Dann hilft es meist, sich eine Übernachtungsmöglichkeit am anderen Ende der Stadt zu suchen. Wenn es ganz ernst wird: Von diversen Städten in den umliegenden Grafschaften gibt es hervorragende Zugverbindungen ins Zentrum von London – ein Hotel in Windsor oder anderen Orten entlang des Autobahnringes kann eine echte Alternative sein.

★ Do it yourself ★

Für alle, die ordentlich mit den Londonern feiern möchten, hier ein Überblick über **Londons große Feste:**

1. Januar	**London Parade LNYDP**, Neujahrsumzug von Green Park zum Parlament in Westminster. ↗ www.lnydp.com
Januar/Februar	**Chinese New Year**, Umzug durch das Zentrum rund um China Town. ↗ www.chinatownlondon.org
17. März	**St. Patrick's Day**, der irische Nationalfeiertag wird auch in London gefeiert, in der Regel mit einer Parade am Sonntag kurz vor oder nach dem 17. März.
Mitte April	**London Marathon**, eine der größten Laufveranstaltungen weltweit mit mehreren Zehntausend Läufern. ↗ www.virginmoneylondonmarathon.com
Mitte Mai	**State Opening of Parliament**, die Queen reist traditionell mit einer Kutsche zum Parlament in Westminster, um formell die neue Sitzungsperiode zu eröffnen.

Ende Mai	**Chelsea Flower Show**, eine große Gartenausstellung, die alles anzieht, das Rang und Namen hat. ↗ www.rhs.org.uk/Shows-Events/RHS-Chelsea-Flower-Show
2. Sonnabend im Juni	**Trooping the Colour**, die jährliche Geburtstagsparade für Elizabeth II. Die hat zwar eigentlich im Frühjahr Geburtstag, doch wird traditionell bei besserem Wetter im Juni gefeiert.
Mitte Juni	**Royal Ascot**, das bekannteste Pferderennen Großbritanniens vor den Toren Londons. ↗ www.ascot.co.uk
Ende Juni	**Wimbledon Lawn Tennis Championships**, das wohl bekannteste Tennisturnier der Welt auf dem berühmten Rasen von Wimbledon. ↗ www.wimbledon.org
Ende Juni	**London Pride**, das Festwochenende der schwullesbischen Szene mit einem großen Umzug durch das West-End. ↗ www.prideinlondon.org
Letztes Wochenende im August	**Notting Hill Carnival**, ein karibisches Straßenfest im Stadtteil Notting Hill. ↗ www.thenottinghillcarnival.com
Mitte September	**Last Night of the Proms**, das letzte Konzert der jährlichen Proms-Reihe in der Royal Albert Hall ist ein Spektakel sondergleichen und wird auch bei einem großen Open-Air-Konzert im Hyde Park übertragen. ↗ www.bbc.co.uk/proms
Ende September	**Open House London**, sonst verschlossene Gebäude werden an diesem Tag für die Öffentlichkeit zugänglich gemacht. ↗ www.openhouselondon.org.uk
Ende September	**Great River Race**, Bootrennen auf der Themse zwischen Richmond und Greenwich. ↗ www.greatriverrace.co.uk
5. November	**Bonfire Night**, ein großes Feuerwerk zum Gedenken an den misslungenen Anschlag auf das Parlament von Westminster im Jahr 1605.
2. Sonnabend im November	**Lord Mayor's Show**, die Einführung des neuen Oberbürgermeisters. ↗ www.lordmayorsshow.org

Dezember	**Adventsfeiern** in der ganzen Stadt – im Hyde Park gibt es einen Weihnachtsmarkt, außerdem am Tower, am National History Museum, in Canary Wharf sowie im Hof von Somerset House Eisbahnen für jedermann.
31. Dezember	**Silvesterfeier**, anders als in Deutschland gibt es in Großbritannien nur wenige zentrale Feuerwerke – privates Feuerwerk ist verboten. London begeht das neue Jahr auf dem Trafalgar Square, an der Themse in Höhe des London Eye werden die Raketen gezündet.

Ein Fest für (fast) jeden Tag

Irgendwas ist immer irgendwo in London los – das Stadtmagazin *Time Out* ist eine ganz gute erste Anlaufstelle auf der Suche nach Veranstaltungen. Erhältlich an so gut wie jedem Kiosk sowie im Internet ↗ www.timeout.com/london/events

Feiertage in London

Grundsätzlich haben Feiertage in London andere Auswirkungen als in Deutschland, Österreich und der Schweiz: An solchen Tagen schließen zwar Behörden und Banken (deswegen die englische Bezeichnung »*Bank Holiday*« für Feiertage) – viele andere Geschäfte öffnen aber dennoch, wenn vielleicht auch nur für ein paar Stunden. Offizielle Feiertage sind:

- Neujahr (1. Januar)
- Karfreitag
- Ostermontag
- *Early May Bank Holiday* (erster Montag im Mai)
- Pfingstmontag
- *Spring Bank Holiday* (letzter Montag im Mai)
- *August Bank Holiday* (letzter Montag im August)
- Weihnachten (25. Dezember)
- *Boxing Day* (26. Dezember)

35 The Proms

London außer Rand und Band

Der Sommer in London ist immer auch eine Zeit der Kunst und Kultur – zum Beispiel der klassischen Musik: Fans zieht es dann Jahr für Jahr in die britische Hauptstadt zur *»Proms«*. Diese etwas derbe Abkürzung steht für »Promenadenkonzerte« und trifft in seiner simplen Beschreibung den Kern: Diese BBC-Reihe in der Royal Albert Hall ist ein Konzertfestival, bei dem es an jedem Tag im Sommer ein anderes klassisches Konzert gibt. Und das genau genommen deutlich älter ist als die BBC selbst – die erste Proms wurde bereits 1895 veranstaltet, der staatliche Rundfunk aber erst 1922 gegründet.

Das Prinzip ist so schlicht wie der Name: Die Leute kommen nach der Arbeit, vor dem Ausgehen, direkt gegenüber aus den Kensington Gardens und dem Hyde Park, um für zwei Stunden dem Alltag zu entfliehen. Bis heute setzt man dabei die alte Tradition der Promenadenkonzerte fort, und bietet an jedem Abend bis zu 1.400 Stehplätze zu besonders günstigen Preisen an – seit vielen Jahren für nur fünf Pfund.

Deutlich bekannter als die Proms selbst ist zugegebenermaßen das jährliche Abschlusskonzert Anfang September: Diese *»Last Night of the Proms«* hat sich auch im Ausland einen derartigen Ruf erspielt, der sie berechtigt, seit Jahrzehnten international live im Fernsehen übertragen zu werden. Und dies wohl nicht nur wegen der herausragenden musikalischen Qualität, sondern vor allem wegen der ungewöhnlichen Rahmenbedingungen: Bei der

Last Night ziehen die Londoner und Gäste mit großen Flaggen in die altehrwürdige Royal Albert Hall, sie klatschen mit, pfeifen und machen zu jeder geeigneten und auch ungeeigneten Minute ihre Zu- und Abneigung deutlich.

Weil ich aus dem deutschen Fernsehen nur eben diese *Last Night* kannte, wo zudem in der Regel nur der zweite, lockerere Teil übertragen wird, war mein Besuch durchaus von Verwunderung begleitet: Ich erwartete ein Fahnenmeer, Tröten und Mitklatschen – aber erlebte nur ein ganz normales klassisches Konzert, wenngleich eines von überragender Qualität. Ein Verdacht drängte sich auf: Die Londoner sind doch wohl nicht etwa nur an diesem einen Tag der *Last Night* außer Rand und Band?

Alles anders bei der Last Night of the Proms?

Die 70 Konzerte einer Proms-Saison haben im Kern wenig mit dieser *Last Night* zu tun. Während Flaggen und Mitklatschen zum Abschluss durchaus erwünscht sind, handelt es sich beim Rest des Festivals um klassische Konzerte im klassischen Sinn: Es geht um die Musik – wenngleich in lockerer Atmosphäre, trotz der altehrwürdigen Räumlichkeiten der Royal Albert Hall. Auch die Abendgarderobe kann man an den Konzerttagen der Proms getrost zu Hause lassen: Weil die Reihe explizit für jedermann gedacht ist, kommt man bestenfalls im Anzug (aber auch nur, weil man eh im Büro einen trug), meist aber in legerer Kleidung. Viele Jahrzehnte durfte man sogar während der Konzerte rauchen. Diese Lockerheit gilt aber nicht für jedes andere »normale« Konzert der Royal Albert Hall außerhalb der Proms-Saison. Auch wenn die Londoner bei kulturellen Veranstaltungen deutlich entspannter sind als andere Städte, kann es herausragende Konzerte geben, bei denen Abendgarderobe sehr wohl angebracht ist. Im Zweifel vorher informieren.

Die Proms

Es war der Musiker und Dirigent Henry Wood, der die *Proms* im Jahr 1895 gründete. Bis heute erinnert eine Büste im Konzertsaal an ihn, die zur *Last Night of the Proms* alljährlich mit einem Lorbeerkranz gekrönt wird. Er wurde unterstützt vom Leiter des ursprünglichen Austragungsortes Queen's Hall, Robert Newman. Die Idee war schlicht und im Grunde auch nicht so neu: Bereits seit Langem gab es in England die Tradition der Promenadenkonzerte, bei denen jedermann in den Genuss guter Musik kommen sollte. Neu war das Ausmaß: Die Masse an Konzerten in jedem Sommer überstieg das übliche Programm solcher Reihen.

Der Erfolg bestätigte die Initiatoren jedoch und motivierte sie, die *Proms* fortzusetzen. Trotz kurzzeitiger Finanzierungsschwierigkeiten – wegen der ungewöhnlich niedrigen Eintrittspreise stand das Modell der *Proms* wirtschaftlich immer wieder auf sehr wackligen Beinen – überdauerte die Konzertreihe. Bis 1940 wurde sie in der Queen's Hall am Langham Place vis-à-vis dem Langham Hotel ausgetragen. Ein Angriff der deutschen Armee zerstörte jedoch den großen Saal im Mai 1941, sodass ein Ersatzort gefunden werden musste. Man wählte die deutlich größere Royal Albert Hall, die fortan die Heimat der *Proms* wurde. Queen's Hall wurde nie wieder aufgebaut: Mangels Geld ließ man das edle Konzerthaus nach dem Krieg abreißen. Heute steht an seiner Stelle ein Schlichtbau aus den sechziger Jahren, der das St. Georges Hotel beherbergt.

Die Last Night of the Proms

Der letzte Abend der Proms ist Jahr für Jahr ein großes Fest: Nach einem eher traditionellen Konzertteil gibt es zum Abschluss am zweiten September-Sonnabend stets dieselbe Prozedur: Das BBC-Orchester spielt ein festes Potpourri an britischen, teils patriotischen Melodien wie *Rule Britannia*, das Publikum feiert Flaggen schwenkend mit – dabei ist es übrigens egal, welche Flagge: Es dominiert zwar der *Union Jack*, doch sind Fahnen aus aller Welt zu sehen.

An durchaus passenden Stellen klatscht das Publikum mit, manche Zuschauer bringen Tröten mit, auch Mitwippen gehört dazu. Bei Henry Woods *Fantasia of British Sea Songs* liefern sich die Zuhörer traditionell einen kleinen Wettbewerb mit den Musikern: Wer ist schneller – das Orchester beim Spielen oder das Publikum beim Klatschen?

Die Nachfrage nach diesem Abschlusskonzert ist seit Jahrzehnten derart hoch, dass es quasi aussichtslos ist, Eintrittskarten zu bekommen. Seit einigen Jahren gibt es einen festen Ablauf: Wer mindestens fünf der regulären Proms-Konzerte besucht hat, kann sich für ein Ticket des letzten Abends bewerben. Ein Kontingent wird direkt über Reiseveranstalter vertrieben – ist aber ebenfalls meist umgehend ausverkauft.

Die Melodien der Last Night of the Proms

Die *Last Night of the Proms* besteht üblicherweise aus zwei Teilen – einem mit Jahr für Jahr individuellen Melodien, und einem zweiten, bei dem seit vielen Jahrzehnten ein mehr oder weniger festes Repertoire gespielt wird. Dazu zählen immer diese Stücke:

- *Jerusalem* (Sir Hubert Parry)
- *Fantasia on British Sea Songs* (Henry Wood)
- *Pomp and Circumstance March No. 1, Land of Hope and Glory* (Sir Edward Elgar)

🔊 *Rule Britannia* (Thomas Augustine Arne)
🔊 *God Save the Queen*

Das Publikum verabschiedet sich traditionell seinerseits mit 🔊 Auld Lang Syne, während es gen Ausgang strömt.

Proms in the Park

Wegen des ungebremsten Interesses für die Proms-Reihe sind die Veranstalter in den neunziger Jahren dazu übergegangen, die Konzertreihe um eine Freiluftbühne im Hyde Park unweit der Royal Albert Hall zu ergänzen. Für die *Last Night of the Proms* gibt es inzwischen zudem Open-air-Bühnen in allen Landesteilen: Belfast (Nordirland), Glasgow (Schottland) und meist Caerphilly (Wales). Auch diese Veranstaltungen haben sich inzwischen ausgewachsen: In den Hyde Park als größte Bühne strömen Jahr und für Jahr mehrere Zehntausend Besucher. Wer den letzten Abend miterleben will – hier bietet sich am ehesten die Chance. Aber wichtig: Auch für die Open-air-Konzerte sind Tickets notwendig, die vorab im Internet (↗ www.bbc.co.uk/proms) gebucht werden können.

★ Do it yourself ★

Come up and prom!

Was für eine Frage: Kommen Sie vorbei und promenieren Sie! Stehplätze für reguläre Konzerte gibt es oft noch am Veranstaltungsabend, und wer ein paar Stunden früher zur Albert Hall kommt oder online bucht, hat auch die Chance auf durchaus preiswerte Sitzplätze. Die Last Night wird in jedem Jahr auch live im Fernsehen übertragen (unter anderem von BBC und NDR).

↗ www.bbc.co.uk/proms

36 Eisenbahn

London macht Dampf

Gewöhnlich gehöre ich nicht zu denen, die vor irgendeiner neuen Technik zurückschrecken. In ein neues Mobiltelefon könnte ich mich ganze Abende hineinvertiefen. Ein ungewohntes Auto, und sei es nur ein Mietwagen, wird von mir in der Regel derart genau inspiziert, dass ich jede einzelne Funktion herunterbeten könnte. Neulich musste ich einen neuen Mikrowellengrill nutzen, der nicht mehr mit den früher üblichen Watt- und Minutenreglern ausgestattet war, sondern mit einer Vielzahl von Programmen, nach Ziffern sortiert, aber ohne jegliche Erläuterung auf dem Gerät. Das Essen war am Ende warm.

Bei meiner ersten Fahrt mit der britischen Eisenbahn stieß ich indes an meine Grenzen. Ja, ich wähnte sogar schon, mein Lebensende in einem Zug fern der britischen Hauptstadt verbringen zu müssen. Es war ein sonniger Tag, ich hatte schon jede Menge Stoff für meine Geschichte im Block, und so beschloss ich, mir am letzten Tag auch die Umgebung Londons anzuschauen. Ich hatte im Internet gestöbert und war auf Brighton gestoßen. Ein Seebad, nicht allzu weit entfernt, ohne Umsteigen erreichbar – perfekt für schönes Wetter.

Ein bisschen verwunderte es mich, dass der Zug gar nicht so voll war, wie ich zuvor annahm. Das muss am Wochentag gelegen haben, einem Mittwoch, und vielleicht auch an der Uhrzeit – ich hatte etwas länger geschlafen und mir auch beim Frühstück viel Zeit genommen, sodass es bereits nach 11 Uhr war, als ich am

Bahnhof Victoria in den offenkundig leicht in die Jahre gekommenen Zug stieg.

Die Fahrt war wunderbar, schöne Aussicht, keine nervigen Mitfahrer, besser hätte es nicht sein können. Ich war voller Vorfreude, als der Zug langsam in den Bahnhof Brighton einfuhr, nahm meinen Rucksack und hangelte mich zur nächsten Tür. Mit einem Ruck blieben die Waggons stehen: Station erreicht. Ich überlegte noch, was ich wohl zuerst machen sollte – ein bisschen durch die Stadt bummeln oder besser gleich an den Strand? Eher gedankenversunken wollte ich nach dem Türöffner greifen und bemerkte plötzlich, dass es den gar nicht gab. Ich schaute links von der Tür nach einem Knopf, wie man ihn in ICE-Zügen findet. Nichts. Mein Blick schwenkte hektisch werdender nach rechts – dort musste dieser Knopf dann ja zwangsläufig sein. Wieder nichts. Ich schaute nach oben, ich schaute nach unten, ich blickte auf die andere Seite zur gegenüberliegenden Tür – überall nichts! Ich blickte hilfesuchend um mich: Wieso stehe ich ausgerechnet an der Tür eines derart leeren Waggons, sodass niemand außer mir hier den Zug verlassen will? Draußen zogen Passagiere mit ihrem Gepäck vorbei, doch niemand schien mich von der anderen Seite erlösen zu wollen. Ich war versucht, nach Hilfe zu rufen und heftig gegen die Tür zu klopfen, als ich einen kleinen, halb abgerissenen Aufkleber unten am Fenster der Tür bemerkte: *»pen door«* war darauf noch zu lesen, genau am »p« war der Aufkleber abgerissen. *»Pen«* hieß soviel wie »Füller«, eine »Füller-Tür« ergab keinen Sinn. Sollte das also vielleicht *»open door«* heißen, »Tür öffnen«? Zwei angerissene Piktogramme gaben Aufschluss: Auf dem ersten griff ein Männchen nach dem Fenster, offenbar, um es nach unten zu schieben. Auf dem zweiten langte dasselbe Männchen von innen durch das offene Fenster an die äußere Türklinke.

Eine Tür, die sich nur von außen öffnen lässt? Wer, bitteschön, kommt denn auf so etwas?

Also benötigt man spezielle Kenntnisse, um in London Bahn zu fahren?

Nein, so schlimm ist es selbstverständlich nicht – auch wenn der Ruf der britischen Eisenbahn gemeinhin noch schlechter ist als jener der britischen Küche. Unpünktlich, unbequem, unübersichtlich – die Adjektive, die Reisende in ihren Erzählungen über Bahnfahrten im Vereinigten Königreich nutzen, sind vor allem eines: ungemein unfreundlich. Dabei wird vieles aus einer gewissen Tradition überdramatisiert: Am Ende sind die Züge nicht unpünktlicher als in anderen europäischen Ländern. Aber es ist eben immer ein prima Gesprächsthema, wenn es dann doch mal länger dauert. »War ja klar«, hört man dann die Leute sagen. Zumindest jene aus dem Ausland. Denn kein Brite würde auf die Idee kommen, sich über eine Verspätung von zehn Minuten aufzuregen. Es wird schon seinen Grund haben. Am Ende ist es doch schön, dass auf dieser Strecke überhaupt Züge fahren. Und schließlich ist die Bahn in Großbritannien quasi erfunden worden, sie wird also wissen, was sie tut.

Besucher tun sich dennoch oft etwas schwerer damit. Auch wenn auf vielen Strecken in Großbritannien inzwischen neue, moderne Züge im Einsatz sind – zum Beispiel auf den Strecken in Richtung Südwesten stößt man noch immer auf die Fensteröffnungsmethode wie die oben beschriebene: Man muss vor dem Aussteigen von innen ein Fenster öffnen, um die außen liegende Türklinke erreichen zu können; innen gibt es aus Sicherheitsgründen keine. Inzwischen sind solche Türen allerdings mit großflächigen Bedienungsanleitungen ausgestattet.

Kompliziert ist mitunter auch das Verlassen des Bahnsteiges: An vielen Bahnhöfen benötigt man sein Ticket, um eine Absperrung öffnen zu können, ähnlich der Londoner U-Bahn. Immer wieder sieht man schwerbepackte Reisende dort stranden, weil sie ihre Fahrkarte entweder in der hintersten Tasche verstaut oder gleich im Zug gelassen haben.

Doch die Bahn ist nach wie vor eine wunderbare Möglichkeit, das Land zu erkunden. Ihre Trassen wurden oftmals mitten durch schöne, unberührte Natur gebaut, weit ab von jeglicher Autobahn. Von London aus verlaufen die Strecken durch ganz England und nach Wales, und selbst für das weit entfernte Schottland kann der Zug durchaus eine Alternative zum Flugzeug sein, etwa wenn man vom Zentrum Londons aus das Zentrum Glasgows erreichen muss – mit An- und Abreise zum Flughafen, einchecken, Sicherheitskontrolle und Zeitpuffer kann ein Flug schnell länger dauern als eine Bahnfahrt. Auch innerhalb Londons kann die Bahn oftmals mit der U-Bahn mithalten. Die Stationen liegen weiter auseinander und längere Strecken können so schneller bewältigt werden. Man sollte sich vorher nur gut informieren, an welchem Bahnhof welcher Zug startet. Denn es gibt hier, wie in vielen Ländern mit altem Schienennetz, keinen zentralen Haltepunkt – sondern zahlreiche Kopfbahnhöfe. Noch schlimmer wird es, wenn man in London umsteigen muss: Es kann passieren, dass man aus dem Norden von England kommend im Norden Londons ankommt, aber südlich der Themse seine Fahrt fortsetzen muss.

Londons Hauptbahnhöfe

Euston Station: Der unscheinbare Bahnhof an der Euston Road war 1837 als Endpunkt der West Coast Main Line erbaut worden, die London unter anderem mit Liverpool, Manchester und Wales verbindet. Eigentlich war es ein Prachtbau aus Stein und Stahl, ähnlich den weiteren Londoner Bahnhöfen. In den sechziger Jahren des vergangenen Jahrhunderts jedoch entschied man sich für einen Neubau – schlicht und aus heutiger Sicht unattraktiv. Der Bahnhof war gemeinsam mit Paddington, King's Cross und St. Pancras einer jener Haltepunkte, für die die Londoner U-Bahn ursprünglich gebaut worden war – sie sollte die Bahnhöfe miteinander verbinden, um das Umsteigen zu erleichtern.

King's Cross Station: Der Bahnhof im Norden der Londoner Innenstadt verbindet die Hauptstadt mit Nordengland und Schottland, unter anderem mit York, Newcastle und Edinburgh. Die früher als East Coast Main Line betriebene Trasse stammt von 1852. Harry Potter startet in seinen Romanen von King's Cross aus mit dem Hogwarts-Express. Der enstprechende Bahnsteig 9 ¾ existiert eigentlich natürlich nicht, allerdings hat der Bahnhofbetreiber inzwischen ein Schild mit dieser Bezeichnung aufgehängt.

St. Pancras Station: Der große Nachbar von King's Cross ist ein Meisterwerk der Baukunst. George Gilbert Scott entwarf das kathedralenähnliche Gebäude, das 1868 eröffnet wurde. Von hier aus starten die Züge der früheren Midland Main Line, unter anderem nach Leicester, Sheffield und Nottingham. Außerdem enden hier seit einer Komplettsanierung des Gebäudes im Jahr 2007 die Eurostar-Züge, die London durch den Eurotunnel mit dem europäischen Festland verbinden.

Paddington Station: Die Great Western Railway, die von London aus über Bristol bis nach Cornwall und Südwales verläuft, endet an diesem Bahnhof. Der britische Ingenieur Isambard Kingdom Brunel kontruierte sie samt aller Brücken und Bahnhöfe in der ersten Hälfte des 19. Jahrhunderts. Der Endpunkt Paddington wurde 1838 in Betrieb genommen. Von hier aus startet der Flughafenschnellzug nach Heathrow. Und Agatha Christie ließ hier um 16.50 Uhr ihre Miss Marple in einen Zug einsteigen, der ihr einen neuen Fall bescheren sollte.

Liverpool Street Station: Die Great Eastern Railway erschloss von diesem Bahnhof im Osten Londons aus den Nordosten Englands. Seit 1874 verkehren von hier aus Züge nach Cambridge, Harwich und zum Flughafen Stansted. Der Name Liverpool Street führt etwas in die Irre: Wer mit dem Zug nach Liverpool fahren möchte, wird hier keinen Erfolg haben – diese Strecke beginnt am Bahnhof Euston.

Victoria Station: Dieser Bahnhof im Südwesten der Londoner Innenstadt wurde 1851 anlässlich der Weltausstellung in Betrieb genommen. Hier endet die Strecke in den Süden und Südosten Englands, unter anderem nach Brighton und zum Flughafen Gatwick. Das heutige Bahnhofsgebäude stammt aus dem Jahr 1860 und wurde an vielen Stellen mehrfach verändert und erweitert.

Charing Cross: 1864 eröffnet war dieser Bahnhof direkt am Nordufer der Themse der Endpunkt der South Eastern Railway. Heute verkehren hier Züge nach Kent und East Sussex. Der ursprüngliche Bau wurde zu Beginn des 20. Jahrhunderts verändert, da 1905 das Dach einstürzte. Die Züge überqueren direkt nach Verlassen des Bahnhofs die Themse.

Waterloo Station: Der größte Londoner Bahnhof befindet sich, anders als die meisten anderen großen Stationen, an der Südseite der Themse. Er war Endpunkt der London and South Western Railway. Heute enden hier die Züge aus dem Süden und Südwesten Englands, etwa aus Portsmouth und Southampton. Das heutige Bahnhofsgebäude stammt aus dem Jahr 1922, einen Vorgängerbau gab es bereits seit dem Jahr 1848. Bis 2007 war Waterloo auch Endpunkt des Eurostars.

Die Eisenbahn in London

Erst privat, dann verstaatlicht, dann wieder privatisiert, schließlich halb verstaatlicht – das Hin und Her der Strukturen der britischen Eisenbahn wirkt auf den ersten Blick abenteuerlich. Doch sie passten jeweils in ihre Zeit. Nachdem 1825 zwischen Stockton und Darlington die erste Eisenbahnstrecke gebaut worden war, setzte das neue Verkehrsmittel seinen Siegeszug durch Großbritannien an. Überall entstanden neue Strecken, aufgrund der Nachfrage entwickelten sich jene in Richtung London als die mit Abstand erfolgreichsten. Einzelne Eisenbahngesellschaften bauten damals komplette Strecken, inklusive Brücken und Bahnhöfen.

Das erklärt auch die vielen Kopfbahnhöfe in London: Jede Bahngesellschaft ließ ihre Züge in einem eigenen Gebäude enden. Ähnlich war es auch noch bei der Londoner U-Bahn: Auch hier gab es zunächst eigene Gesellschaften für jede Linie. Deswegen sehen die Eingänge von ein und derselben Station heute mitunter unterschiedlich aus: Dort wurden dann später bei der Zusammenlegung der Strecken auch die Bahnhöfe fusioniert. Das kam für die Eisenbahn nicht infrage: Die Stationen lagen zu weit voneinander entfernt, der Bau eines zentralen Haltepunktes war wegen der dichten Bebauung der Londoner Innenstadt nicht mehr möglich.

Die Regierung Thatcher ließ die nach dem Zweiten Weltkrieg verstaatlichte Eisenbahn in den achtziger Jahren in Dutzende Gesellschaften zerlegen und privatisieren. Die Privatisierung des Schienennetzes in der Gesellschaft Railtrack entpuppte sich als

Fiasko: Um den Gewinn zu maximieren, verzichtete Railtrack über Jahre auf dringend notwendige Sanierungsmaßnahmen. Es kam zu gravierenden Unfällen und 2001 schließlich zur Zwangsliquidation des Unternehmens. Die Labour-Regierung gründete 2002 das ausdrücklich nicht profitorientierte Unternehmen Network Rail, das das Schienennetz übernahm. Die Sanierung des teils maroden Netzes dauert bis heute an, weshalb es auf zahlreichen Strecken immer wieder zu Gleisbauarbeiten kommt. 2014 musste die wegen schwerer Unwetter und Hochwasser zerstörte Strecke nach Cornwall erneuert werden: Der Konstrukteur der Great Western Railway hatte die Strecke bewusst als Küstenlinie angelegt – was sich durch die zunehmenden Unwetter als eher hinderlich erwiesen hat.

Crossrail

Es wird der jüngste Neuzugang im Londoner Nahverkehr, und es ist eines der größten Projekte seiner Art in ganz Europa: Tief unter der Stadt baut London bis 2018 mit Crossrail eine neue unterirdische Eisenbahnstrecke. Sie wird von Shenfield im Osten bis nach Maidenhead im Westen verlaufen und mit Seitenausläufern insgesamt 180 Kilometer umfassen. Kernstrecke wird der Bereich zwischen Heathrow Airport und dem Finanzviertel Canary Wharf sein. Da auf der Strecke vergleichsweise wenige Haltepunkte vorgesehen sind, soll die Bahn als Schnellverbindung vor allem für Geschäftsleute etabliert werden. Im Innenstadtbereich sind die Bahnhöfe Whitechapel, Liverpool Street, Farringdon, Tottenham Court Road und Bond Street vorgesehen, jeweils mit Umsteigemöglichkeit an die U-Bahn. Auf mittlere Sicht soll eine zweite Strecke folgen – von Epping nach Wimbledon, also eher eine Nord-Süd-Verbindung.

★ Do it yourself ★

Die Rocket im Science Museum

Das Science Museum in Kensington zeigt unter anderem Robert Stephensons Rocket-Lokomotive von 1829. Sie zählt zu den wichtigsten Konstruktionen für den Ausbau den Schienennetzes und war der Beitrag Stephensons für eine Ausschreibung der Liverpool and Manchester Railway. Die Rocket schaffte 29 Meilen pro Stunde. In den Folgejahren baute er zahlreiche weitere dieser Modelle. Das Exemplar in London ist das Original aus dem Rennen.

Exhibition Road, South Kensington, London SW7 2DD
Tgl. 10–18 Uhr £ Eintritt frei U-Bahn: South Kensington

Mit dem Zug ins Grüne

Eine der schönsten Zugstrecken im Südwesten führt ab London in Richtung Cornwall: Die Great Western Railway, vom britischen Ingenieursgenie Isambard Kingdom-Brunel konstruiert, verbindet die britische Hauptstadt seit 1838 mit Städten im Südwesten der Insel. Stück für Stück wurde sie zunächst bis nach Bristol ausgebaut, später auf einer neuen Trasse über Exeter bis nach Penzance in Cornwall erweitert. Vor allem diese Strecke führt durch landschaftlich wunderschöne Gebiete – man muss nicht gleich bis nach Cornwall reisen, auch auf dem Weg liegen reizvolle Orte. Die alte Römerstadt Exeter beispielsweise ist mit dem Zug ab Paddington (wichtig, denn es gibt eine zweite, langsamere Verbindung ab Waterloo) nur gut zwei Stunden von London entfernt.

Unbedingt rausfahren

Die besten Ausflüge ins Umland

1. Windsor

Es ist bei vielen Touristen fester Programmbestandteil – doch man kann es ihnen nicht verdenken: Der kleine Ort Windsor im Westen Londons ist nicht nur wegen des einzigartigen Schlosses einen Besuch wert. Die ganze Innenstadt mit Fußgängerzone und umgebauten Bahnhof zeigt mehr vom »wahren« England als dies London tut.

◎ Erreichbar per Zug ab Paddington Station via Slough bis Haltestelle Windsor & Eton Central (ca, 30 min) ↗ www.windsor.gov.uk

2. Warner Brothers Studio Tour

Rund um London entstehen immer wieder zahlreiche erfolgreiche Kinofilme. In den Warner Brothers Studios in Leavesden wurden wichtige Szenen der Harry-Potter-Filme gedreht. Die Originalkulissen können im Rahmen einer Studio-Tour besichtigt werden, für die jedoch unbedingt eine rechtzeitige Voranmeldung erforderlich ist – die Karten sind meist Wochen im Voraus ausverkauft.

◎ Erreichbar mit dem Zug ab Euston Station bis Bahnhof Watford, dann weiter mit dem Studio-Bus, der vor dem Bahnhof wartet (ca. 45 Minuten). Alternativ fährt ein Zubringerbus ab Bahnhof Victoria direkt zu den Studios ↗ www.wbstudiotour.co.uk

3. Chartwell

Der Landsitz des früheren Premierministers Winston Churchill zeugt von der Gemütlichkeit, die dem Politiker nachgesagt wurde. Das wunderschöne Anwesen gehört heute dem Denkmalschutzfonds National Trust und kann besichtigt werden.

◎ Erreichbar per Zug von den Stationen Victoria und London Bridge, Endhaltestelle Edenbridge oder Oxted, von dort weiter per Taxi (ca. 6–10 km)

↗ www.nationaltrust.org.uk/chartwell

4. Brighton

Am Wochenende herrscht hier Land unter, wenn die hippe Londoner Szene raus ans Meer fährt. Unter der Woche aber kann das alte Seebad Brighton ein wirklich erholsames Ausflugsziel für London-Besucher sein. Unbedingt ansehen: Royal Pavillon und Pier.

◎ Erreichbar per Zug ab London Bridge oder Victoria bis Brighton Bahnhof (ca. 1 Stunde) ↗ http://de.visitbrighton.com

5. Canterbury

Zwischenziel vieler Busgruppen, die von Dover aus nach London reisen, und insofern oft etwas überlaufen. Doch ist die mittelalterliche Kleinstadt in Kent wirklich einen Besuch wert. Die wunderschöne Kathedrale ist das Zentrum der anglikanischen Kirche, die alten Gassen sind einzigartig und so in London nicht zu finden.

◎ Erreichbar mit dem Zug ab St. Pancras Station bis Haltestelle Canterbury West (ca. 1 Stunde) ↗ www.canterbury.co.uk

6. Bicester Village

Einkaufen in London kann teuer sein – deswegen fahren Menschen in Großbritannien (ähnlich wie in den USA) gerne in Outlet Malls, Einkaufszentren, in denen Unternehmen Vorsaisonware und Zweite-Wahl-Artikel anbieten. Ein großes und aufwendig angelegtes ist Bicester Village, eine künstliche Kleinstadt zwischen London und Oxford.

◎ Erreichbar mit dem Zug ab Marylebone bis Bicester, von dort fährt ein Pendelbus zum Bicester Village (ca. 1,5 Stunden) ↗ www.bicestervillage.com

7. Cambridge

Die alte Universitätsstadt ist ein spannendes Ausflugsziel vor allem für Besucher, die London via Stansted anfliegen. Denn Cambridge liegt nur rund 40 Kilometer vom Flughafen entfernt. Die Innenstadt bietet sich für einen gemütlichen Bummel an.

◎ Erreichbar mit dem Zug ab King's Cross Station bis Bahnhof Cambridge (45 Minuten) ↗ www.visitcambridge.org

8. Oxford

Der große Rivale vom Cambridge ist nicht minder attraktiv: Die Universität von Oxford genießt international einen hervorragenden Ruf, und einige der jahrhundertealten Gebäude können besichtigt werden. Schön sind ein Bummel durch die Innenstadt sowie eine Bootsfahrt auf der Themse.

◎ Erreichbar mit dem Zug ab Paddington Station bis Bahnhof Oxford (1 Stunde) ↗ www.visitoxfordandoxfordshire.com

9. Royal Tunbridge Wells

Einst kam alles zur Kur nach Royal Tunbridge Wells, was Rang und Namen hatte. Und noch heute zeugen einige prachtvolle Häuserzeilen von der noblen Vergangenheit des Ortes im Südosten Londons. Inzwischen aber zieht es jedermann hierher, meist für einen gemütlichen Einkaufsbummel.

◎ Erreichbar mit dem Zug ab Charing Cross bis Bahnhof Tunbridge Wells (ca. 1 Stunde) ↗ www.visittunbridgewells.com

10. Chiddingstone Village

Das kleine Dorf in Kent südöstlich von London ist eines der ältesten Englands – und gehört vollständig dem Denkmalschutzfonds National Trust. Die einzige Straße des Ortes ist bebaut mit alten Tudor-Fachwerkhäusern, darunter das des Castle Inns, einem hübschen alten Pub mit Kaminfeuer.

◎ Erreichbar mit dem Zug ab London Bridge bis Bahnhof Penhurst (ca. 1 Stunde), dann weiter mit dem Taxi nach Chiddingstone (8 km)
↗ www.nationaltrust.org.uk/chiddingstone-village

Epilog

Das Schlimme an Dienstreisen ist: Sie gehen irgendwann zu Ende. Gleich am nächsten Vormittag schlug ich wieder in der Redaktion auf, um alle Längen und Einzelheiten für meinen Artikel zu klären. Ich brannte darauf, meine Erlebnisse niederzuschreiben, und hatte auf dem Rückflug schon die eine oder andere Idee skizziert. Das war der perfekte Stoff für ein langes Essay in der Wochenendbeilage. Ich überlegte schon, wie man das Ganze am besten bebildern könnte. Es sollte idealerweise etwas abseits der Touristenpfade sein, und doch müsste London erkennbar werden. Eine Marktszene? Ein Pub von innen? Die typischen roten Busse auf der Straße?

Während ich noch überlegte und meinen Postkorb leerte, lief mein Chef an mir vorbei.

»Na, wieder da? Wie war's denn?«, fragte er. »Du hast hier gefehlt, Katrin musste einspringen, weil Manfred krank geworden ist, und du ja nicht da warst. Hätte dich fast zurückgerufen.«

»Oh«, sagte ich, obwohl mich – angesichts des Arbeitsplatzabbaus der vergangenen Monate in der gesamten Branche – irgendwelche personellen Engpässen kaum überraschten. Altersteilzeitregelungen, nicht wieder besetzte Stellen und Kündigungen hatten den Kollegenstamm im zweistelligen Bereich dezimiert. Aber ich wollte nicht grundsätzlich werden und sagte nur: »Das ist ja sicher blöd für euch gewesen.«

»Das kannst du wohl glauben«, entgegnete mein Chef. »Schließ dich mal mit Katrin kurz wegen deiner Geschichte. Haben sie für

Sonnabend eingeplant auf der Seite 3. Sollte eher bildlastig sein.« Er nippte an seinem Kaffee, denn er hatte auch an diesem Tag wieder seinen Becher in der Hand, wie an jedem Tag. Man sieht ihn fast nie ohne - egal zu welcher Tageszeit. »Mach mal so 120 Zeilen«, sagte er und blickte von seiner Tasse auf. »Aber schön kleinteilig.«

»120 Zeilen?« Ich blickte ihm ganz ernst in die Augen. Für diese überschaubare Textlänge der ganze Aufwand? Ich hätte ein ganzes Buch vollschreiben können ...

Die Fettnäpfchenführer: Unsere Buchreihe, die sich auf vergnügliche Art dem Minenfeld der kulturellen Eigenheiten widmet.

www.fettnaepfchenfuehrer.de

»Eigentlich wandern wir gar nicht aus. Eigentlich ziehen wir nur um.« Darin sind sich die Berliner Jo und Micha einig. Was soll schon groß anders sein beim Nachbarn auf der grünen Insel? Außer vielleicht, dass es dort locker und lässig zugeht ...

Irrtum. Irland ist ein Land für Mutige, die bereit sind, soziale und mentale Hürden zu überspringen, und voller Inbrunst in den »Schlimmer geht's immer«-Gesang mit einstimmen.

Trotzdem: Ganz falsch liegen Jo und Micha nicht. Irland ist locker und lässig, aber klar. Bis an die Grenze des Erträglichen. Doch jenseits dieser Grenze liegt die endlose Freiheit, das Leben mit Humor zu sehen.

Petra Dubilski
Fettnäpfchenführer
Irland
ISBN 978-3-943176-41-4

CONBOOK
www.conbook-verlag.de

ISBN 978-3-943176-88-9

ISBN 978-3-934918-92-4

ISBN 978-3-943176-26-1

ISBN 978-3-943176-66-7

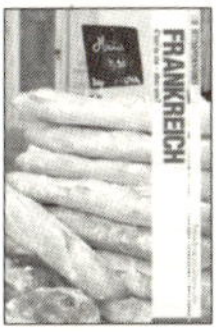

ISBN 978-3-934918-74-0

ISBN 978-3-934918-82-5

ISBN 978-3-943176-31-5

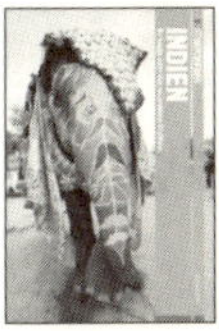

ISBN 978-3-934918-85-6

ISBN 978-3-934918-47-4

ISBN 978-3-943176-41-4

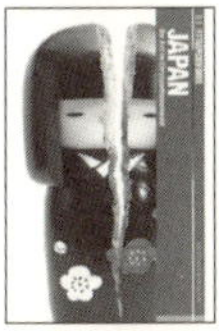

ISBN 978-3-943176-24-7

ISBN 978-3-934918-77-1

ISBN 978-3-943176-38-4

ISBN 978-3-943176-03-2

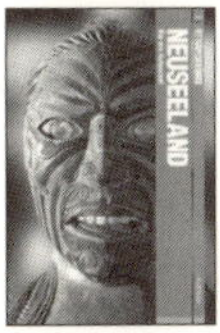

ISBN 978-3-943176-89-6

ISBN 978-3-943176-11-7

ISBN 978-3-934918-56-6

ISBN 978-3-934918-76-4

ISBN 978-3-934918-48-1

ISBN 978-3-934918-43-6

ISBN 978-3-934918-75-7

ISBN 978-3-943176-54-4

ISBN 978-3-943176-20-9

ISBN 978-3-943176-50-6

Lesen Sie alles über den weltweiten Ausnahmeumstand

Wussten Sie, dass in Mali Männer ihren Frauen unmittelbar vor dem Zeugungsakt von den Vorfahren erzählen? Dass schwangere Filippinas sich über die werdenden Väter rollen, um die Morgenübelkeit auf diese zu übertragen? Und dass Säuglinge auf Bali ganze sechs Monate lang nicht den Boden berühren dürfen und folglich ständig getragen werden?

Aber auch in heimischen Gefilden geht's skurril zu – etwa, wenn Friesen Gummistiefel tragen, um einen Seemann zu zeugen, oder Niederbayern zu Büchsenmachern werden, weil sie ein Mädchen zur Welt bringen. Und wenn Deutschland Fußball-Weltmeister wird, wird auch im Bett gejubelt – was neun Monate später einen regelrechten Baby-Boom auslöst.

In diesem Buch sind die verrücktesten Babybräuche unserer Breiten und der ganzen Welt versammelt. Von Java bis Ghana, von Schottland bis Spanien, vom Allgäu bis Ostfriesland entdecken Sie, dass es zwischen Zeugung und erstem Geburtstag auch anders zugehen kann als in Ihrer Familie und bei Ihren Freunden.

Sammeln Sie Inspiration, ahmen Sie fleißig nach und beflügeln Sie Ihre Freunde mit lustigen Geschichten und tollen Ideen rund um Ihren persönlichen Nabel der Welt.

Nadine Luck

Die Nabel der Welt
Die verrücktesten Bräuche rund ums Babymachen, -kriegen und -haben

ISBN 978-3-943176-93-3

CONBOOK
www.conbook-verlag.de

Fettnäpfchen and the City – unsere Kurztrip-tauglichen Stadt-Editionen der beliebten Reiseknigges

Jens Wiegand
Fettnäpfchenführer Barcelona
ISBN 978-3-943176-97-1

Die Diva am Mittelmeer

Barcelona ist eine Stadt, die alles bietet, was man sich von einer mediterranen Metropole erträumen kann: enge Gassen und sonnendurchflutete Plätze, moderne Architektur und gotische Fassaden, Traditionsbewusstsein und multikulturelle Vielfalt, große Kultur und temperamentvollen Underground.

Rike Wolf
Fettnäpfchenführer Berlin
ISBN 978-3-943176-98-8

96 Kieze und ihre Spleens

In der deutschen Hauptstadt passt überhaupt nichts zusammen. Und gerade das passt perfekt. Berlin ist exzentrisch und ist bieder. Berlin macht sehnsüchtig und Berlin ist gefährlich. Berlin verführt, strapaziert, raubt einem den letzten Nerv und macht alles wieder gut. Berlin packt jeden und lässt keinen wieder los.

Michael Pohl
Fettnäpfchenführer London
ISBN 978-3-943176-73-5

Das größte Dorf Englands

Der Fettnäpfchenführer London ist ein Leitfaden für eine der spannendsten Städte der Welt. Erfahren Sie, wo Londoner ihre Stadt erleben, und wie Sie sich ihnen anschließen können. Und was Sie vermeiden sollten, wenn Sie es sich dabei mit den Menschen an der Themse nicht verscherzen wollen.

Michael Neubauer
Fettnäpfchenführer Paris
ISBN 978-3-943176-94-0

Die Stadt unterm Eiffelturm

Die Stadt zu Füßen des Eiffelturms gilt als Ort der ganz großen Gefühle. Jeder, der hierher kommt, merkt sofort: Paris ist in allem großartig. In Gastronomie, Kunst, Architektur und Mode – aber auch in ihren Eigenheiten. Selbst Kenner scheitern immer wieder an Restaurantregeln, am großen Selbstbewusstsein oder schlicht an der Auffahrt auf die Stadtautobahn.

Das sind die Stadt-Editionen: Die Stadt-Editionen der Fettnäpfchenführer bieten gewohnt unterhaltsame Episoden über die Eigenheiten der Städte und ihrer Bewohner – kombinieren dies aber mit vielen Do-it-yourself-Tipps, die Sie an die schönsten Ecken und in die hintersten Winkel führen. Und vor allem dahin, wo Sie die wahre Seele kennenlernen können.

CONBOOK
www.conbook-verlag.de